KÖNIGS FURT

Zum Buch

Claire Lalouette schlägt in ihrem Buch einen Bogen von den alten Hochkulturen der Assyrer, Babylonier und Ägypter über die Phöniker, Punier, Hebräer, Moabiter, Syrer bis hin zu den Juden und Muslimen. Begünstigt durch die verwandten Sprachen entwickelte sich in dem gemeinsamen Lebensraum des Vorderen Orients nicht nur ein reger Austausch von Waren, sondern ebenso von Bräuchen und Ideen.

In sechs Großkapiteln zeigt die Autorin auf, welche oft erstaunlichen Übereinstimmungen die Mythen und Legenden, die Glaubenswelt und die gesellschaftlichen Strukturen aufweisen. Ähnliche Sprachbilder und Motive prägen auch die literarischen Zeugnisse: die altägyptischen Inschriften, die Bibel, den Koran, außerdem Erzählungen und Dichtungen wie »Tausendundeine Nacht«. Und weil Weisheit und Wissen des Vorderen Orients seit alters her auf die abendländische Welt ausstrahlten, liest sich Claire Lalouettes Buch über weite Strecken wie eine Reise in unsere von Archetypen geprägte Seelenlandschaft.

Zur Autorin

Die Ägyptologin Claire Lalouette lehrte an der Pariser Sorbonne. In ihren Publikationen hat sie sich mit der Literatur, der Geschichte und der Kunst des alten Ägypten, aber auch mit seinem Alltagsleben beschäftigt.

Claire Lalouette

Weisheit des Orients

Vom alten Ägypten bis zum Islam

Königsfurt

Die Deutsche Bibliothek – CIP-Einheitsaufnahme

Lalouette, Claire:
Weisheit des Orients : vom alten Ägypten
bis zum Islam / Claire Lalouette. –
Krummwisch : Königsfurt, 2001
ISBN 3-933939-90-9

Lizenzausgabe
Königsförde 2001

Umschlaggestaltung: ROPO, Köln

Satz: Satzbüro Noch, Witten

Druck und Bindearbeiten: Elsnerdruck, Berlin

Printed in Germany

ISBN 3-933939-90-9

Inhalt

Einleitung

Indem das vorliegende Buch zentrale Denkweisen und Lebensprinzipien der semitischen Völker vorstellt, will es aufzeigen, worin das Gemeinsame im Glauben und Denken dieser Völker besteht. Anders ausgedrückt, ich möchte den großen Fundus an Gedanken und Vorstellungen darstellen, den all jene Völker des Vorderen Orients miteinander teilen, die sich als Nachfahren Sems, Noahs Sohn, verstehen. Ohne die jeweiligen Eigenheiten nivellieren zu wollen, habe ich mich in erster Linie für die Übereinstimmungen interessiert, das heißt für die geistigen Nach, klänge, die seit dem alten Ägypten über vier Jahrtausende einer (durch die Sprache, das Vokabular – auch wenn sich einige Wörter afrikanischen Ursprungs nachweisen lassen – und das Bewußtsein) im wesentlichen semitisch geprägten Zivilisation hinweg bis zum Islam gewirkt haben.

Infolgedessen habe ich einen möglichst exakten (kommentierten) Vergleich zwischen den überlieferten Texten angestellt, angefangen bei den (viel zu oft isoliert betrachteten und aus unerfindlichen Gründen für »geheimnisvoll« erklärten) ägyptischen Schriftzeugnissen ab 3200 v. Chr. Diesen Texten habe ich die akkadischen und babylonischen Texte, die Texte aus Ugarit in Phönizien sowie die vor nicht allzu langer Zeit in Qumran in der Nähe des Toten Meeres gefundenen Schriften gegenübergestellt. Darüber hinaus habe ich Zeugnisse des jüdischen Denkens (Altes Testament, Auszüge aus dem Talmud, hebräische Erzählungen und Dichtungen) sowie des islamischen Glaubens (Koran, philosophische Texte, Erzählungen und Gedichte) mit einbezogen.

Im Verlauf der langen Geschichte des semitischen Geisteslebens bilden sich über die Jahrhunderte und Jahrtausende hinweg große Gemeinsamkeiten auch im gesellschaftlichen Leben heraus, die zurückgehen auf ein tief in den alten semitischen Völkern verwurzeltes Bewußtsein, das sich über die ganze Welt ausbreiten sollte: Dieselben Themen finden sich bei den verschiedenen Glaubensrichtungen wieder (die Art und Weise der Erschaffung der Welt; der Ungehorsam der Menschen und die Sintflut; das »Gottesbild« in der menschlichen Vorstellung; die Prinzipien des gesellschaftlichen Lebens usw.); die Figuren können sich ähneln oder miteinander verwandt sein bzw. die erzählten Ereignisse sich gleichen; das ist es, was bei der Auseinandersetzung mit den uns überlieferten Texten ganz deutlich zutage tritt.

Bei all diesen Völkern stößt man auf ein verwandtes Weltbild, das sich in stark übereinstimmenden Ausdrucksformen offenbart: überall derselbe Reichtum einer mythischen Vorstellungswelt, deren Bilder sich ähneln, dasselbe ausgeprägte Feingefühl, dasselbe tief verwurzelte Verständnis für Poesie, Humor und Religiosität. Eine oftmals eindeutige Entsprechung der Anschauungen und Denkweisen in dem großen, grenzenlosen Universum der verschiedenen semitischen Völker.

I.
Die ersten Tage des Universums oder: Wie Gott die Welt erschuf

Die Schöpfung der Welt: der erste Augenblick

Zu allen Zeiten und in allen Ländern der Erde haben sich die Menschen die Frage nach dem Ursprung der Welt und dem ihrer eigenen Existenz gestellt, d. h. die Frage nach dem Anfang eines geordneten Universums.

Heute versucht man durch wissenschaftliche Theorien, ausgeklügelte Experimente und aufwendige Raumfahrtprogramme dem Geheimnis der ersten Tage des Universums auf die Spur zu kommen. In der Antike dagegen dienten häufig die Mythen und zahlreiche Legenden dazu, um mit Hilfe von Symbolen und Bildern Phänomene zu veranschaulichen, die das menschliche Wissen noch nicht zu erklären vermochte.

Auf diese Weise haben auch die semitischen Völker, die das Gebiet vom östlichen Mittelmeer bis zum Persischen Golf, von Anatolien bis zur südlichen Grenze der arabischen Hochebene besiedelten, ihre Antworten auf diese ganz zentralen Fragen gegeben. Die Antworten sind oftmals genauso miteinander verwandt, wie es die Länder im Vorderen Orient sind, deren Bewohner entsprechend der Legende in Verbindung mit dem Stammvater Sein (dem ersten Sohn Noahs) gebracht wurden; hierzu gehören auch die Ägypter im unteren Niltal, die, obwohl ursprünglich Afrikaner (Chamiten)[1], bereits sehr früh unter den Einfluß der aus dem Norden und Osten kommenden Semiten gerieten.

Somit entwickelte sich innerhalb einer großen Gemeinschaft von Völkern, die demselben Stamm angehörten, eine semitische Kultur, deren älteste nachweisbare Zeugnisse aus Ägypten um das 5. Jahrtausend vor Christi Geburt stammen; diese Zeugnisse unterscheiden sich nur unwesentlich von den etwas später zu datierenden Funden aus Kanaan, Phönizien, Arabien und Mesopotamien (dem Reich von Akkad sowie aus Assyrien und Babylonien).

Die ersten überlieferten Texte zur Entstehung der Welt sind alle in einer untereinander verwandten (semitischen) Sprache verfaßt, deren Wortschatz oft dieselben Wurzeln aufweist und deren Syntax im wesentlichen auf denselben Prinzipien basiert; lediglich die schriftliche Form der Wörter kann voneinander abweichen.[2] Das Denken der Semiten zeichnet sich jederzeit durch eine große Spiritualität aus; Erzählungen und Mythen sind miteinander verschmolzen und bilden auf diese Weise einen großen gemeinsamen Legendenschatz: die Gedanken der Priester, Philosophen, Poeten und Kommentatoren der heiligen Texte gleichen sich in vielerlei Hinsicht.

Man darf ohne weiteres von einem semitischen Bewußtsein sprechen, dessen religiöse, intellektuelle und gesellschaftliche Ausdrucksformen sich von ungefähr 4500 v. Chr. bis heute erhalten haben; das belegen unter anderem die Antworten, die sich in den heiligen Texten und Offenbarungsbüchern auf die Frage nach der Erschaffung der Welt finden.

Am Anfang war das Wasser, ein großes dunkles Meer (das Licht gab es noch nicht), ein riesiges, zeitloses und formloses Chaos (die Begriffe von Zeit und Raum waren noch nicht ausgebildet). Aber in diesem tiefen Dunkel der Urzeit existierte bereits ein Prinzip des

Lebens. In der riesigen Weite der Urflut lebte ein Gott, der aus sich selbst heraus seine eigene, noch verborgene und einsame Existenz geschaffen hatte. Eines Tages, am ersten Tag der Welt, entstieg er eigenmächtig und energisch dem Urmeer, verbreitete sein Licht und begann sein Schöpferwerk.

In Ägypten hieß das Urgewässer Nun; die Gottheit, die es bewohnte, war Atum oder Re, der antike Sonnengott der im Osten des Nildeltas gelegenen Stadt Heliopolis.

»Atum spricht: Ich war allein im Nun und regungslos. Ich fand keinen Ort, wo ich aufrecht stehen konnte, ich fand keinen Ort, wo ich mich setzen konnte. Die Stadt Heliopolis, in der ich später herrschen sollte, war noch nicht erbaut, der Thron, auf dem ich später sitzen sollte, war noch nicht gestaltet, ich hatte den Himmel über mir noch nicht geschaffen. Ich trieb vollkommen regungslos dahin.«

In einem selbstherrlichen mythischen Bild vereint sich der einsame Schöpfer mit dem Urgewässer zu einem einzigartigen göttlichen Wesen, um so sein eigenes, nunmehr leibhaftiges Leben zu erschaffen: »Ich bin Nun, der Einzige, der Unvergleichliche. Ich habe meinen Körper dank meiner magischen Kraft zum Leben erweckt. Ich habe mich selbst erschaffen; ich habe mich meinem eigenen Willen gemäß erschaffen.«

Genauso wie die Weite des Urgewässers ein göttliches Wesen beherbergt, birgt das dunkle, flüssige Chaos bereits das Universum in sich; in einem Vorstadium wartete die Welt auf ihren Schöpfer: »[…] Nun birgt Atum, dessen Weite die des Himmels und dessen Fläche die der Erde ist.«

Atum entsteigt plötzlich aus eigenem Antrieb den Urfluten und erschafft dabei den ersten strahlenden Tagesanbruch: »Ich bin der Ewige, ich bin Re, der dem Urgewässer entstieg. […] Ich bin der Herr des Lichts.«[3]

Seither betrachten die Religionsgelehrten jeden Tagesanbruch als die Wiederholung jener ersten Aufwallung, jenes ursprünglichen Lichts.

Weiter westlich, in Babylon, lassen sich sehr ähnliche Vorstellungen nachweisen. Im großen Gedicht der Schöpfung (das in Keilschrift auf sieben Tontafeln eingeritzt wurde[4]) finden sich entsprechende imaginäre Ereignisse beschrieben; das Gedicht besingt die Zeit, in der »der Himmel noch namenlos war und auch die Erde noch keinen Namen trug«. Ursprünglich bildeten das Süßwasser *(Apsu)* und das Salzwasser (*Tiamat*, das Meer) eine einzige riesige Wasserfläche, die den göttlichen Keim des Lebens enthielt.

»Dann gingen aus Apsu und Tiamat die Gottheiten hervor«, die immer paarweise geboren wurden, während die Erde zum ersten Mal im Licht erstrahlte.

Warum ist sowohl in Ägypten als auch in Babylon das Wasser der Ursprung der Welt? Möglicherweise läßt sich diese Tatsache auf Naturbeobachtung zurückführen; tatsächlich haben häufig konkrete Beobachtungen der Umwelt das mythische Denken angeregt, wobei dieses dann die natürlichen, täglichen oder jahreszeitlichen Ereignisse in ein imaginäres Universum übertragen hat; sowohl das Hochwasser am Nil als auch das am Euphrat überschwemmte alljährlich die Ufergebiete, machte so das Land fruchtbar und ließ die Pflanzen auf den Feldern gedeihen – dieses segensreiche Hochwasser überschwemmte das Land alljährlich von Juli bis Oktober. Ganz sicher war dieses vertraute »Szenarium« dafür verantwortlich, daß die Menschen in ihrer Vorstellungswelt eine Verbindung zwischen Wasser und dem im Frühjahr aufkeimenden Leben herstellten.

Dieses ursprünglich vielleicht ägyptische Motiv eines großen göttlichen Urgewässers findet sich auch in anderen Kulturen des Vorderen Orients, unabhängig davon, ob sie israelitisch oder islamisch geprägt sind.

Die ersten Verse der biblischen Genesis lauten: »Am Anfang schuf Gott Himmel und Erde. Und die Erde war wüst und leer, und es war finster auf der Tiefe; und der Geist Gottes schwebte auf dem Wasser.«[5]

Moses der Hebräer, der »Mann Gottes« drückt sich in einem Gebet an den Gott der Schöpfung wie folgt aus: »Herr, Gott, du bist unsre Zuflucht für und für. Ehe denn die Berge wurden und die Erde und die Welt geschaffen wurden, bist du Gott, von Ewigkeit zu Ewigkeit.«[6]

Ein Nachhall desselben Gedankens findet sich in der 21. Sure des Koran: »Haben denn diejenigen, die ungläubig sind, nicht gesehen, daß Himmel und Erde eine zusammenhängende Masse waren, worauf wir sie getrennt und alles, was lebendig ist, aus Wasser gemacht haben?«[7]

Das Motiv des einen Gottes, der sich selbst erschuf, taucht insbesondere in den Schriften des arabischen Philosophen El Kalyoubi wieder auf. »O Gott, unser Gott, du bist der Ewige, der Einzige, der durch sich selbst ist, der Großzügige, der Mitfühlende, der Wohlwollende.«[8]

Nachfolgend soll beschrieben werden, wie der dem Wasser entstiegene, strahlende Gott das Universum und seine verschiedenen Bestandteile erschaffen wird.

Die Mittel der Schöpfung

Der Weltschöpfer, der noch ohne Verwandte und Begleiter ist, bediente sich unterschiedlicher Mittel. In den verschiedenen semitischen Religionen erschafft er die Welten zumeist durch das Wort, wobei dem gesprochenen Wort die Macht zuerkannt wird, etwas entstehen zu lassen, das von einem klugen und besonnenen Geist erdacht wurde. Diese spirituellen Mittel werden manchmal um physikalische Verfahren ergänzt: Schöpfung durch Ejakulation des göttlichen Spermas nach Masturbation oder (der bescheidenere) Gebrauch von Töpferscheibe und Ton, um kleine Menschen zu erschaffen.

Das schöpferische Wort

Die Semiten messen dem Wort eine sehr große Bedeutung bei; für sie verfügt es über geradezu »magische« Kräfte; durch den Akt des Aussprechens kann das Benannte unmittelbar Realität werden. Der folgende Satz aus der Genesis ist hinlänglich bekannt: »Und Gott sprach: Es werde Licht! und es ward Licht.« In der 16. Sure des Koran kommt dieselbe Vorstellung zum Ausdruck: »Wenn wir eine Sache wollen, brauchen wir zu ihr nur zu sagen: sei! dann ist sie.«[9]

Diese Philosophie des Wortes spielt im System der ägyptischen Theologie und Glaubenslehren eine wichtige Rolle; bei allen Vorstellungen, die sich auf die Entstehung des Universums beziehen, kommt dem Wort eine herausragende Bedeutung zu. In der an der Spitze des Nildeltas in der Nähe des heutigen Kairo gelegenen Stadt Memphis huldigte man dem Gott Ptah; um dessen Person entwickelte sich bereits in sehr früher Zeit[10] ein eindrucksvolles theologisches System – wobei jede Gottheit in ihrer Stadt als der Schöpfer des Universums betrachtet wurde:

»Damals erwachte im Herzen von Ptah und auf der Zunge von Ptah das Bild von Atum zum Leben.[11] [...] Auf diese Weise erwies sich die Vorherrschaft des Herzens und der Zunge über alle Wesen, entsprechend der Lehre, die festlegt, daß das Herz der wichtigste Teil eines jeden Körpers ist und die Zunge der wichtigste Teil eines jeden Mundes, denn alle Götter, alle Menschen, alles Vieh, alle Kriechtiere, alles Lebendige besitzen Herz und Zunge, wobei das eine alles erdenkt und das andere alles gebietet, was Ptah wünscht. [...] Ptah hat das Sehen mit Hilfe der Augen, das Hören mit Hilfe der Ohren, das Atmen durch die Nase geschaffen; diese Sinne erheben die Eindrücke bis zum Herzen, und das Herz macht es dann möglich, daß jedes Wissen sich kundtut, und die Zunge gibt wieder, was das Herz ersonnen hat; denn jedes göttliche Wort erwacht zum Leben gemäß dem, was das Herz gedacht und die Zunge geboten hat. Auf diese Weise wurden dank des Wortes die Quellen der Lebensenergie geschaffen und die Eigenschaften der Lebewesen bestimmt. [...] Die vom Herzen ersonnene und von der Zunge geäußerte Ordnung prägt unaufhörlich die Bedeutung einer jeden Sache.«

Das göttliche Wort steht am Anfang jeder »Schöpfung«. Während seines Marsches ins Gelobte Land litt das hebräische Volk in der Wüste von Sinai. »Er demütigte dich und ließ dich hungern und speiste dich mit Man, das du und deine Väter nie gekannt hattet; auf daß er dir kundtäte, daß der Mensch nicht lebt vom Brot allein, sondern von allem, was aus dem Mund des Herrn geht.«[12]

Die hebräischen Propheten, Männer Gottes, scheinen über die gleiche, mit dem gesprochenen Wort zusammenhängende Macht zu verfügen; so heißt es zum Beispiel bei Jesaja: »Ich habe es zuvor verkündigt, dies Zukünftige; aus meinem Munde ist's gekommen, und ich habe es lassen sagen; ich tue es auch plötzlich, daß es kommt.«[13] Die Zunge des Propheten sagt außerdem die Zukunft voraus.

Auch in einer sehr alten arabischen Erzählung findet sich die Beschreibung dieser außergewöhnlichen Macht der Wörter und ihres göttlichen Ursprungs:[14]

»Die Talismane verdanken ihre bewundernswerten Tugenden und ihre wunderbaren Wirkungen den Buchstaben, aus denen sie bestehen, denn die Buchstaben stehen in Verbindung mit den Geistern, und es gibt keinen einzigen Buchstaben der Sprache, der nicht von einem Geist beherrscht wird. Dieser Geist ist ein Strahl oder ein Ausdruck der allmächtigen Tugenden und der Eigenschaften des Allerhöchsten. Die Buchstaben bilden Wörter und die Wörter formen Gebete; nur die in den Buchstaben zum Ausdruck kommenden und in den Gebeten zusammengefaßten Geister bedingen die Wunder, die zwar die normalen Menschen sehr erstaunen, nicht aber die Weisen verwundern, denen die Macht der Wörter bekannt ist; sie wissen, daß die Wörter immer die Welt beherrschen werden und daß die gesprochenen Wörter Könige stürzen und deren Reiche zerstören können.«[15]

Diese wirksame Macht des Wortes klingt noch in manchen Bräuchen nach; so haben die Semiten immer eine Vorliebe für lautmalerische Namen gehabt, die sich manchmal aus einer einfachen phonetischen Annäherung zweier homophoner Wörter ergaben; es konnte auch sein, daß diese Wörter ein bedeutendes Ereignis in Erinnerung riefen, das auf diese Weise nicht in Vergessenheit geraten, oder aber einen religiösen Sachverhalt, der an nachfolgende Generationen überliefert werden sollte.

Wenn Atum sagt: »Ich habe die Menschen aus meinen Tränen geschaffen« oder: »Ich habe Tränen geweint, und mit den Tränen meines Auges habe ich die Menschen mit Leben erfüllt«, dann bedeutet das keineswegs, daß der Weltschöpfer die Menschen erschaffen hat, indem er weinte. Vielmehr handelt es sich um ein einfaches »Wortspiel« mit Wortstämmen, die aus identischen Konsonanten gebildet sind: *rmt* »Menschen« und *rmyt* »Tränen«. Dieser Gleichklang der ausgesprochenen Wörter wirkte auf die Zuhörerschaft durchaus angenehm, tatsächlicher oder zumindest imaginärer Bedeutungszusammenhang bestand freilich nicht.

Das Alte Testament enthält eine Vielzahl von Beispielen dafür, welche Bedeutung man dem ausgesprochenen Namen beimaß. Als Abraham im Alter von 99 Jahren seinen Bund mit Gott erneuert, sagt dieser. »Siehe, ich bin's und habe meinen Bund mit dir, und du sollst ein Vater vieler Völker werden. Darum sollst du nicht mehr Abram heißen, sondern Abraham soll dein Name sein, denn ich habe dich gemacht zum Vater vieler Völker.«[16] Das hebräische Wort hierfür ist *ab hamon*, woraus sich Abraham ableitet. Als Jakob nach sieben Dienstjahren bei Laban diesen gemeinsam mit seinen Ehefrauen Lea und Rachel verläßt, um mit seinem Bruder Esau zusammenzukommen, begegnet er eines Abends einem Mann, der mit ihm rang, »bis die Morgenröte anbrach«. Als Gott, der die Gestalt eines Menschen angenommen hatte, sah, daß er ihn nicht zu bezwingen vermochte, »rührte er das Gelenk seiner Hüfte an; und das Gelenk der Hüfte Jakobs ward über dem Ringen mit ihm verrenkt. Und er [Gott] sprach: Laß mich gehen, denn die Morgenröte bricht an. Aber er [Jakob] antwortete: Ich lasse dich nicht, du segnest mich denn. Er sprach: Wie heißest du? Er antwortete: Jakob. Er sprach: Du sollst nicht mehr Jakob heißen, sondern Israel [die buchstäbliche Bedeutung dieses Namens im Hebräischen lautet: ›der starke Kämpfer‹; denn du hast mit Gott und mit Menschen gekämpft und bist obgelegen.«[17]

Auch bei den Arabern gibt es derlei Wortspiele: So bedeutet beispielsweise das Wort *Islam*: »Gehorsam gegenüber Gott«.

Am häufigsten jedoch läßt sich dieser Umgang mit Worten ganz zweifellos bei den Ägyptern nachweisen. Eigennamen, unabhängig davon, ob sie einen König oder einen gemeinen Menschen bezeichnen, haben eigentlich immer einen Sinngehalt. Sesostris zum Beispiel bedeutet »der Mann der Göttin Useret« (Gottheit der Stadt Theben); Amenhotep (griechische Form: Amenophis) »möge Amun in Frieden leben«; Ramses »Re hat ihn geboren«. In vielen Fällen sind die Namen unmittelbar von Gottheiten abgeleitet: Ptahhotep »möge Ptah in Frieden leben«, Ny-ankh-Sekhmet »das Leben liegt in den Händen der Göttin Sekhmet«, Userre »Re ist mächtig«, Renefer »Re ist vollkommen«, Sehetepibre »derjenige, der das Herz von Re erfreut«.

Diese Namen sind, sobald man sie ausspricht, immer auch zugleich Aufforderungen zur Dankbarkeit gegenüber den Göttern. Manchmal rufen die Namen, wie etwa bei den Hebräern, einen unvergeßlichen Augenblick im Leben eines Menschen in Erinnerung: In sehr alter Zeit gab es einen Zauberer namens Djadjae, mankh. Dieses Wort bedeutet »Sein Kopf lebt! « und dürfte sehr wahrscheinlich von nichts anderem herrühren als dem Ausruf der Erleichterung einer Hebamme nach einer besonders schwierigen Geburt. Für diese sehr alte Tradition gibt es zahlreiche Beispiele.

Wenn das Wort über schöpferische Kraft verfügt, dann kann es auch aufgrund seiner ganz besonderen Wirksamkeit gefährlich werden und sich sogar zu einer Waffe im Krieg gegen die göttlichen bzw. menschlichen Feinde entwickeln. Anders ausgedrückt, das Wort dient auch der glücklichen und gerechten Ordnung der Welt, dem Kampf des Guten gegen das Böse.

Re, der vor allem in der Stadt Heliopolis verehrte Weltschöpfer, besaß einen gefährlichen Feind, eine Schlange, die von den Ägyptern Aapep (die griechische Schreibweise dieses Namens ist Apophis) genannt wurde. War Re der gutherzige Gott der Schöpfung, so war Aapep die Verkörperung des Bösen[18], das danach trachtete, zu zerstören, was Re ersonnen und erschaffen hatte. Zu allen drei wichtigen Stationen des Sonnenlaufs (Sonnenaufgang, Zenit, Sonnenuntergang) versuchte Aapep mit allen Mitteln, den natürlichen Ablauf zu stören, und selbst wenn die Schlange hierfür das Wasser des Flusses hinunterschlucken mußte, auf dem Re im Himmel segelte. Zu den genannten drei Zeitpunkten, insbesondere wenn die Sonne im Zenit steht, schritten die Priester ein: Im Gegensatz zu unseren Kirchen, zu Moscheen oder Synagogen war der Tempel im alten Ägypten kein Ort der Andacht und des Gebets; diese Kultstätte diente vielmehr dem aktiven Erhalt der Schöpfung, und die Aufgabe der Geistlichen bestand darin, die göttliche Ordnung des Universums zu verteidigen. Dank eines Papyrus[19] sind uns die sehr langen Litaneien überliefert, die die Priester im Halbdunkel des heiligen Ortes psalmodierten, um mit Hilfe der Wortfolgen die Existenz des Bösen zu zerstören: »Möge dein Gesicht zu Boden fallen, o Aapep, o ruchloser Feind des Re. Kehre um, o Feind, o Abtrünniger, der du keine Arme hast, der du keine Beine hast; der Vorderteil deines Körpers wird genauso abgeschnitten werden wie alle Teile deines Gesichts. Du bist gefallen, du bist niedergestreckt.« Auf diese Weise wird Aapep durch Worte vernichtet.

Der Text fährt noch lange mit diesem wahren Delirium zerstörerischer Wörter fort. Er ist eine Litanei an die Adresse aller Unruhestifter, in der die Tötung des Bösen beschworen wird: »Eure Köpfe werden euch abgerissen werden, eure Hälse abgeschnitten, eure Wirbel durchtrennt, Krankheiten werden euch heimsuchen und ihr werdet niedergestreckt. Der strahlende Re wird sich euch entgegenstellen und euch mit seiner Kraft niederstrecken. Er wird euch verschlingen, er wird seinem heiligen Namen ›vernichtendes Feuer‹ alle Ehre machen und euch bestrafen. Ihr werdet durch sein Feuer gerichtet; denn unerträglich wird die Flamme sein, die dieses Feuer hervorbringt; sie wird euch vernichten, ihr Vernichter, die ihr dann selbst vernichtet seid. Das Feuer bricht aus, ihr kommt darin um, ihr verbrennt in seiner Glut, seine Hitze tötet euch … Seine Flamme verschont noch nicht einmal eure Schatten. Ihr, die ihr zerstören wolltet, sollt zerstört werden.«[20]

Das Wort, das die Welt erschaffen hat, erhält auch deren Gleichgewicht; es ist der Verteidiger des neuen Universums.

Entsprechend dieser Logik sind es auch die Wörter, die dem Pharao im Krieg dabei behilflich sind, den Sieg davonzutragen. So erging es beispielsweise Sesostris III. (um 1850 v. Chr.): »Die Rede Seiner Majestät drängt die Nubier zurück; seine Worte schlagen die Asiaten in die Flucht.« Dasselbe gilt für Ramses II. (um 1290 v. Chr.): »Er dringt allein in die Reihen der Feinde ein und streckt sie nieder, indem er mit dem Mund spricht und mit den Armen zuschlägt.« Bereits König Kheti (2150 v. Chr.) lehrte seinen Sohn. »Die Macht eines Mannes ist seine Sprache; die Worte sind wichtiger als jedwede Schlacht.«[21]

Eine weitere Folge dieser schöpferischen Macht, die im alten Ägypten dem Wort beigemessen wurde, bestand darin, daß die Nennung des Namens eines Menschen in gewisser Weise gleichbedeutend damit war, ihn noch einmal zu »erschaffen«, ihm sein Überleben zu garantieren. Entsprechend hierzu bedeutet die Auslöschung oder Zerstörung seines Namens, ihn endgültig dem Tod zu überantworten, damit es so ist, »als hätte es ihn nie gegeben«. Infolgedessen zerstörten die Pharaonen die Statuen oder Male, reien, die den Namen eines Menschen trugen, der als Feind angesehen wurde. Tathmosis III. (1480 v. Chr.) ließ die von seiner Schwiegermutter, der Königin Hatschepsut, errichteten Bauwerke zerstören und überall seinen eigenen Namen einmeißeln: Hatschepsut hatte nämlich fünfzehn Jahre lang die Macht an sich gerissen, die eigentlich dem jungen Prinzen zustand.

Diese offensiv eingesetzte Kraft der Wörter läßt sich auch in einem sehr alten hebräischen Brauch nachweisen: Das Purimfest wird alljährlich gefeiert, um an die Errettung der Juden durch Esther zu erinnern, deren Schönheit den persischen König Xerxes bezaubert hatte, der sie dann auch heiratete. Beim Purimfest wurde während der Versammlung der jüdischen Gemeinde in der Synagoge ein Text gelesen, in dem sowohl die Herkunft Mordechais (Esthers Vormund) als auch dessen Triumph über seinen Feind Haman geschildert werden. Der Wesir Haman wurde um so mehr gehaßt, als man in ihm den Nachkommen Agags, des Königs der Amalekiter, sah. Diese waren die Erbfeinde Israels, seit sie diese bei ihrem Auszug aus Ägypten aus einem Hinterhalt heraus angegriffen hatten. Ohne den Text zu verändern, mußte auf jeden Fall vermieden werden, den Namen Haman auszusprechen; zu diesem Zweck erzeugte man jedesmal, wenn der Name ausgesprochen wurde, einen ohrenbetäubenden Lärm, so daß er nicht zu hören war. Hierzu konnte man sich einer Art Rassel bedienen, die nur am Purimfest benutzt wurde. Die osteuropäischen Juden schrieben den Namen Haman auf ihre Schuhsohlen und stampften mit den Füßen, sobald der Name des Feindes ausgesprochen wurde. Heute bringen die Kinder Knallpistolen, Wecker oder Trompeten mit.[22]

Allem Anschein nach gibt es im Islam keinen vergleichbaren Brauch; der Feind wird dem Richterspruch Allahs anheimgegeben, vorbehaltlich der Anwendung der herrschenden Rechtsbestimmungen natürlich.

Die große schöpferische Kraft des Wortes, gerade des gesprochenen Wortes, ist im semitischen Bewußtsein in der Regel sehr gegenwärtig. Bei den semitischen Völkern ist das Wort stets bedeutsam und vereint zahlreiche Kräfte in sich. Mit seiner Hilfe entstand das Universum mit seinen wesentlichen Bestandteilen.

Die körperliche Fortpflanzung

Der durch Kraft seines Willens der Urmasse entstiegene einsame Schöpfer besaß keinen Gefährten; Götter und Menschen erschuf er mit Hilfe einer körperlichen Anstrengung, einer persönlichen Lust, für die es keine Zeugen gab.

Ganz in diesem Sinn äußert sich Atum in einem Ritualtext aus dem 4. Jahrhundert v. Chr, dessen Denk- und Ausdrucksweise jedoch sehr viel ältere Glaubensinhalte wiedergeben: »Ich habe mich mit meinem eigenen Körper vereint, so daß sie aus mir hervorkamen, nachdem ich mich mit meiner geschlossenen Hand erregt hatte, wobei das Verlangen durch meine Hand geweckt wurde und der Samen aus meinem Mund hervorquoll; auf diese Weise habe ich Schu und Tefhut ausgespien. So schuf ich also mich, einsamer Gott, selbst; nachdem das göttliche Geschwisterpaar erschaffen war, gehörten die drei Gottheiten[23] zu mir.«

In den zweitausend Jahre älteren Texten, die die königlichen Pyramiden schmücken, begegnet man derselben Vorstellung, was die Langlebigkeit dieses Glaubens belegt:

»Nachdem Atum sich selbst zum Leben erweckt hatte, gab er sich in Heliopolis der Masturbation hin. Er nahm seinen Phallus in die Hand und verschaffte sich auf diese Weise Lust. So wurden zwei Geschwister geboren: Schu und zur selben Zeit Tefnut.«[24]

Der Koran beschreibt an mehreren Stellen die Erschaffung des Menschen durch göttliches Sperma: »Er hat den Menschen aus einem Tropfen Sperma geschaffen.«[25] An anderen Stellen dieser heiligen Schrift wird das vom Weltschöpfer verwendete Verfahren genauer, d. h. in seinen einzelnen »Phasen« beschrieben werden: »Und wahrlich, Wir schufen den Menschen aus reinstem Ton. Alsdann setzten Wir ihn als Samentropfen in eine sichere Stätte. Alsdann schufen Wir den Tropfen zu geronnenem Blut und schufen den Blutklumpen zu Fleisch und schufen das Fleisch zu Gebein und bekleideten das Gebein mit Fleisch; alsdann brachten Wir ihn hervor als eine andre Schöpfung, und gesegnet sei Allah, der beste der Schöpfer!«[26]

In groben Zügen handelt es sich hierbei um die Beschreibung eines Entwicklungsverlaufs, der sich mit demjenigen des menschlichen Lebens deckt.

Dieser Text im Koran, der deutlich später zu datieren ist als die ägyptischen Quellen, verbindet zwei sehr alte Traditionen miteinander. die Schöpfung durch Sperma und diejenige durch die

Formung aus Ton, die im ägyptischen und israelitischen Glauben ebenfalls eine herausragende und einzigartige Rolle spielt. Im glaubensstarken Orient vermischen sich die Glaubensinhalte und beeinflussen sich gegenseitig.

Der Ton und die Töpferscheibe

Im oberägyptischen Elephantine wurde Khnum als göttlicher Töpfer verehrt; diese Verehrung erklärt sich möglicherweise aus dem Umstand, daß es an diesem Ort eine sehr aktive Töpferkolonie gab.

In dem Khnum gewidmeten Tempel von Esna (einer nördlich von Elephantine gelegenen Stadt)[27] findet sich ein Text, in dem der Schöpfungsakt beschrieben wird als die Tätigkeit des göttlichen Töpfers, des Siegers über die Trägheit, der mit seiner Hände Arbeit nach und nach sowohl die Götter als auch die Lebewesen erschafft:

»Khnum schuf auf seiner Scheibe die Götter und die Menschen; er formte das Kleinvieh und die Herden, er machte die Vögel und die Fische, er formte die zeugungsfähigen Männer und brachte die Frauen zur Welt. In seiner Werkstatt erschuf er alles durch seiner Hände Arbeit. Er formte die Haut auf den Gliedmaßen; er fertigte den Kopf und formte das Gesicht, um den Gestalten ihre Persönlichkeit zu geben. Er ließ die Augen sich öffnen, er öffnete die Ohren. Er versah den Körper mit ausreichend Luft. Er machte den Mund, um zu essen, und die Zähne, um zu kauen. Er löste die Zunge, damit sie sich ausdrücken kann ... Das Rückgrat machte er zur Stütze ... Die Hände mit den Fingern machte er, damit sie ihre Arbeit verrichten, das Herz, um den Menschen zu lenken, den Hoden, um den Phallus zu unterstützen und die Männlichkeit zu vollenden ... die Gebärmutter, um den Samen zu empfangen und so die Nachkommenschaft in Ägypten zu mehren. Er machte die Schienbeine und die Schenkel, um zu gehen, so daß deren Knochen ihre Aufgabe entsprechend den Anordnungen des Herzens erfüllen ... So wurden alle Menschen auf seiner Scheibe geformt.«[28] Mit den einfachen Handgriffen der geschickten Töpfer von Esna erschafft Khnum sein Meisterwerk: Er haucht dem Universum Leben ein. Dieser alte, ursprünglich regional beschränkte Glaube weitete sich aus und bestand noch lange weiter fort.

In vergleichbarer Form findet er sich auch in der Bibel. Voller Inbrunst ruft der Prophet Jesaja aus: »Aber nun, Herr, du bist unser Vater; wir sind Ton, du bist unser Töpfer; und wir alle sind deiner Hände Werk.«[29] Ein später Nachklang von mehreren tausend Jahren alten Bildern, die in der Vorstellungswelt der Menschen und im semitischen Bewußtsein fortleben.

Die Papyrusrollen mit jüdischen religiösen Texten, die in Qumran in der Nähe des Roten Meeres gefunden und von den Essenern verfaßt wurden, enthalten auch eine Hymne auf die Macht Gottes, in der gleichzeitig die Nichtigkeit des Menschen beschrieben wird: »Und was ist schon der Mensch, der doch nur aus Erde und Töpferton besteht und wieder zu Staub wird? ... Er ist nichts als Staub und Asche.«[30] Der Ton ist pessimistischer, aber das Bild bleibt das gleiche.

Das alte Ägypten war eine ergiebige Quelle für Vorstellungen, die im ganzen Orient von Händlern, Karawanen, Soldaten, Matrosen oder Reisenden verbreitet wurden, so daß die verschiedenen Länder dieser Region noch enger zusammenrückten. Sehr häufig paßten die verschiedenen semitischen Völker die auswärtigen Gedanken ihren eigenen Ideen und Riten an. Ägypten, die älteste bekannte Hochkultur in der Geschichte der Menschheit, war eine dauernde Quelle der Inspiration für die Menschen im alten Orient. Auf diese Weise entstand über einen Zeitraum von Jahrhunderten und Jahrtausenden hinweg ein großes Gedanken-System, das zur Grundlage auch unserer Glaubenslehren wurde.

Sich einem äußeren Einfluß auszusetzen, einen Gedanken zu übemehmen, dessen Ursprung anderswo liegt, ist nicht gleichbedeutend mit Nachahmung. In der übergroßen Fülle der orientalischen Religionen sind Ähnlichkeiten genauso zwangsläufig wie Unterschiede oder, besser gesagt, Gegensätzlichkeiten, die die Individualität jedes einzelnen Volkes betonen und zu begreifen helfen.

Die Abfolge bei der Entstehung des Universums

In welcher Reihenfolge wurden die Bestandteile des Universums erschaffen? Jedes Volk hält seine eigene Antwort auf diese Frage bereit.

Ptah von Memphis schuf die Welt mit Hilfe seines Geist-Herzens sowie seiner Zunge.[31] Zuerst entstehen die Gottheiten, »die in der Gestalt Ptahs zum Leben erwacht sind«, d. h. diejenigen Gottheiten, deren Persönlichkeiten mehr oder weniger mit derjenigen des Weltschöpfers identisch sind, der sie allesamt in sich barg. Als nächstes gab Ptah den Geschöpfen – den Menschen genauso wie den Tieren – das Herz und die Sprache, die jedes vernünftige Lebewesen benötigt; hierbei wird nicht grundsätzlich zwischen der Tier- und der Menschenwelt unterschieden. Im Anschluß daran schuf Ptah die Quellen der Lebensenergie und legte die Eigenschaften der Lebewesen fest; »auf diese Weise wurde die angemessene Belohnung für denjenigen bestimmt, der das schafft, was man gemeinhin mag, und die Strafe für denjenigen, der Verachtenswertes tut; dem friedliebenden Menschen wurde das Leben gegeben, den Verbrechern der Tod«.[32] Die Verfügung der moralischen Gesetze spielt demnach in Memphis eine sehr bedeutende Rolle, anders ausgedrückt, sie nehmen in der Ordnung der Welt eine herausragende Stellung ein.

In einem vierten Schritt erscheinen die »Akteure«, die um das Leben und das Überleben wetteifern: »Dann wurden alle Arbeiten und Handwerker erschaffen, die Fertigkeit der Hände und die Bewegungsfähigkeit der Beine sowie jedes einzelnen Gliedes.« Die dem Handwerker und der Handarbeit zugestandene Bedeutung erklärt sich aus einer typisch ägyptischen Denkweise: Der Bildhauer und der Maler erschaffen, und zwar in Form von Statuen, Reliefs oder Bildnissen (deren Züge dem dargestellten Wesen ähneln), Hüllen, die dazu imstande sind, lebendig zu werden und Wörter auszusprechen, die sie wieder zum Leben erwecken und ihnen ein langes Dasein garantieren; jede Hülle stellt im Denken des ägyptischen Menschen eine Schale dar, die möglicherweise wieder zum Leben erwacht. Zudem wird der Handwerker als *seankh* bezeichnet, was soviel bedeutet wie »derjenige, der wiederbelebt«. Damit verfügt man über ein Mittel, die neue Schöpfung unsterblich zu machen, indem man dauerhafte Formen erschafft, die von den immateriellen Elementen des Menschen zum Leben erweckt werden. Es besteht eine enge Verbindung zwischen der Handlungs– und Bewegungsfähigkeit und dem Geistigen. Einer der häufig vorkommenden Wünsche für das Weiterleben im Jenseits lautet: »Mögen meine Beine mich weiterhin tragen!« Dieser Wunsch belegt, welche Bedeutung der dauerhaften Bewegungsfähigkeit beigemessen wurde.

Ptah erschuf also im Anschluß an die Gottheiten die besten Lebens- und Überlebensmöglichkeiten für die Lebewesen sowie die Moralgesetze, die für ihre Existenz maßgeblich waren. Hierbei handelt es sich um eine hochgeistige Vorstellung von der Organisation des neu geschaffenen Universums.

Zum Schluß und zur Krönung seines Werkes nimmt sich der Schöpfer mit sehr viel Sorgfalt der religiösen und verwaltungstechnischen Organisation der Welt an. »Er hat die Städte errichtet. Er hat die Nomoi gemacht.[33] Er hat die Götter in ihre heiligen Stätten geleitet. Er hat ihre Heiligtümer errichtet. Er hat ihre Körper entsprechend ihren Herzenswünschen gestaltet; und die Götter konnten ihre Körper in Besitz nehmen, mit denen sie sich zu erkennen gaben und die aus allen möglichen Holzarten, allen Steinsorten, aus Ton oder anderen Materialien geformt waren.«

Es ist bekannt, in wie vielen Etappen die Schöpfung dieses Werkes, dieses genauso ordentlichen wie ausgewogenen, gerechten wie moralischen Werkes erfolgt ist. Ptah bleibt ein wichtiger Schöpfer, der nicht nur die Gottheiten und die irdischen Lebewesen mit all ihren Eigenschaften hervorbringt, sondern seinem Werk sowohl Ausgewogenheit als auch Dauerhaftigkeit verleiht, indem er dem Geist eine herausragende Rolle beimißt.

Die in Memphis herrschende Glaubenslehre, die sich im Kern von anderen Schöpfungsgeschichten unterscheidet, ist das unvergleichliche intellektuelle Werk des Priesterkollegs des Tempels von Memphis; diese Schöpfungsgeschichte scheint sowohl hinsichtlich ihrer Durchführung als auch ihrer Abfolge typisch ägyptisch und von äußeren Einflüssen frei zu sein.

Unweit von Memphis, in der im Osten des Nildeltas gelegenen heiligen Stadt Heliopolis, die Atum bzw. Atum-Re geweiht war, erklärten die Priester die Entstehung des Universums auf eine andere Art und Weise, die gewisse Ähnlichkeiten mit anderen Kosmogonien, insbesondere der babylonischen aufweist. Läßt sich in diesem Zusammenhang von gegenseitiger Beeinflussung reden, oder handelt es sich lediglich um ähnliche Vorstellungen, die unabhängig voneinander an verschiedenen Orten im Siedlungsraum der semitischen Völker entstanden sind? Die sehr alte Schöpfungsgeschichte der in Heliopolis herrschenden Glaubenslehre findet sich bereits in den Texten der Königspyramiden (um 2500 v. Chr.) und lebte noch in den späteren Bestattungsritualen fort. Mögen zwischen den beiden Städten Memphis und Heliopolis auch nur wenige Kilometer gelegen haben, so hat doch jedes Priesterkolleg in seinem Tempel für seinen Gott eine Glaubenslehre entwickelt, die seinem jeweiligen, im Fall von Atum leuchtenden, Wesen entsprach.

Als Atum dem Urgewässer entstieg[34], brachte er als erstes Licht mit um das Chaos sehen zu können; daraufhin erschuf er durch Masturbation aus seinem Körper ein göttliches Zwillingspaar: Schu und Tefnut. Dieses erstgeborene Geschwisterpaar verkörpert zwei »Dimensionen«. Die eine Dimension besitzt eine sehr konkrete Bedeutung: Schu (männliches Wesen) verkörpert die Luft und den Wind, Tefhut (weibliches Wesen) die für das Leben notwendige Feuchtigkeit. Gleichzeitig erscheint im entstehenden Universum der Begriff der Zeit, die der Welt fürderhin ihre Endlichkeit beschert: »Schu ist die ewige Zeit und Tefnut die unendliche Zeit.«[35] In der Folge wird dieses Paar mittels natürlicher Fortpflanzung die wesentlichen Bestandteile des Universums hervorbringen, die der Welt ihre räumlichen Grenzen auf, erlegen: Der Gott Geb wird die Erde sein, die Göttin Nut der Himmel. Es ist Geb, der immer zuerst genannt wird, denn im ägyptischen Denken ist die Erde (tꜣ) das männliche und der Himmel (pt) das weibliche Element, das heißt das Symbol der Fruchtbarkeit, weil er das lebensspendende Licht gibt; aus diesem Grunde wird Nut als Frau oder Kuh dargestellt, beide sind Verkörperungen von fruchtbaren und nährenden Lebewesen.

Geb und Nut, die bei ihrer Geburt ein Paar bilden, werden durch Schu voneinander getrennt, der sich zwischen sie stellt, um den ersten Elementen des Universums Luft zukommen zu lassen. Auf diese Weise werden Himmel und Erde getrennt und unterscheiden sich voneinander. Das mythische Bild zeigt Schu, der in der Haltung von Atlas, der die Welt trägt, mit seinen Händen den sternenübersäten Bauch und Oberkörper Nuts hält, während sich Geb, der ausgestreckt auf der neu geschaffenen Erde liegt, vergeblich darum bemüht, wieder mit seiner Schwester-Gattin zusammenzukommen. Wenn die Erde Höhenunterschiede aufweist, so sind diese darauf zurückzuführen, daß Geb »Verrenkungen« vollführt: Er stützt sich auf einem Ellbogen ab, beugt ein Knie und verharrt in einer gezwungenen Haltung, so daß Hügel und Berge entstehen, die von den Ägyptern als »Gebs Erhebungen« bezeichnet werden.

Nachdem der Schöpfer die räumlichen und zeitlichen Grenzen des Universums sowie die allererste Gestalt der Welt erschaffen hat, vollendet er nach der Schöpfung der kosmologischen Ordnung mit der Errichtung der irdischen Ordnung sein Werk. Geb und Nut gebären ihrerseits zwei Paare: Osiris / Isis (Bruder / Schwester) und Seth / Nephthys (Gatte / Gattin), zwei sich ergänzende, teilweise aber auch gegensätzliche Paare. Das erste der beiden Paare symbolisiert die Fruchtbarkeit des Bodens sowie das Gleichgewicht des Lebens, denn Osiris ist der erste König der Erde, der Herrscher über die gerade erschaffenen Menschen (denen er die landwirtschaftlichen Techniken, den Weinbau und die Handwerke beibringt) und der Herr der Vegetation: Er ist seinem Wesen nach mit den Bäumen und den Pflanzen verbunden, die in jedem Frühjahr von neuem zum Leben erwachen, und somit wird die alljährliche Wiedergeburt von Osiris zu einem Vorbild für die Menschen. Seine Schwester Isis ist eine liebende Gattin, eine vorbildliche Frau. Das zweite der beiden Paare symbolisiert Unfruchtbarkeit und sinnlose Veränderungen. Es verkörpert den natürlichen wie konkreten Gegensatz zwischen Flußtal und Wüste sowie den moralischen Gegensatz zwischen Gut und Böse. Es läßt sich feststellen, daß im Werk des ägyptischen Weltschöpfers dieser moralische Aspekt sehr häufig zu finden ist. Auf diese Weise konstituiert sich die Enneade, d. h. die Hierarchie der neun sich ergänzenden Gottheiten, deren Gesamtheit für alle im erschaffenen Universum wirksamen Elementarkräfte steht.

Die von den Priestern in Babylon entwickelte Kosmogonie enthält, ähnlich wie die in Heliopolis, das im semitischen Denken immer wieder anzutreffende Prinzip sich gegenseitig ergänzender Zwillingspaare und anderer Paare, bei denen die Frau stets die Schwester und Gattin des Mannes ist.

Demnach erscheinen die Götter außerhalb des Urgewässers immer paarweise: Das erste Paar (Lahm / Lahamu) bleibt eher geheimnisvoll, steht aber zweifellos mit dem Licht in Verbindung; das zweite (Ansha / Kishar) verkörpert den Himmel und die Erde, die »Dinge oben«, d. h. des Himmels *(an)*, und die »Dinge unten«, d. h. der Erde *(ki)*; sie symbolisieren die Ausdehnung eines im Entstehen begriffenen Universums, ein ursprüngliches Chaos, das von Prinzipien und Elementen beherrscht wird, die zur endgültigen Entstehung des Kosmos beitragen. Die Götterreihe setzt sich noch tage- und jahrelang fort.

Die biblische Schöpfungsgeschichte ist ausführlicher, genauer. Im 1. Kapitel der Heiligen Schrift[36], das zweifellos kurz nach der Rückkehr der Juden aus der Babylonischen Gefangenschaft (im Jahre 358 v. Chr.)[37] – und in Babylon gab es seinerzeit berühmte theologische Schulen – in Jerusalem verfaßt wurde, lassen sich einige Ähnlichkeiten mit älteren semitischen Texten feststellen; Ägypten war nah, Babylon kannte man.

Im Verständnis der Hebräer dauerte die Schöpfung sechs Tage. Im Vergleich zu den anderen Schöpfungsgeschichten ist dies ein kurzer Zeitraum. Zunächst ward es Licht, das auf Befehl Gottes wurde, der auf dem Wasser schwebte. Sodann schuf er den Tag und schied ihn von der Finsternis der Nacht; das Licht ist das Symbol für das Leben, die Finsternis das für den Tod; die beschriebene Abfolge der Schöpfung ist vernünftig und entspricht derjenigen der älteren Texte. Der biblische Gott schuf also zunächst die ersten Elemente der Zeit. Am zweiten und dritten Tag schied er den Himmel und die Erde; er schuf den Raum, indem er »die Feste« machte und »das Wasser unter der Feste von dem Wasser über der Feste« schied. »Und Gott nannte die Feste Himmel.« Die beiden Wasser, von denen hier die Rede ist, sind ein Überbleibsel des Urgewässers. Am dritten Tag setzte Gott sein Werk fort, indem er sprach: »Es sammle sich das Wasser unter dem Himmel an besondere Örter, daß man das Trockene sehe. [...] Und Gott nannte das Trockene Erde, und die Sammlung der Wasser nannte er Meer.« Dann ließ er Gras und Kraut, fruchttragende, Bäume und Pflanzen wachsen.

Für viele semitische Völker ist die Trennung von Himmel und Erde so etwas wie ein Ausgangspunkt. Gott-Elohim wird drei weitere Tage benötigen, um sein Werk zu vollenden und den Menschen zu erschaffen.

Am vierten Tag bestückte Gott den Himmel, indem er die Sonne (»ein großes Licht, das den Tag regiere«), den Mond (»ein kleines Licht, das die Nacht regiere«) und die Sterne schuf. »Und Gott setzte sie an die Feste des Himmels, daß sie schienen auf die Erde.« Somit setzt Gott am vierten Tag fort und vollendet, was er bereits am ersten Tag getan hat, als er Licht und Finsternis voneinander schied. Am fünften Tag macht Gott die Tiere im Wasser und in der Luft: Vögel, Fische und Wale. Am letzten Tag belebt er die Erde durch die Schöpfung aller möglichen Lebewesen: Vieh, Reptilien, wilde Tiere – und zu guter Letzt den Menschen, den er sich zum Bilde schuf, »als Mann und Weib schuf er sie«. Und in der Ordnung der Schöpfung gab Gott dem Menschen die Macht über alle anderen Lebewesen; der Mensch selbst legt die Namen für alle anderen Lebewesen fest und macht sie sich so zum Untertan. Und am siebten Tag ruhte Gott von allen seinen Werken.

Im 2. Kapitel der Genesis werden dieselben Themen[38] nochmals aufgenommen, nur kürzer. Allerdings kommt hier der Erschaffung des Menschen ein besonderes Gewicht zu, für das erste Menschenpaar wird der Garten Eden angelegt: Diesen bewässert ein Fluß mit vier Armen; zwei dieser Arme führten Milch und Honig, die beiden anderen Wein und Öl. Der erste Fluß namens Pison »fließt um das ganze Land Hevila; und daselbst findet man Gold; der zweite Fluß umfließt das Land Kusch (Äthiopien), der dritte fließt im Osten Assyriens und der vierte ist der Euphrat.« Gott gibt den Menschen den Garten Eden als Wohnstatt, als Nahrung die Früchte der Bäume; nur vom Baum der Erkenntnis des Guten und Bösen sollen sie nicht essen. Was aus diesem Verbot folgt, werden wir später sehen.[39] Insbesondere im ersten Teil der Schöpfungsgeschichte finden sich sowohl bekannte Themen als auch die Reihenfolge der Ereignisse wieder; der zweite Teil der Genesis weist Merkmale auf, die typischer für das hebräische Denken sind, vor allem, was die genaue Darstellung der Einteilung der Erde und ihrer Bewohner sowie das Vorhandensein des Baums der Erkenntnis betrifft.

In bezug auf die Schöpfung fassen sich die Texte des Koran kürzer, und auch wenn die Grundgedanken denen der Bibel ähneln, so deuten doch bestimmte Abweichungen auf ihren arabischen Ursprung hin.

»Euer Herr ist Gott, der Himmel und Erde in sechs Tagen geschaffen und sich daraufhin auf dem Thron zurechtgesetzt hat, um die Welt zu regieren. Er läßt die Nacht über den Tag kommen, wobei sie ihn eilends einzuholen sucht. Und er hat die Sonne, den Mond und die Sterne geschaffen und sie dabei durch seinen Befehl in den Dienst des Menschen gestellt. Steht nicht ihm allein die Erschaffung der Welt und der Befehl über sie zu? Gott, der Herr der Menschen in aller Welt ist voller Segen!«[40] »Er ist es, der die Sonne zur Helligkeit [am Tag] und den Mond zu Licht [bei Nacht] gemacht und Stationen für ihn bestimmt hat, damit ihr über die Zahl der Jahre und die Berechnung der Zeit Bescheid wißt.«[41] Dem Mondlicht kommt insofern eine besondere Bedeutung zu, als die Nomadenvölker nur mit seiner Hilfe auch nachts ihre Wanderung fortsetzen und ihre provisorischen Lager errichten können. Darüber hinaus bringt der Mond in der Wüste die nächtliche Kühle, die Erholung von der tagsüber herrschenden Hitze. Hierbei handelt es sich also um ein typisch arabisches Merkmal, das normalerweise auf die vorherrschenden Lebensverhältnisse einer Karawane zurückzuführen ist. Vor einem gemeinsamen gedanklichen Hintergrund verleiht also jedes Volk seiner Eigenheit Ausdruck. Jedes Volk beschreibt mit anderen Worten die Größe und den Inhalt der Schöpfung: »Er hat die Erde durch seine Kraft gemacht und den

Weltkreis durch seine Weisheit bereitet und den Himmel ausgebreitet durch seinen Verstand«, sagen die Hebräer.[42] Bei den Arabern heißt es in einer etwas einfacheren Sprache: »Wir haben Himmel und Erde und was dazwischen ist nicht zum Zeitvertreib geschaffen.«[43]

Während im Neuen Testament (das in mancherlei Hinsicht die Gepflogenheiten des Alten Testaments beibehält) die Apokalypse in einer oftmals gequälten, ja brutalen Sprache den Anfang vom Ende der Zeiten sowie die verschiedenen letzten Kämpfe und Prüfungen vorhersagt, die das Ende der Welt herbeiführen, so klingt diese Vorhersage des Weltendes im Koran doch sehr viel besonnener und einfacher. »Und Gott besitzt mit seinem Allwissen die Geheimnisse von Himmel und Erde. Und die Angelegenheit der Stunde des Gerichts ist nur wie ein Augenblick oder noch kürzer. Gott hat zu allem die Macht.«[44]

Der Gedanke ist zwar der gleiche, aber sein Geist und sein Ausdruck sind von Volk zu Volk verschieden.

Die »Landschaft« des ersten Universums

Die Himmel und die Erde sind große ebene Flächen. Im Verständnis der Ägypter wiederholt sich die Gestalt der im Zentrum der Schöpfung stehenden Erde vom einen bis zum anderen Ende wie durch eine räumliche Verschiebung immer wieder. Es gibt zwei Himmel: Der eine befindet sich über der Erde, der andere unter der Erde. Das Urgewässer, das durch die neue Schöpfung zurückgedrängt worden ist, faßt immer noch das gesamte Universum und birgt die Kräfte des Chaos in sich, die die Priester in ihren Tempeln mittels beschwörender Formeln und Gebete von der Welt fernzuhalten suchen. Unmittelbar nachdem die Erde erschaffen war, lebten die Götter und die Menschen zusammen und »bildeten eine Einheit«. Die beiden Himmel wurden von einem großen Fluß durchzogen, wobei es sich um ein Abbild von Ägypten und vom Nil handeln dürfte. Jeden Tag befährt Atum-Re mit seiner Barke den Fluß von Osten nach Westen und setzt seine ewige Lichtreise fort. Wir haben es hier mit einem verhältnismäßig einfachen Muster zu tun, das infolge der Ereignisse, nach dem Aufbegehren der undankbaren Menschen, einige Veränderungen erfährt.

Nach hebräischem und islamischem Verständnis gibt es sieben Himmel und sieben Erden. Im Koran heißt es: »Und er hat von sich aus alles, was im Himmel und auf Erde ist, in euren Dienst gestellt. Darin liegen Zeichen für Leute, die nachdenken.«[45] Ein zweiter, ebenfalls sieben Stufen umfassender Himmel befindet sich unterhalb der sieben Erden. Hierbei handelt es sich allerdings um ein etwas komplexeres Abbild des ersten Himmels. Die semitischen Philosophen und Dichter haben ihrer Phantasie freien Lauf gelassen, um die Rolle und das Wesen der Bewohner dieser übereinanderliegenden Welten zu bestimmen.

Auch wenn in der Bibel selbst diese Anordnung nicht in dieser Weise beschrieben ist, so überliefern doch spätere rabbinische Texte diesbezüglich eine sehr alte Legende. Überhaupt läßt sich feststellen, daß die semitische Phantasie im Zusammenhang mit derlei wunderbaren Ereignissen, über die sich die Rabbiner und andere Kommentatoren im Talmud und in den *Midraschim* (nachbiblischen Texten) eingehend äußern, wilde Blüten trieb. So beschreibt zum Beispiel der Rabbiner Shimon ben Laqish[46] den mehrstufigen Himmel folgendermaßen: Die sieben Himmel bilden einen Bogen über der Erde; Zwiebelschalen gleich legt sich der eine Himmel über den anderen. Der erste Himmel entfaltet sich bei Sonnenaufgang, um den nahegelegenen Landstrichen und den Menschen Schatten zu spenden, der sie vor der Hitze der Sonne schützt; wenn es Abend wird, rollt er sich wieder zusammen, damit der Mond und die Sterne vom zweiten Himmel aus leuchten können. In der dritten »Etage« zermahlen zwei Mühlen das Manna für die Gerechten. Im vierten Himmel liegt das himmlische Jerusalem. Im fünften ehren die himmlischen Heerscharen Gott und loben seine Güte, indem sie Hymnen singen; bei Sonnenaufgang verstummen sie, damit Gott hören kann, wie auf der Erde Israel seine Person lobpreist. Im sechsten Himmel befinden sich Schnee, und Hageldepots, mit Tau und Regen gefüllte Speicher, Gewitterzimmer und Nebelhöhlen. Der siebte Himmel schließlich ist der Sitz von Gesetz, Gerechtigkeit und Barmherzigkeit, hier befinden sich der Lebens, und Friedenshort, der Segen, die lobpreisenden Engel und Gottes Thron.

Dieses groß angelegte hebräische Bild der Himmel ordnet die unterschiedlichen Elemente der Schöpfung, die himmlischen Wesen und die Moralgesetze in Form einer Pyramide, an deren Spitze Gottes Thron steht. Auch die Beschreibung der unteren Himmel zeichnet sich durch ein hohes Maß an Phantasie aus; im dritten Himmel befindet dich der Garten Eden mit seinen wunderbaren Obstbäumen, zu denen auch der Baum des Lebens gehört, unter dem Gott sich ausruht, wenn er zu Besuch kommt. Im Norden des Gartens Eden liegt Gehenna, wo die Bösen Qualen erleiden müssen.

Bei den Mohammedanern unterscheidet sich die von ihrem »Aufbau« her durchaus vergleichbare Konstruktion vor allem in den Details[47]; in den frühen Jahrhunderten waren die Araber ein Volk von Kriegern. Nach Ansicht des Philosophen El Kalyoubi[48] waren die Bewohner des ersten Himmels Krieger mit dem Aussehen von Rindern. Im zweiten Himmel besitzen die Soldaten die Gestalt von Pferden und lobpreisen Gott mit einer Stimme, die klingt wie Gewitterdonner. In der dritten »Etage« sind die Soldaten Vögel in allen erdenklichen Farben, von denen aber jeder sieben Flügel hat. Im vierten Himmel leben die Seeadler-Krieger, im fünften Krieger, die aussehen wie Kinder, im sechsten Krieger, die Menschen »mit tiefen schwarzen Augen ähneln«, und im siebten schließlich Krieger mit menschlichem Antlitz, »dem Antlitz von Adams Kindern, die Gott um Verzeihung bitten für die von den Menschen begangenen Sünden«. Jeder Himmel steht unter dem »Kommando« eines Feldherrn, die in der Legende namentlich benannt werden und bei denen es sich um ehemalige Eroberer handelt.

Dieser Text ist deshalb interessant, weil er verständlich macht, wie Bilder im menschlichen Bewußtsein entstehen. Die Bewohner der Himmel sind Krieger: Tatsächlich waren lange Zeit über kriegerische Monarchien im Islam vorherrschend, und große Territorien wurden erobert. Somit ist es nur zu verständlich, daß die Kämpfer die oberen Himmel bewohnen und sie, unter dem Kommando ihrer früheren Heerführer, verteidigen. Allerdings ist diese politische Betrachtungsweise mit religiösen Vorstellungen durchsetzt; die Rangordnung der tierischen und menschlichen Erscheinungsbilder der Krieger ist identisch mit derjenigen der Schöpfungsgeschichte und liest sich wie ein verkleinertes Modell der Entstehung der Welt: zunächst die Säuger, dann die Vögel. Dann findet der Übergang von der Welt der Tiere zu der der Menschen statt: Kinder, Menschen mit schwarzen Augen (die Araber?) und schließlich die Söhne Adams. Vom alten Ägypten bis zum Islam ähneln sich die Weltentwürfe. Unterschiede sind sowohl in den Heiligen Büchern und in den anschaulicheren Legenden als auch in den Kommentaren lediglich bei Details auszumachen, wo oftmals eine tiefergehende religiöse Reflexion zum Ausdruck kommt, die eine Fülle von Bildern hervorbringt.

Jede Architektur, unabhängig davon, ob sie nun einfach oder komplex ist, benötigt Stützen. Wodurch erhalten die übereinandergeschichteten Himmel und Erden im Universum ihre Stabilität?

Eine erste Antwort auf diese Frage geben die Ägypter. Säulen, die manchmal die Gestalt göttlicher Wesen annahmen, reihten sich von den beiden Himmeln bis zur Erde aneinander und stützten so das neu geschaffene Universum; in allen vier Himmelsrichtungen angeordnet, stellten sie das dauerhafte Gleichgewicht dieses neu geschaffenen Universums sicher.

Diese Lösungsvariante war bei den semitischen Völkern allgemein verbreitet. Einer der von David, dem zweiten König Israels, gesungenen Psalme (104) lobpreist den Herrn, »der die Erde auf ihre Pfeiler gegründet, daß sie nimmermehr wankt«.[49] Im Buch des Propheten Samuel betet seine Frau Hanna. »Denn des Herrn sind die Säulen der Erde, und er hat den Erdkreis darauf gestellt.«[50] Dieselbe, nur etwas vollständigere »Konstruktion« findet sich in der 31. Sure des Koran, wo es heißt: »Er hat hoch oben die Himmel erschaffen, ohne daß ihr irgendwelche Stützen sehen würdet. Und er hat auf der Erde feststehende Berge angebracht, damit sie mit euch nicht ins Schwanken komme [...].«[51]

Der religiöse Eifer bedingte durchaus noch andere Antworten auf die Frage nach der Stabilität der Welt. Demzufolge findet sich auch die Beschreibung anderer, durchaus materieller Mittel, wie etwa die von Haken. In einem dem Rabbiner Eliezer ben Hyrcanos[52] zugeschriebenen *Midrasch* bedeckt das Firmament die Erden wie ein kuppelförmiger Deckel, dessen Enden die Reste des Urgewässers berühren, das immer noch das Universum einfaßt (hierbei handelt es sich ursprünglich um eine ägyptische Vorstellung[53]). Die Haken des Himmels sind in diesem Urgewässer verankert, während sich das Rad, auf dem das ganze Firmament angebracht ist, mit gleichmäßiger Geschwindigkeit dreht – womit auch eine Erklärung für die Bewegung der Sonne gegeben wäre.

Die Semiten waren heitere Menschen; selbst mit diesen mythischen Gedanken machten sie ihre Späße. Das belegen mehrere kurze jüdische Geschichten. Der gerade zitierte Text enthält folgende Anekdote: Einmal begleitete ein Araber den Rabbiner Bar Hana bis ans äußerste Ende der Welt, dorthin, wo das Firmament befestigt ist; der Rabbiner trug einen mit Brot gefüllten Korb bei sich; da aber die Stunde des Gebets gekommen war, stellte er den Korb auf dem Rand des himmlischen Fensters ab. Später suchte er vergeblich den Korb und glaubte, man hätte ihn gestohlen. Der Araber sagte zu ihm: »Niemand hat ihn dir gestohlen, sondern das Rad des Firmaments hat sich weitergedreht, während du betetest. Warte bis morgen zur selben Stunde und du kannst wieder von deinem Brot essen.«

Um das Gefüge der Welt aufrechtzuerhalten, gibt es auch sehr viel geistigere Mittel, die sich mit den zuvor beschriebenen Pfeilern und Haken zu einem großen mythischen Ganzen verbinden. Gott, der Schöpfer, beschützt sein Werk, indem er es mit seinen Armen stützt. Nach dem im 6. Jahrhundert n. Chr. entstandenen babylonischen Talmud hält Gott das gesamte Universum in seinen Armen: »Die Erde wird von Säulen getragen, die Säulen vom Wasser, das Wasser von Bergen, die Berge vom Wind, der Wind vom Sturm, und den Sturm hält Gott in seinen Armen.« Ganz sicher ist dies, wie der Kommentator[54] des Textes selbst sagt, »nicht vereinbar mit den täglichen Besuchen Gottes in jedem Himmel und auf jeder Erde«. Die Bilder verdanken sich keinesfalls einer logischen Konstruktion, sondern sind vielmehr das Ergebnis blühender Phantasien, die sich wiederum mit den metaphysischen Möglichkeiten decken, die die menschliche Vorstellungswelt in sich birgt.

Dieses Bild findet sich auch in anderen rabbinischen Kommentaren; beim Rabbiner Shimon ben Laquish[55] heißt es, daß Gott die Himmel in seinem rechten und die Erden in seinem linken Arm hält.

Diese Vorstellung erinnert an ein sehr viel älteres Bild, das sich in den Texten findet, die die Wände der ägyptischen Königspyramiden schmücken (um 2500 v. Chr.). Nachdem der Pharao nach seinem irdischen Tod in den Himmel gekommen und zum Sohn und göttlichen Begleiter des Sonnengottes Re geworden ist, stellt er fest, daß das Gleichgewicht des Universums auf eine ganz ähnliche wie die eben beschriebene Art und Weise aufrechterhalten wird: »Du trägst den Himmel mit deiner Hand, und du entfaltest die Erde unter deinen Sandalen.«[56]

Da kein direkter Transfer zwischen der einen und der anderen Kultur stattgefunden hat, scheinen diese Bilder tief im semitischen Bewußtsein verwurzelt zu sein.

Die oberen Himmelsschichten werden überragt vom göttlichen Thron. Mit bemerkenswerter »Genauigkeit« beschreibt El Kalyoubi ihn folgendermaßen: »Er besteht aus einer weißen Perle. Nur Gott allein kennt seine Größe. Er ruht auf 360 Säulen, deren Höhe der Strecke entspricht, die man in 12 000 Jahren Fußmarsch zurücklegt. In der Überlieferung findet sich folgender Satz: Die sieben Himmel und die sieben Erden sind im himmlischen Sitz wie ein in die Wüste geworfener Ring.«[57] Die Phantasie treibt wunderbare Blüten, wenn es darum geht, die Größe Allahs zu verherrlichen.

Die hebräische Dichtung entfaltet ihre Wortkunst in derselben Absicht: Die Unerreichbarkeit Gottes und seine Größe auf dem Himmelsthron sollen gerühmt werden. In einer Hymne, die zu einem als Hekhalot bezeichneten Zyklus gehört, der im 3. und 4. Jahrhundert zunächst in Palästina und dann in Babylonien entstand, ruft der Dichter Gott an: »König der Wunder, mächtiger König, König der Wundertaten, König der Wunderwerke: Dein zitternder Thron schwebt, aber er bewegt sich nicht seit dem Tag, an dem du das Werk vollbracht hast, mit dem du den Lauf und die Vollkommenheit der Welt festlegtest, seit vielen Jahren und unendlich vielen Generationen. Nie hat dein Thron den Grund des siebten Himmels berührt, sondern zitternd schwebt er wie ein Vogel und bewegt sich nicht.«[58]

Noch im heutigen Sprachgebrauch findet sich so etwas wie eine Erinnerung an diesen Glauben. Sagt man nicht, wenn man sich sehr glücklich fühlt, daß man im »siebten Himmel« schwebt?

Phantasie und Poesie prägen auch die Beschreibung der sichtbaren Elemente des Himmels. So haben zum Beispiel Sternschnuppen seit der Zeit der ägyptischen Hochkultur bis zu der des Islam immer wieder zu feinsinnigen Interpretationen angeregt. In einer dem Pharao Tuthmosis III. (um 1480 v. Chr.) zugedachten Hymne wird dieser verglichen mit dem »Stern, dessen Licht wie eine Flamme erstrahlt und der seinen Tau spendet«. Diese imposante Beschreibung vermittelt einen Eindruck von der »Flugbahn« des Sterns, dessen Leuchten sich in dem Augenblick, in dem er beim Morgengrauen die Erde erreicht, mit dem Leuchten des Morgentaus verbindet.

Es finden sich aber auch andere, spirituellere Beschreibungen: In einer arabischen Erzählung werden die Sternschnuppen dargestellt als »Sterne, die Allah zwischen seinen Fingern bewegt; nachts kann man beobachten, wie sie vorbeisausen. Sie dienen dann dazu, die Dämonen zu steinigen und zu strafen, die den Befehlen des Erhabenen zuwiderhandeln wollen«.[59] Dieses Bild Allahs als Sternenweber zeugt von großer poetischer Kraft.

Für andere Bewohner der Himmelsregionen finden sich in Ägypten keine Entsprechungen. Das gilt insbesondere für die

Engel, die Boten Gottes. In Ägypten treten die Gottheiten in ihren verschiedenen Erscheinungsformen ohne Mittler direkt mit den Menschen in Kontakt, wohingegen die Engel im hebräischen und islamischen Denken durchaus eine große Rolle spielen. Wenn eine göttliche Geburt verkündet wird, benachrichtigt der Engel Gabriel (Giblis bei den Arabern) Maria, die durch Gottes Werk mit Christus schwanger wird. Die Engel lobpreisen Allah und tragen, wie wir gesehen haben, seinen Thron.

Gottes Auswahl der Engel stellt eine Rangordnung her: »Als Allah die Engel schuf«, schreibt El Kalyoubi, »hat er zunächst diejenigen unter ihnen ausgewählt, die seine Botschaften überbringen und die Erzengel tragen. Dann hat er unter den Erzengeln die Träger des Throns ausgewählt, und das sind die Spiritualen. Dann hat er aus ihnen die vier Oberhäupter ausgewählt: Gabriel, Michael, Isrâfil und Azra'îl.«[60] Manchmal liegen Israel und der Islam nicht weit auseinander.

Der Mensch als Krone der Schöpfung

In einem ägyptischen Text, der ungefähr aus dem Jahre 2100 v. Chr. stammt, unterweist König Kheti III. seinen Sohn Merikare: »Gut ausgestattet sind die Menschen, Gottes Herde. Ihrem Wunsch gemäß hat er Himmel und Erde geschaffen, für sie hat er die böse Kreatur aus dem Wasser vertrieben [das Krokodil], er hat den Lebensodem für ihre Nasen erschaffen. Sie sind nach seinem Bilde, hervorgegangen aus seinem Körper. Ihrem Wunsch gemäß strahlt er am Himmel; für sie hat er die Pflanzen gemacht, das Vieh, das Federvieh und die Fische, um sie zu nähren; er tötet ihre Feinde und tötet diejenigen seiner Kinder, die einen Aufstand proben wollten. Ihrem Wunsch gemäß macht er das Licht, und er begibt sich auf die Reise, um sie zu sehen. Er hat sein Heiligtum in ihrer Nähe errichtet, und wenn sie weinen, erhört er sie. Aus Eiern hat er Feldherren für sie gemacht, und Führer [Könige], um das Rückgrat des schwachen Menschen zu stärken. Für sie hat er aus dem Zauber eine Waffe gemacht, um das Böse zu vertreiben. Er wacht über sie bei Tag und bei Nacht.«[61]

In einer späteren Sonnenhymne an Amon-Re, die in der Zeit der Herrschaft von Amenhotep II. (um 1450 v. Chr.) entstanden ist[62], kommt dieselbe Haltung zur erschaffenen Welt zum Ausdruck:

Wenn du erstrahlst, erstarrt das Kleinvieh.
Wenn du leuchtest, dann steht deine Liebe am Südhimmel und deine Sanftmut am Nordhimmel.
Deine Schönheit entzückt die Herzen,
Deine Liebe macht die Arme schwach.
Deine vollkommene und schöne Gestalt lähmt die Hände.

Oh, du einzigartiges Geschöpf, das alles erschaffen hat,
was es gibt,
Du Einziger unter den Einzigartigen[63], der alle Leben
gemacht hat.
Die Menschen sind seinen Augen entsprungen.
Die Götter sind durch seinen Mund zum Leben
erwacht.
Oh, du Schöpfer der Weiden, der du die Tiere am Leben
erhältst,
Oh, du Schöpfer der Lebenspflanze, die du den Menschen zueignest.
Du, der du die Fische in den Flüssen am Leben erhältst,
So wie das der Vögel, die im Himmel leben,
Du hauchst demjenigen Atem ein, der noch im Ei ist,
Erweckst die Vögel und alle anderen fliegenden Wesen
zum Leben,
So wie die Schlangen und Insekten,
Kümmerst dich um die Bedürfnisse der Mäuse in ihren
Löchern,
Erweckst die Insekten auf den Ästen eines jeden Baums
zum Leben.
Heil dir, o Einziger unter den Einzigartigen,
Der die ganze Zeit das zu tun sucht, was nützlich für
seine Herde ist.[64]

In diesen alten Texten stößt man immer wieder auf die großen Themen der semitischen Religionsphilosophie: Gott schuf die Menschen nach seinem Bilde, die Natur steht im Dienste des menschlichen Glücks, durch die dauernde göttliche Wachsamkeit werden den Lebewesen die göttlichen Segnungen zuteil.

In der Bibel finden sich ähnliche Gedanken. Am sechsten Tag der Schöpfung schuf Gott »den Menschen ihm zum Bilde«.[65] Die Psalmen loben seine heilbringende Kraft: »Hebt an und singet dem

Herrn ein Danklied, spielt unserm Gott auf der Harfe! der den Himmel bedeckt, der der Erde den Regen schafft, der auf den Bergen das Gras läßt sprießen und Gewächse für den Bedarf des Menschen; der dem Getier seine Speise gibt, den jungen Raben, die zu ihm schreien. [...] der sein Wort zur Erde entsendet – in Eile läuft sein Gebot –, der Schnee spendet gleich Wollflocken und Reif wie Asche ausstreut, der sein Eis gleich Brocken hinwirft, vor dessen Frost die Wasser erstarren. Er sendet sein Wort – es zerschmelzt sie; er läßt seinen Wind wehen – da rieseln die Wasser.«[66]

Vom ägyptischen Bauern bis zum arabischen Nomaden bleiben Gottes Wohltaten an die jeweiligen Lebensweisen angepaßt. Im Koran heißt es: »Er ist es, der die Morgendämmerung spaltet, so daß das Tageslicht zum Vorschein kommt, und er hat die Nacht zur Ruhe gemacht, und die Sonne und den Mond als Mittel zur Berechnung der Zeit. [...] Und er ist es, der euch die Sterne gemacht hat, damit ihr euch durch sie in der Finsternis des Festlandes und des Meeres zurechtfindet. [...] Und er ist es, der vom Himmel Wasser hat herabkommen lassen. Und wir haben dadurch Pflanzen jeder Art hervorgebracht, und aus ihnen Grün, und aus ihm in Ähren übereinandergeschichtete Körner. Und aus der Fruchtscheide der Palmen entstehen tief herabhängende Dattelbüschel. – Und wir haben Gärten mit Weinstöcken hervorgebracht und die Öl- und Granatäpfel [...].«[67] »Und Gott hat euch aus dem Leib eurer Mutter hervorkommen lassen, ohne daß ihr schon irgend etwas wußtet, und euch Gehör, Gesicht und Verstand gegeben. Vielleicht würdet ihr dankbar sein. [...] Und Gott hat euch aus euren Häusern eine Stätte der Ruhe gemacht. Und aus der Haut der Herdentiere hat er euch Zelte gemacht, die ihr, wenn ihr von einem Lagerplatz aufbrecht, und wenn ihr haltmacht, leicht handhaben könnt, und aus ihrer Wolle, ihrem Fell und ihrem Haar Gegenstände für den täglichen Gebrauch, und das alles hat er euch zur Nutznießung für eine beschränkte Zeit überlassen. Und Gott hat bewirkt, daß das, was an Dingen er geschaffen hat, euch Schatten spendet, so daß ihr euch unterstellen könnt. Und in den Bergen hat er euch Schlupfwinkel gemacht. Und er hat euch Hemden gemacht, die euch vor der Hitze, und andere, die euch vor eurer gegenseitigen Gewalt schützen. So vollendet er seine Gnade an euch. Vielleicht würdet ihr den Islam annehmen.«[68]

Die arabischen Erzähler preisen in feinsinnigen Beschreibungen in einem persönlichen und poetischen Stil Gottes wunderbares Werk: »Er hat die Himmel mit einem Mantel aus feuchtem Satin umhüllt und die Erde mit einem Mantel aus leuchtendem Grün. Er hat die Gärten mit ihren Bäumen geschmückt und die Bäume mit ihrem grünen Kleid. Den Durstigen hat er die Quellen mit dem schönen Wasser gegeben, den Trunkenen den Schatten der Weinstöcke, den Frauen die Schönheit, dem Frühling die Rosen, den Rosen das Lächeln [...].«[69] Der arabische Stil zeichnet sich häufig durch die lyrischen Formen des Gesangs aus.

Diese klugen Wohltaten Gottes können sich auch auf die Beschaffenheit des Menschen auswirken; auch in dieser Hinsicht liegen Judentum und Islam nicht weit auseinander. Im Talmud heißt es: »Auf der so kleinen Fläche des menschlichen Gesichts finden sich verschiedene Quellen, die sich nicht vermischen. So sind die Wasser der Augen salzig, die Wasser der Ohren fettig, die Wasser der Nase übelriechend, die Wasser des Mundes süß. Die Wasser der Augen sind salzig, um den Menschen am zu vielen Weinen zu hindern (zum Beispiel beim Tod eines nahestehenden Menschen), denn es besteht die Gefahr zu erblinden. Die Wasser der Ohren sind fettig, um die schlechten Botschaften daran zu hindern, schnell bis ins Herz vorzudringen und es zu ersticken, sie kommen ins eine Ohr hinein und treten durch das andere wieder aus. Die Wasser der Nase sind übelriechend, um den Menschen vor schlechten Gerüchen zu schützen, die ihn töten könnten. Die Wasser des Mundes schließlich sind süß, um die Übelkeit erträglich zu machen.«[70] Beim arabischen Philosophen El Kalyoubi finden sich ähnliche Gedanken, die die Beschaffenheit der Sinnesorgane erklären sollen, und sie haben allem Anschein nach die Neugier der Kommentatoren geweckt: »Es ist ein Geschenk Allahs an seine Diener, denn die Augen sind Fettstücke und wären geschmolzen, hätte er sie nicht gesalzen. Dasselbe gilt für die beiden Ohren, denn wären sie nicht bitter, hätten Würmer sie zerfressen. Die Nasenlöcher könnten keine guten von schlechten Gerüchen unterscheiden, wenn sie keinen Schleim enthielten. Die Lippen würden nicht dem Geschmack dienen, waren sie nicht frisch.«[71]

Die semitische Feinsinnigkeit bringt leicht voneinander abweichende Antworten hervor, die Gedankenwelten jedoch sind miteinander verwandt.

Gott wollte Vielfalt unter die Menschen bringen – verschiedene Hautfarben, Sprachen und Eigenschaften. In den semitischen Texten finden sich häufig Hinweise auf sein Bemühen, Vielfalt unter den Menschen zu schaffen.

Erste Belege finden sich wieder im alten Ägypten: Eine Hymne, die aus der Zeit der Herrschaft von Amenhotep IV. (bekannter unter dem Namen Echnaton) stammt, enthält folgende an Gott Atum gerichtete Worte: »Du gibst jedem Menschen seinen Platz und kümmerst dich dabei um seine Bedürfnisse. Die Sprachen der Menschen unterscheiden sich voneinander, und auch ihre Gestalten und ihre Farben sind verschieden.«[72] Die Vorstellung selbst ist noch älter; in einer bereits zitierten Hymne aus der Zeit der Herrschaft von Amenhotep II. wird Gott Atum mit folgenden Worten angerufen: »Schöpfer der Menschen, der ihre Gestalten auswählt und ihnen das Leben schenkt; den einen gibt er eine andere Hautfarbe als den anderen.«

Im Koran heißt es: »Und zu seinen Zeichen gehört die Erschaffung von Himmel und der Erde und die Verschiedenartigkeit eurer Sprachen und Farben.«[73]

In der biblischen Schöpfungsgeschichte heißt es, daß die Menschen, die alle »einerlei Sprache und einerlei Worte« sprachen, nach Osten zogen und in der Ebene von Sinear in Mesopotamien, d. h. in Babel, einen Turm bauen wollten, »dessen Spitze bis in den Himmel reicht, so wollen wir uns ein Denkmal schaffen, damit wir uns nicht über die ganze Erde zerstreuen«; daraufhin fuhr Gott auf die Erde hernieder und verwirrte ihre Sprache, »daß keiner mehr des anderen Sprache verstehe«, um so dem Vorhaben der Menschen ein Ende zu machen. »Also zerstreute sie der Herr von dort über die ganze Erde«[74], und der Turm wurde zerstört. Indem er die Sprachen verwirrte, gab Gott dem Bau auch den entsprechenden Namen, denn das hebräische Wort *balal* bedeutete »verwirren«.

Um sie voneinander unterscheiden zu können, gab Gott jedem Volk in seinem Land besondere Eigenschaften. Eine moslemische Geschichte überliefert diese Gegebenheit: »Es ist bekannt, daß Allah, als er den Menschen seine Gaben zuteil werden ließ, jedem Land die Eigenschaften und Mängel zuwies, die an alle jene übertragen würden, die dort geboren werden. So schenkte er den Bewohnern von Kairo Geist und Anmut, den Bewohnern Oberägyptens große Zeugungsfähigkeit, unseren arabischen Vätern die Liebe zur Poesie, den Bewohnern Iraks zivilisierte Sitten, den Nomadenvölkem die Gastfreundschaft und vielen anderen Ländern noch viele andere Gaben mehr, den Syrern aber gab er nichts als die Liebe zum Gewinn und Händlergeist.«[75]

Die Welt war vielfältig. Das Aufbegehren der undankbaren Menschen jedoch sollte dieses erste Universum gefährden, in dem es »auf der Erde alles im Überfluß gab, die Bäuche immer voll waren und niemand Hunger litt, in dem die Mauern nicht abbröckelten, der Stachel nicht stach«[76] – wo Adam in Frieden in dem für ihn geschaffenen Garten Eden lebte.

Blühende mythische Phantasie, Empfindsamkeit, Poesie und Gewitztheit sind Kennzeichen des semitischen Bewußtseins.

II.
Das Aufbegehren der Menschen und das neue Universum

Die ungehorsame Menschheit

Warum begehrten die Menschen gegen einen Gott auf, der sie erschaffen und mit seinen Segnungen überhäuft hatte? Es liegt in ihrem Wesen begründet: Die Menschen sind undankbar und ungehorsam, sie sind »halsstarrige Wesen«; dieses Bild findet sich in den biblischen Texten. So übermittelt zum Beispiel Jeremia dem israelischen Volk die folgenden Worte Zebaots, des Gottes Israels: »Siehe, ich will über diese Stadt [Jerusalem] und über alle ihre Städte all das Unglück kommen lassen, das ich wider sie geredet habe, darum daß sie halsstarrig sind und meine Worte nicht hören wollen.«[1]

Diese *Tradition* des Aufbegehrens, die sich schon in Ägypten nachweisen läßt, bestand auch in der arabischen Welt. »Die Untreue gehört so sehr zu den Söhnen Adams wie ihr eigen Fleisch und Blut, denn ansonsten würden sie sich nicht so schnell dazu hinreißen lassen, die Erde und die Früchte der Erde und die Stunden der Erde zu schmähen. Das größte Verbrechen ist die Schmähung,der Zeit und der Welt, denn die Zeit ist Gott selbst und die

Welt ist von Gott erschaffen.«[2] Von den Ufern des Nil bis nach Babylonien gibt es zahlreiche Geschichten über das Aufbegehren der Menschen in der Zeit des ersten Universums, die zuweilen bemerkenswerte Übereinstimmungen aufweisen.

Die ägyptische Legende[3]

Götter und Menschen lebten also zusammen auf der Erde. Re war ihr Gott und ruderte jeden Tag mit seiner Barke über den Nil, um sein lebenspendendes Licht von Ost nach Westen zu bringen.

Aber Re alterte; »seine Knochen waren silberfarben, seine Glieder goldfarben, seine Haare lapislazuliblau«: drei symbolische Farben, wobei Silber für das Tageslicht steht, Gold für die Sonne und Lapislazilublau für den Himmel. Dem erhabenen Re kam zu Ohren, daß die Menschen gegen ihn aufbegehrten; er beschloß, dem Aufstand ein Ende zu machen. Er berief eine Gottesversammlung ein, um seine Brüder um Rat zu fragen. Bereits bei dieser Gelegenheit wird sein Wille zur Nachsicht deutlich: »Sagt mir, was ihr dagegen unternehmen würdet [...]. Ich möchte sie nicht töten, bevor ich nicht gehört habe, was ihr mir hierzu sagen könnt.« Die Entscheidung war verhängnisvoll: Die Göttin Hathor wurde damit beauftragt, in die Wüste zu gehen, wohin die angesichts ihrer Taten verängstigten Menschen sich geflüchtet hatten; sie tötete alle, denen sie begegnete, und erklärte dem Gott-König bei ihrer Rückkehr, daß »dies eine Wohltat für ihr Herz« gewesen sei und sie am nächsten Tag zurückgehen würde, um ihren Auftrag zu vollenden. Re aber, der Mitgefühl und Mitleid empfand, wollte vermeiden, daß die ganze Menschheit ausgerottet würde; er ersann eine List, die die Blutrünstigkeit der Göttin besänftigen sollte. Auf der Basis von Gerste und (wahrscheinlich) rotem Ocker ließ er eine Substanz zusammenbrauen, die aussah wie Menschenblut; 7000 Krüge füllte man mit diesem berauschenden »Trank«. Dann überschwemmte man die Felder bis zu einer Höhe von drei Palmzweigen (ungefähr 22 Zentimeter) mit der Flüssigkeit. Als Hathor beim Morgengrauen erschien, bemerkte sie die Überschwemmung; zunächst betrachtete sie ihr Gesicht in dem Wasser und »fand es schön«; beruhigt, trank sie, »was ihr sehr wohltat«; sie ging betrunken wieder fort, ohne die Menschen überhaupt erkannt zu haben. Durch sein Mitleid hatte Re das, was von der Menschheit und seinen undankbaren Kreaturen übriggeblieben war, gerettet. In dieser Legende ist die *Flut* ein Mittel der Rettung und nicht eines, das den Tod bringt. Zweifellos entspricht dieser Umstand den geographischen Gegebenheiten: In Ägypten ist das Wasser ein lebenspendendes Element, während in anderen, verwandten Kulturen zu heftige Regenfälle verheerende Auswirkungen haben konnten.

Ein Element dieser Legende ist bemerkenswert: In der ägyptischen Mythologie erscheint Hathor sonst nirgends als ein blutrünstiges Wesen; möglicherweise ist ihr Charakter von dem der Göttin Anath beeinflußt worden, einer Kriegsgöttin, die man vor allem in Ugarit im Norden Phöniziens verehrt hat. In Worten, die durchaus an die zuvor zitierten erinnern, erfreut Anath sich an der Niederlage ihrer Feinde: »Bis zu ihren Knien watete sie im Blut der Soldaten, bis zum Hals im Blut, das von ihren Reitern vergossen wurde.«[4] Auch in diesem Fall gibt es zweifelsfrei gegenseitige Einflüsse und Übereinstimmungen; die Denkweisen im semitischen Vorderen Orient überschneiden und vermischen sich.

Die ägyptische Legende ist noch nicht zu Ende. Re war der Menschen überdrüssig geworden; deshalb beschloß er, sich von ihnen zu entfernen, und indem er das tut, erschafft er eine andere »Landschaft« des Universums. Er bat Nut, die Gattin von Geb und Göttin des Himmels, ihn in diese Region heraufzuholen; dafür verwandelte sich Nut in eine Kuh, auf deren Rücken der Weltschöpfer die Höhen des obersten Himmels erreichte. Um das Tier zu unterstützen, stellte Re jedem seiner Beine zwei Geister zur Seite. Fürderhin sollte auf dem Rücken der Göttin Nut ein Fluß – in Entsprechung zum Nil – fließen. Die mythische Welt ist überhaupt nicht logisch, weil sie auf wunderbaren Vorstellungen gründet. Re erhellt auch weiterhin die Erde von seinem himmlischen Boot aus, während der Gott Thot, der Mond, dieselbe Fahrt des Nachts in seinem eigenen Boot unternimmt. Auf diese Weise setzt sich die große Schiffahrt der Lichtelemente des Universums in einer leicht verwandelten Welt fort.

Ist es etwa kein Nachklang dieser neuen ägyptischen »Landschaft«, wenn es in der 13. Sure des Koran heißt, daß Gott sich auf den Thron setzte, um die Welt zu regieren? »Und er hat die Sonne und den Mond in den Dienst des Menschen gestellt – jedes der beiden Gestirne läuft seine Bahn auf eine bestimmte Frist«[5]; und in der 21. Sure: »Und er ist es, der den Tag und die Nacht geschaffen hat, und die Sonne und den Mond. Alle Gestirne schweben an einem Himmelsgewölbe.«[6]

Die mehr oder weniger veränderten Gedanken und mythischen Bilder sind dauerhaft und »reiselustig«.

Die Sintflut

Die Geschichte der Sintflut, mittels derer Gott die Menschen vernichten wollte, nachdem sie gegen ihn aufbegehrt hatten, findet sich in einer alten akkadischen Erzählung sowie in der Bibel. Beide Texte stimmen manchmal fast wörtlich überein, sind folglich in jedem Fall miteinander vergleichbar und berichten von ähnlichen Vorkommnissen.

Vor mehr als dreieinhalb Jahrtausenden wurde in Babylonien ein sehr langes Gedicht – mehr als 3000 Verse – in der seinerzeit dort gebräuchlichen Sprache verfaßt: dem Akkadischen, einer semitischen Sprache. Darin wird in epischem Stil von den Abenteuern eines Helden namens Gilgamesch berichtet, der ein Halbgott war und um 2650 v. Chr. die Stadt Uruk (in Sumer nahe des Persischen Golfes) regierte. Gilgamesch hatte seinen Freund und Weggefährten Enkidu verloren, mit dem zusammen er bis dahin zahlreiche Abenteuer erlebt hatte; der Schmerz, den er über diesen Verlust empfand, erfüllte ihn mit Angst vor dem Tod. Er beschloß, auf einer fernen Insel die Pflanze des Lebens zu suchen, die ewiges Leben spendet. Sie befand sich im Besitz eines alten Weisen namens Utnapischtim, dem einzigen Überlebenden einer Flut, die die Götter geschickt hatten, um die Menschen zu er, tränken. Nach zahlreichen Abenteuern, die er zu Land und zu Wasser allein zu bestehen hatte, gelangte Gilgamesch auf die Insel, wo ihm Utnapischtim seine Geschichte erzählte und ihm sein Geheimnis anvertraute: »Schuruppak[7] – eine Stadt, die du kennst, / Die am Ufer des Euphrat liegt –, / Diese Stadt war schon alt, und die Götter waren ihr nah. / Eine Sintflut zu machen, entbrannte das Herz den großen Göttern.« Der Grund hierfür ist, daß Enlil, der König der Götter, fand, es gäbe zu viele, zu unruhige Menschen, die so laut wären, daß sie ihn am Schlafen hinderten. So kam es, daß Ea, der Gesandte Enlils, eines Tages Utnapischtim, den König der Stadt, dort traf und ihm befahl: »Reiß ab das Haus, erbau ein Schiff, / Laß fahren Reichtum, dem Leben jag nach! / Besitz gib auf, dafür erhalt das Leben! / Heb hinein allerlei beseelten Samen ins Schiff! / Das Schiff, welches du erbauen sollst – / Dessen Maße sollen abgemessen sein, / Gleichermaßen seien ihm Breite und Länge; […] Am fünften Tag entwarf ich des Schiffes Außenbau; / Ein Feld groß war seine Bodenfläche, / Je zehnmal zwölf Ellen hoch seine Wände, / Zehnmal zwölf Ellen ins Geviert der Rand seiner Decke. / Ich entwarf seinen Aufriß und stellte es dar: / Sechs Böden zog ich in ihm ein, / In sieben Geschosse teilt' ich es ein. […] Das Schiff war fertig am siebenten Tag bei Sonnenuntergang. […] Was immer ich hatte, lud ich darein: / Was immer ich hatte, lud ich darein an Silber, / Was immer ich hatte lud ich darein an Gold, Was immer ich hatte, lud ich darein an allerlei Lebenssamen: Steigen ließ ich ins Schiff meine ganze Familie und die Hausgenossen, / Wild des Feldes, Getier des Feldes. / Alle die Meistersöhne hab ich hineinsteigen lassen. / Den Zeitpunkt hatte Schamasch8 mir so angesetzt: / ›Am Morgen werde ich Küchlein, am Abend einen Weizenregen niedergehen lassen. / Dann tritt hinein ins Schiff und verschließ dein Tor!‹ / Der Zeitpunkt kam herbei: [...] Des Wetters Aussehen betrachtete ich – / Das Wetter war fürchterlich anzusehn. / Ich trat hinein ins Schiff und verschloß mein Tor. [...] Kaum daß ein Schimmer des Morgens graute, / Stieg schon auf von der Himmelsgründung schwarzes Gewölk, / In ihm drin donnert Adad[9]; [...]Die Himmel überfiel wegen Adad Beklommenheit, / Jegliches Helle in Düster verwandelnd; [...] Vor dieser Sintflut erschraken die Götter, / Sie entwichen hinauf zum Himmel des Anu. [...] Sechs Tage und sieben Nächte / Geht weiter der Wind, die Sintflut, / Ebnet der Orkan das Land ein. / Wie nun der siebente Tag herbeikam, / Schlug plötzlich nieder der Organ die Sintflut, den Kampf, / Nachdem wie eine Gebärende sie um sich geschlagen. / Ruhig und still ward das Meer, / Der böse Sturm war aus und die Sintflut. / Ausschau hielt ich einen Tag lang, da war Schweigen ringsum, / Und das Menschengeschlecht war ganz zu Erde geworden! / Gleichmäßig war wie ein Dach die Aue. / Da tat ich eine Luke auf, Sonnenglut fiel aufs Antlitz mir; / Da kniete ich nieder, am Boden weinend, / Über mein Antlitz flossen die Tränen. – / Nach Ufern hielt ich Ausschau in des Meeres Bereich: / Auf zwölfmal zwölf Ellen stieg auf eine Insel, / Zum Berg Nißir[10] trieb heran das Schiff«, und zwar sechs Tage lang. Am siebten Tag »ließ ich eine Taube hinaus; / Die Taube machte sich fort – und kam wieder: / Kein Ruheplatz fiel ihr ins Auge, da kehrte sie um. – / Eine Schwalbe ließ ich hinaus; / Die Schwalbe machte sich fort – und kam wieder: / Kein Ruheplatz fiel ihr ins Auge, da kehrte sie um. – / Einen Raben ließ ich hinaus; / Auch der Rabe machte sich fort; da er sah, wie das Wasser sich verlief, / Fraß er, scharrte, hob den Schwanz –

und kehrte nicht um. / Da ließ ich hinausgehn nach den vier Winden; ich brachte ein Opfer dar, / Ein Schüttopfer spendete ich auf dem Gipfel des Berges.« Die Götter wurden vom Duft des Schüttopfers angezogen. Enlil, der zunächst darüber erzürnt war, daß jemand die Flut überlebt hatte, stimmte am Ende den weisen Argumenten von Ea zu, der an seine Nachsicht appellierte. »Da hat Enlil das Schiff bestiegen, / Meine Hand gefaßt, mich einsteigen lassen, / Lassen einsteigen, knien mein Weib neben mir, / Hat berührt unsre Stirn, zwischen uns stehend, uns segnend: ›Ein Menschenkind war zuvor Utnapischtim und sein Weib! Wohnen soll Utnapischtim fern an der Ströme Mündung! ‹ / Da nahmen sie mich und ließen mich fern an der Ströme Mündung wohnen.«[11]

Nach der Flut entstand eine neue Welt. Es ist bemerkenswert, daß das diesmal zerstörerische Werk der Götter noch einmal sechs Tage dauert und am siebten Tag Ruhe und Frieden einkehren – genau wie bei der ursprünglichen Erschaffung des Universums. Auf diese Weise wurde Utnapischtim unsterblich, die Erde erwachte dank der Gnade der Götter und Gilgamesch setzte seine Abenteuer fort.

Dieser akkadische Mythos breitete sich im gesamten Vorderen Orient aus, bei den Sumerern genauso wie bei den Churriten und, nach 2000 v. Chr., bei den Hethitern, indo-europäischen Völkern, die sich in Kleinasien auf den Hochebenen Anatoliens niedergelassen hatten.

Die Übereinstimmungen dieses Textes mit demjenigen der Bibel sind offensichtlich; allerdings gibt es durchaus auch einige Abweichungen, insbesondere in bezug auf die Zeit.

Auch in der Bibel ist der Grund für die Sintflut Gottes Verärgerung über die Bosheit, den Ungehorsam und die Gottlosigkeit der Menschen. Deshalb faßte der Herr folgenden Entschluß: »Ich will die Menschen, die ich geschaffen habe, vertilgen von der Erde, vom Menschen an und bis auf das Vieh und bis auf das Gewürm und bis auf die Vögel unter dem Himmel; denn es reut mich, daß ich sie gemacht habe.« Und auch in der Bibel findet nur ein einziger Mensch Gnade vor ihm: der sechshundert Jahre alte Noah, »ein frommer Mann und ohne Tadel«, der ein göttliches Leben zu seinen Zeiten führte. Gott sprach zu Noah und befahl ihm (genau wie Ea es mit Utnapischtim, dem Auserwählten unter den Menschen, tat), eine Arche aus Holz zu bauen, die dreihundert Ellen lang, fünfzig Ellen breit und dreißig Ellen hoch sein sollte[12]; die Tür sollte sich mitten in der Seite befinden. Die Arche sollte drei Böden haben, »einen unten, einen in der Mitte, den dritten in der Höhe«. Drei Decks anstatt der sieben im Gilgamesch-Epos, die zweifellos einen Hinweis auf die sieben oberen Himmelssphären[13] der ersten Schöpfung darstellen. Gottes Anweisungen an Noah waren präzise. »Du sollst in den Kasten gehen mit deinen Söhnen, mit deinem Weibe und mit deiner Söhne Weiber. Und du sollst in den Kasten tun allerlei Tiere von allem Fleisch, je ein Paar, Männlein und Weiblein, daß sie lebendig bleiben bei dir. Von den Vögeln nach ihrer Art, vom Vieh nach seiner Art und von allerlei Gewürm auf Erden nach seiner Art: von den allen soll je ein Paar zu dir hingehen, daß sie leben bleiben. Und du sollst allerlei Speise zu dir nehmen, die man ißt, und sollst sie bei dir sammeln, daß sie dir und ihnen zur Nahrung da sei.« Deutlicher als im Gilgamesch-Epos ist hier der vorübergehende Charakter der Strafe, die ein zwar erzürnter Gott den Menschen auferlegt hat, der aber auch Exemplare seiner ersten Schöpfung bewahren möchte, um ihnen ein zweites Mal das Leben zu schenken. Als der Tag gekommen war, ging Noah mit seiner Familie an Bord der Arche, gefolgt von der langen Prozession der Tiere, die jeweils ein Paar bildeten, um den Fortbestand der Gattung in der zukünftigen Welt zu sichern. Sieben Tage nachdem sie an Bord der Arche gegangen waren, »taten sich auf die Fenster des Himmels«, und es setzte ein sehr heftiger Regen ein, der vierzig Tage und vierzig Nächte dauerte. Die Sintflut dauerte länger als die zuvor beschriebene; »also ward vertilgt alles, was auf dem Erdboden war«. Wieder bedeckte das Wasser die ganze Erdoberfläche; in seinem Zorn wollte Jahwe seine erste Schöpfung vernichten. »Und das Gewässer stand auf Erden hundertfünfzig Tage.« Dann ließ Gott die Wasser fallen. Am siebzehnten Tag des siebten Monats ließ sich die Arche nieder auf dem Berg Ararat (Armenien), an einem Ort also, der nicht sehr weit entfernt war von den Quellen des Euphrat und Tigris. »Am ersten Tage des zehnten Monats sahen der Berge Spitzen hervor.« Noch einmal vierzig Tage später »tat Noah das Fenster auf an dem Kasten, das er gemacht hatte«. Im Anschluß daran geschieht etwas, was bereits aus dem Gilgamesch-Epos bekannt ist, wenn auch in einer anderen Reihenfolge: Noah »ließ einen Raben ausfliegen; der flog immer hin und wieder her, bis das Gewässer vertrocknete auf Erden. Danach ließ er eine Taube von sich ausfliegen, auf daß er erführe, ob das Gewässer gefallen wäre auf Erden. Da aber die Taube nichts fand, da ihr Fuß ruhen konnte, kam sie wieder zu ihm in den Kasten; denn das Gewässer war noch auf dem ganzen Erdboden. [...] Da harrte er [Noah] noch weitere sieben Tage und ließ abermals eine Taube fliegen aus dem Kasten. Die kam zu ihm zur Abendzeit, und siehe, ein Ölblatt hatte sie abgebrochen und trug's in ihrem Munde«. So merkte Noah, daß der Wasserspiegel gefallen war. Es vergingen nochmals sieben Tage, bevor die Taube ein weiteres Mal davonflog, ohne jedoch zurückzukommen. Daraufhin öffnete Noah das Dach der Arche. Gott ließ ihn, seine Familie und die Tiere die Arche verlassen. Noah bedankte sich genauso, wie Utnapischtim es getan hatte, er brachte dem Herrn »Brandopfer dar«; und genau wie im Gilgamesch-Epos roch der Herr den lieblichen Geruch »und sprach zu seinem HerzenIch will hinfort nicht mehr die Erde verfluchen um der Menschen willen«, so daß diesen ein neues Leben gegeben wurde.[14]

Beim Lesen dieser Texte über den Mythos der Sintflut spürt man sehr deutlich die Tragweite, das Ausmaß der großen Bewegung, des großen Gedankenstroms, der die ganze semitische Welt in den frühen Jahrtausenden durchzog.

Damit ist der Lauf der Geschichte aber noch nicht zu Ende. Genau wie alle anderen Völker im Vorderen Orient erhielten auch die Araber Kenntnis von diesem Mythos, dessen Ursprung allem Anschein nach in Akkadien und Babylonien lag. Die Legenden wandern, und jede menschliche Gemeinschaft paßt sie ihrem Glauben und den herrschenden Gegebenheiten an.

Auch Allah wählte Noah, die emblematische Gestalt der Sintflut, aus, um sein gottloses Volk wieder zur Vernunft und auf den rechten Weg zu bringen. »O mein Volk«, sagt Noah, »dienet Allah. Ihr habt keinen andern Gott; siehe, ich fürchte für euch die Strafe eines gewaltigen Tages.« Die »Häupter seines Volkes« aber widersprachen: »Siehe, wahrlich, wir sehen dich in offenkundigem Irrtum.« Hierauf entgegnet Noah: »O mein Volk, nicht ist an mir ein Irrtum, sondern ein Gesandter bin ich vom Herrn der Welten. [...] Verwundert ihr euch etwa, daß da zu euch eine Mahnung von euerm Herrn kommt, durch einen Mann von euch, auf daß er euch warne, und daß ihr gottesfürchtig werdet und viel, leicht Erbarmen findet?« Das Volk aber behandelte Noah wie einen Lügner und Betrüger: »Bist du zu uns gekommen, damit wir Allah allein dienen und verlassen, was unsre Väter anbeteten? So bring uns, was du uns androhst, so du wahrhaft bist!«[15] Sie verlangen die Sendung von Engeln und klagen Noah an, ein Gesandter des Dschinn zu sein. Der Koran betont die Schwierigkeiten der Etablierung einer monotheistischen Religion bei den überheblichen und hochmütigen Nomadenvölkern, die ihrem alten Glauben anhängen. Hier verschwören sich die Menschen nicht etwa gegen Gott, sondern es ist ihr Argwohn gegenüber einem neuen Glauben, der sie zu Aufrührern macht.

Die Sintflut ist die Strafe für die Gottlosigkeit. Allah offenbarte Noah: »Nimmer wird von deinem Volke glauben, als wer schon gläubig geworden. Und betrübe dich nicht über ihr Tun. Und baue dir die Arche vor Unsern Augen und nach Unsrer Offenbarung, und sprich mir nicht weiter von den Ungerechten; siehe, sie sollen ertrinken.«[16]

Noah benötigte vierzig Jahre für den Bau der Arche; jede Nacht kam das Volk und versuchte, Feuer daran zu legen, um sie zu zerstören, aber das Feuer verursachte nie auch nur den geringsten Schaden. Auch in einer von El Kalyoubi überlieferten moslemischen Legende findet sich die Zufluchtsstätte der gerechten Menschen beschrieben.[17] Nachdem Noah Gott gefragt hat, wie er die Arche zu bauen habe, entsandte dieser den Engel Gabriel, um ihm mitzuteilen, wie er vorgehen muß, und der fromme Mann machte sich ans Werk: Er sägte Bretter aus Platanen (eine Variante, die auch bei Ibn Abbas überliefert ist, dem moslemischen Traditionalisten, der im 7. Jahrhundert lebte und ein Cousin Mohammeds war), fügte die Bretter eines nach dem anderen zusammen und befestigte sie mittels Nieten. Die Arche besaß zweifellos sieben Decks und maß tausend Ellen in der Länge und dreihundert Ellen in der Höhe. Trinkwasser und Nahrungsmittel für sechs Monate wurden auf das Schiff gebracht. Um Noah seinen Aufenthalt zu erleichtern, brachte Allah einen Stein mit einem Loch in der Mitte in das Innere der Arche, der wie die Sonne leuchtete, so daß er wußte, wann die Stunde für das Gebet gekommen und welche Tages- oder Nachtzeit gerade war. Auf diese Weise konnten zu den für die Gläubigen wichtigen fünf Stunden auch weiterhin jeden Tag die religiösen Handlungen vorgenommen werden, so daß der Glaube selbst in der Einsamkeit der Arche gewissenhaft praktiziert wurde.

»Als die Oberfläche der Erde kochte, sagte Gott zu Noah: ›Bringe auf die Arche ein Paar von jeder Art, deine Familie und die, die glauben‹; aber es waren nur wenige an der Zahl, die glaubten wie Noah …« Die Traditionalisten berichten, daß Noah daraufhin mit lauter Stimme alle Tiere, die wilden Tiere und die Vögel herbeirief, und Gott ließ seine Stimme bis ans äußerste Ende des Orients und des Okzidents ertönen. Die Tiere leisteten dem Ruf Folge, und Noah wählte von jeder Art ein Paar aus. Gott befahl den Winden, die verschiedenen Baumarten zu Noah zu befördern;

die Flora ist, genau wie die Lebewesen, ein wichtiger Bestandteil des Lebens; allem Anschein nach wird dieser Umstand nur bei den Moslems erwähnt. Noah nahm die Aufteilung des Inneren der Arche vor: Das erste Deck war für die insgesamt achtzig Männer und Frauen bestimmt, und auch die »Archive« der gerade zerstörten Menschheit fanden hier ihren Platz: die Körper von Adam und Eva, der »schwarze Stein«[18], Abrahams Mausoleum, die Stäbe der Propheten – das alles in dem Bestreben, das Erbe des ersten Universums aus der Zeit vor der Sintflut zu retten; auch dieser Umstand wird offensichtlich nur bei den Moslems erwähnt. Auf dem zweiten Deck brachte Noah die wilden Tiere, die Lasttiere und das Vieh unter. Die Vögel nisteten auf dem dritten Deck. Das vierte Deck war den Bäumen vorbehalten. Auf dem fünften Deck wurden die Tiere mit Tatzen untergebracht, der Löwe und die Löwin; auf dem sechsten die Schlange und der Skorpion; auf dem siebten Deck der Elefant und sein Weibchen.[19]

»Und sie [die Arche] zog mit ihnen einher in Wogen gleich Bergen …« Nach geraumer Zeit ertönten die Worte. »›O Erde, verschlinge dein Wasser, und, o Himmel, halt ein! ‹ Und es nahm ab das Wasser, und vollzogen ward der Befehl, und sie hielt an auf al-Gudi.«[20] Als die Menschen dann die Arche verlassen konnten, riefen sie vor Erleichterung aus: »Fort mit dem Volk der Ungerechten!«[21] Und unter der Ägide Allahs erwachte die Erde wieder zum Leben.

Dieser Mythos zirkulierte also vom 2. Jahrtausend v. Chr. bis ins 6. Jahrhundert unserer Zeitrechnung bei den semitischen Völkern: eine lange Raum- und Zeitreise, eine allmähliche spirituelle Entwicklung bei verwandten Völkern, von denen jedes einzelne irgendwann einmal Kenntnis von der Legende erhielt, die sie dann der eigenen Lebensweise, dem eigenen Denken, der eigenen Identität anpaßte und weitergab; sowohl in den Städten an den Ufern von Nil und Euphrat als auch in den Zeltlagern der Wüste, überall erzählten Reisende, Händler, Seefahrer und Karawanenführer diese von weit her gekommene Geschichte, und sie verbreiteten so die Erzählung. Die semitischen Völker sind sehr religiös. Sie verstehen sich darauf, mit Hilfe von Bildern und Mythen ihrem Denken und Glauben eine konkrete Form zu geben. Das semitische Bewußtsein ist eine Quelle der Religiosität.

Selbst außerhalb des semitischen Kontextes ist ein »entferntes« Echo der Sintflut-Legenden z. B. in der griechischen Mythologie zu vernehmen. Deukalion, der Sohn des Prometheus, hatte Pyrrha, die Tochter des Epimetheus und der Pandora, zur Gemahlin. »Als Zeus den Eindruck gewann, daß die Menschen des Bronzezeitalters eine vor lauter Verderbtheit verlorene Rasse seien und sie vernichten wollte, beschloß er, eine große Flut auf die Erde zu senden, um alle Menschen zu ertränken. Nur zwei Gerechte wollte er verschonen, Deukalion und seine Gemahlin. Auf den Rat von Prometheus bauten Deukalion und Pyrrha eine Arche, eine große Lade, die sie bestiegen. Neun Tage und neun Nächte lang fuhren sie über das Wasser, bis sie auf den Bergen von Thessalien landen. Dort gehen sie von Bord, und als die Flut sich zurückgezogen hat, sandte Zeus ihnen Hermes, um ihnen mitzuteilen, daß ihnen ein Wunsch erfüllt würde. Deukalion wünschte sich Gefährten. Daraufhin gebot Zeus ihm und Pyrrha, die Knochen ihrer Mütter über ihre Schultern zu werfen. Pyrrha schreckte vor dieser Gottlosigkeit zurück, aber Deukalion begriff, daß es sich um Steine handelte, die Knochen der Erde, die die universale Mutter ist. Er warf Steine hinter sich, und aus den seinen wurden Männer, aus denen, die Pyrrha hinter sich warf, Frauen.«[22] Auf diese Weise entstand ein neues, das harte Menschengeschlecht.

DIE UNGEHORSAMEN

Im Universum der semitischen Völker werden die Kräfte des Ungehorsams und des Bösen durch einige Gestalten verkörpert, deren Gegenwart und deren unheilvolles Wirken die bestehende Ordnung stark bedrohen. Sie bringen die Welt aus dem Gleichgewicht, indem sie die himmlischen Mächte angreifen. Schlangen, gefallene Engel und Dämonen ereifern sich, das große Werk des Schöpfers zu zerstören.

Von ungehorsamen Schlangen im Kampf gegen die göttliche Ordnung

Unter den verschiedenen symbolischen Bildern der Schlange hat vor allem deren furchterregende Aggressivität lange Zeit die Menschen beeindruckt. In Ägypten zeugen Zeichnungen seit der prädynastischen Epoche vom Schrecken, den die beängstigende »Würger«-Python hervorrief. Die Erinnerung an sie lebt im Mythos von Aapep (von den Griechen Apophis genannt) wieder auf.

Ursprünglich ist die Schlange Aapep[23] der Geist der Finsternis, der den Sonnengott dauernd bedroht und mit allen Mitteln versucht, seine Schiffahrt zu behindern. Er greift Res Barke an und versucht, den himmlischen Nil auszutrocknen. Am Bug des heiligen Schiffes verteidigen die Götter ihren obersten Herrscher gegen die Angriffe des Bösen, das auch Nik geheißen wird. Horus wirft seinen Kupferspeer gegen den Feind, um »dessen Kopf zu zertrümmern«. Die Göttergemeinschaft (der neun von Re geschaffenen Urgötter)[24] beteiligt sich am Kampf. Der Pharao zerschneidet Aapep, während der Gott Thoth alte Ressourcen seiner magischen Macht gegen den Gegner aufwendet. Gleichzeitig rufen die Tempelpriester mit Zauberformeln alle guten Mächte an, die das Wort binden kann. Es handelt sich um den immer wieder, jeden Tag aufs neue auflebenden, seit Urzeiten geführten Kampf des Guten gegen das Böse, des Lichts gegen die Finsternis, der Ordnung gegen das Chaos. Jedesmal besiegt, aber immer wieder zum Leben erwachend, stellt Aapep, unzerstörbar, einen festen Bestandteil der universellen Harmonie dar, wahrscheinlich eine Sicherheit für das Gleichgewicht des Universums. Nach der wiederholten Niederlage der bösen Schlange und nach dem Sieg der Kräfte des Lichts »segelt Re in Einklang mit dem guten Wind, während seine Mannschaft sich ausgelassen freut und die Bewohner des Horizonts in freudige Erregung geraten, als sie ihn sehen. Er hat den Feind niedergestreckt, Aapep ist nun das Opfer der Flammen«.[25] Der Aufrührer ist zugrunde gegangen … einen Tag lang. Aapep ist in gewissem Sinn integraler Bestandteil des kosmischen Gleichgewichts, wo das Gute, trotz einiger Schwierigkeiten, immer die Oberhand behalten wird.

Möglicherweise fand ein Transfer von Elementen der mesopotamischen Mythologie statt. In der Mythologie der Churriten (einem semitischen Volk, das vor den indo-europäischen Invasionen im Jahr 2000 v. Chr. auf den Höhen des Tigris und des Euphrat lebte) bedrohte die große Schlange Illuyanka den Gewittergott, eine wichtige Gottheit in dieser Region, »sandte« er doch den Menschen den Regen. Es kam zum Kampf zwischen beiden, und die Schlange riß ihrem Gegner Augen und Herz heraus, lebenswichtige und natürlich unverzichtbare Organe. Der »König von Kummiya« (der Gewittergott) erbittet daraufhin die Beteiligung der anderen wohlgesonnenen Gottheiten, und sie denken sich eine List aus: Um die Eintracht der Götter zu besiegeln, wird ein Gastmahl gegeben, zu dem auch die große Schlange geladen ist. Alle Gäste betrinken sich, und der Gewittergott nutzt die Trunkenheit seines Gegners aus, um diesen in einen Zustand der Machtlosigkeit zu versetzen und sowohl seine Augen als auch sein Herz zurückzugewinnen. Das Böse ist besiegt worden. Es handelt sich hier um den alles entscheidenden Kampf zwischen kosmischen Mächten, dessen Ziel darin besteht, der Gerechtigkeit, dem Recht und dem guten Lauf der Welt zum Triumph zu verhelfen.

In den alten semitischen Sagen vermitteln die Kämpfe des großen Gottes Baal gegen die Schlange Mot, deren Name »Tod« bedeutet, die gleichen Vorstellungen von Gerechtigkeit und universalem Gleichgewicht, die fortwährend von bösen, von der Schlange verkörperten Kräften bedroht werden. Baal wurde insbesondere in Phönizien verehrt, der Baal-Kult war aber auch im gesamten Vorderen Orient verbreitet. Es handelt sich jedoch nicht mehr, wie ehemals, um kosmische Kämpfe, sondern um irdische Abenteuer. In der Tat herrschte Baal, der »Prinz der Götter«, auf Erden. Als Herr des Gewitters sicherte er zusammen mit dem Regen die Ernährung der Menschen, genau wie Illuyanka. Während eines Festmahls wird Baal besiegt und von der Schlange Mot getötet, die ihn verschlingt – Erinnerung an die Python vergangener Zeiten? Anat, seine Schwester-Gattin, klagt und begibt sich mit der Hilfe der Sonnengottheit Shapash auf die Suche nach dem Körper ihres Mannes: Sie schafft es, daß Mot sich übergeben muß. Dieser ergreift wieder den Körper von Baal, schneidet ihn in Stücke und verteilt sein Fleisch über die Felder. Da hatte El, König der Götter, einen hellseherischen Traum: »Er sieht Öl vom Himmel triefen, Bäche wie Honig fließen.« Umgehend erteilt er Anat und Shapash den Befehl, sich auf die Suche nach Baal zu begeben. Den beiden Göttinnen gelingt es, den göttlichen Körper wiederherzustellen, und sie tragen ihn auf die Höhen des Berges Tsaphon, wo er durch ihre magischen Gesten und Worte wiederbelebt wird und seine glorreiche Herrschaft zurückerlangt. Mot, der Böse, hat die vom Schöpfer ersonnene Harmonie des Universums nicht zerstören können.

Baal verkörpert den segensreichen Regen. Nach Ende der Regenzeit, in der Trockenzeit, verschwindet Baal. Und während sein Thron mitten im Sommer leer ist, bereiten Anat und Shapash seine Rückkehr vor.

Die wichtigen Motive der Leidensgeschichte Baals finden sich in ähnlicher Form in einer anderen Legende wieder: derjenigen vom ägyptischen Gott Osiris. In diesem Fall ist es keine Schlange, die die Rolle des Bösen übernimmt, sondern Seth, der eifer- und rachsüchtige Bruder von Osiris. Im Grunde handelt es sich um eine Familiengeschichte, aber auch um einen landwirtschaftlichen Mythos um Osiris, den Gott der Vegetation. Die Vorstellungen begegnen sich, verbinden sich, überschneiden sich in zahlreichen mehrdeutigen Bildern, die ein stets empfindsames und einfallsreiches semitisches Bewußtsein in allen Ländern erzeugt.

Eine verführerische Schlange im Garten Eden und der Fall des Menschen

In dieser Überlieferung greift die Schlange nicht mehr direkt die Gottheit und ihr Werk an, sondern sie versucht, einen Teil davon zu zerstören, indem sie ein zerbrechliches menschliches Wesen (eine Frau) in Versuchung führt, das seine Neugierde nicht zu zügeln vermag. Die Geschichte ist bekannt aus dem Buch der Genesis (3. Kapitel), sie wird in rabbinischen Auslegungen genauer erläutert und kommentiert. Gott hatte dem Urpaar gesagt, daß es sich von allen Früchten der Bäume im Garten Eden ernähren könne. Davon ausgenommen waren nur die Früchte vom Baum der Erkenntnis, dem sie sich nicht nähern durften. Adam und Eva lebten glücklich im Paradies. Sie waren noch »Lichtwesen, denn ihre Haut war eine Lichtschicht, die so glatt war wie ein Nagel«.[26] »Doch die Schlange war listiger denn alle Tiere auf den Feldern, die Gott gemacht hatte.« Das so beschworene Bild ist nicht mehr das einer aggressiven Schlange, sondern das des Tieres, das diskreter und dabei nicht minder furchterregend langsam und verstohlen auf sein Opfer zukriecht. Als die ursprünglich noch auf Füßen laufende Schlange (die zum Symbol für die gefährliche Gattung geworden und kein individuelles Wesen mehr ist: sie hat keinen Namen) von Eva erfuhr, daß sie selbst und ihr Mann sterben würden, wenn sie sich dem verbotenen Baum näherten, begann sie ihr umstürzlerisches Werk, das die Menschheit ins Verderben stürzen sollte. Sie sagte zu Eva. »Ihr werdet mitnichten des Todes sterben, sondern Gott weiß, daß, welches Tages ihr davon esset, werden eure Augen aufgehen und werdet ihr sein wie Gott und wissen, was gut und böse ist.« Die Frau, die gierig, neugierig und von ihrem Naturell her geneigt war, Verbote zu verletzen, hörte der Schlange zu und aß vom Apfel, den sie vom Lebensbaum gepflückt hatte. Der Apfel schmeckte ihr und sie wollte ihn mit ihrem Mann teilen. Adam hielt den Apfel in seinen Händen und kämpfte drei Stunden lang gegen die Versuchung an. Doch er beschloß, das Schicksal mit Eva zu teilen, und biß schließlich in die unglückbringende Frucht. Die Augen wurden ihnen geöffnet, und plötzlich erkannten sie ihre Nacktheit. Sie hatten ihre Haut aus Licht verloren. Also versteckten sie sich mit »Schürzen aus Feigenblättern«. Als Gott den Menschen an, rief, gab dieser die Sünde, dem Rat der Schlange gefolgt zu sein, zu. Gott war darüber sehr erbost, und die Strafe für die drei Hauptbeteiligten dieses Aktes des Ungehorsams folgte auf dem Fuße. Da sprach Gott der Herr zu der Schlange: »Weil du solches getan hast, seist du verflucht vor allem Vieh und vor allen Tieren auf dem Felde. Auf deinem Bauche sollst du gehen und Erde essen dein Leben lang. Und ich will Feindschaft setzen zwischen dir und dem Weibe und zwischen deinem Samen und ihrem Samen. Derselbe soll dir den Kopf zertreten und du wirst ihn in die Ferse stechen« (1. Mose, 3, 14–15). Eva wird von jetzt an Kinder nur unter Schmerzen gebären und vom Manne beherrscht sein. Weil er die göttliche Ordnung mißachtete, hat der Mann Unheil auf die Erde gebracht, die ihn nunmehr nur nach großer Anstrengung Nahrung spenden wird: »Dornen und Disteln soll er dir tragen, und sollst das Kraut auf dem Felde essen. Im Schweiße deines Angesichts sollst du dein Brot essen, bis daß du wieder zu Erde werdest, davon du genommen bist. Denn du bist Erde und sollst zu Erde werden.« Zu dieser Zeit dachte der Herrgott, daß der Mensch dank seiner Kenntnis von Gut und Böse, die er mit der Sünde erworben hatte, einem Gott gleichkommen könnte. Wenn er nun noch die Frucht vom Baum der Erkenntnis pflücken würde, könnte er ewig leben. Daraufhin vertrieb er Adam aus dem Garten Eden. So wurde das Wesen, für das die Erde erschaffen worden war und das Gott als krönenden Schlußpunkt der Schöpfung betrachtete, der Mensch, verdammt. Um von nun an seine Rückkehr in den Garten des Lichts zu verhindern, stellte Gott Erzengel an das Osttor, die ihre flammenden Speere kreisen ließen und so den Weg versperrten.

Die Schlange, die eine listige Verführerin und Lügnerin war, hatte auf diese Weise, mit Hilfe einer unbesonnen Frau, einem Teil der ersten Schöpfung Schaden zugefügt. Das Paradies war aufgrund der Heimtücke eines rebellischen Wesens verloren. Es gab von nun an keine Menschen mehr im Garten Eden, obwohl er doch für sie geschaffen worden war. Das Universum hatte sich verändert, es entsprach nicht mehr genau den ursprünglichen Vorstellungen seines Schöpfers.

Jahrhunderte später findet sich die Geschichte bei den Moslems wieder, ziemlich ähnlich, jedoch mit einigen Besonderheiten ersehen. Die Schlange, die sich um den Lebensbaum geschlungen hat, um zu verhindern, daß man sich ihm nähert, spielt hier keine wirklich aktive Rolle. Der gefallene Engel Iblis ist es, der – um sich zu rächen – Adam und Eva dazu bringt, die Sünde zu begehen und der Eva die verbotene Frucht reicht.

Iblis oder die Revolte des gefallenen Engels

Alles begann, als Allah einmal die Engel im Himmel versammelt hatte, bevor der Mensch erschaffen war. Iblis war einer dieser Engel. Der Herr sprach zu ihnen: »Ich werde einen Menschen aus Lehm schaffen. Wenn ich ihn dann geformt und ihm Geist von mir eingehaucht habe, dann fallt voller Ehrfurcht vor ihm nieder!« Da warfen sich die Engel nieder, außer Iblis. Der war hochmütig und erwies sich so als ungehorsam. Gott sprach: »Iblis! Was hindert dich daran, dich vor etwas niederzuwerfen, was ich mit meinen Händen geschaffen habe? Du bist wohl zu hochmütig und betrachtest dich als etwas Besonderes?« Iblis erwiderte: »Ich bin besser als er. Mich hast du aus dem Feuer erschaffen, ihn nur aus Lehm.« Gott befahl: »Hinweg mit dir! Man wird künftig mit Steinen nach dir werfen. Mein Fluch wird auf dir liegen bis zum Tag des Gerichts.«[27]

Von da an war Iblis ganz und gar vom Geist der Rebellion erfüllt. Um sich zu rächen, nahm er sich vor, den Menschen, das Lieblingswesen Gottes, vor dem er sich niederwerfen sollte, zu zerstören. Voller Rachegelüste beschloß er, ein Element der ersten Schöpfung zu zerstören. Iblis drang in den Garten Eden ein, wohl wissend, daß es Adam und Eva verboten war, den Lebensbaum zu berühren. »Und er schwur ihnen und beteuerte. ›Ich rate euch gut.‹ Und so beschwatzte er sie, indem er sie betörte.«[28] Eva aß auch hier als erste von der Frucht. »Als sie nun von dem Baum gegessen hatten, wurde ihnen ihre Scham kund, und sie begannen, Blätter von Bäumen des Paradieses über sich zusammenzuheften.« Und Allah jagte sie fort, weit weg von ihm auf die Erde, wo sie Leid und Tod kennenlernen sollten. Iblis ist der heimtückische Typus eines Ratgebers, wie ihn die Schlange in der Genesis verkörpert. Wenn ein Moslem ungebührliche oder unpassende Worte ausspricht, so antwortet ihm noch heute sein Gegenüber: »Es ist Iblis, der dir diese Worte eingeflüstert hat.«

El Kalyoubi berichtet von Ereignissen nach dem Fall von Adam, die ein Teil der moslemischen Tradition darstellen. Als Adam aus dem Garten Eden verjagt wurde, bot ihm der Engel Gabriel drei Gaben an: die Klugheit, die Unternehmungslust und die Religion. Er fragte ihn, welche dieser drei Gaben er sich wünsche. Adam entschied sich für die Klugheit, aber der Unternehmungsgeist und die Religion sagten daraufhin: »Gott hat uns befohlen, uns nicht von der Klugheit zu trennen.«[29] Und der Mensch ging auf die Erde, ausgestattet mit diesen Gaben, die für sein neues Leben notwendig waren.

Der Kummer des verfluchten Paares hinterließ Spuren auf der Erde und auf den Meeren. Die Tränen Adams ließen Nelken sprießen und wurden im Meer zu Fischen, weil er das Paradies durch das Tor der Reue verlassen hatte. Die Tränen Evas ließen die Hennapflanze wachsen und wurden im Meer zu Perlen, weil sie das Paradies durch das Tor der Barmherzigkeit verlassen hatte.[30]

Die Geschichte entwickelt sich nach dem Prinzip einer immer schöpferischen Sensibilität, die vom neuen Universum in seiner zweiten Gestalt berichtet.

Diese Geschichte von Iblis ähnelt jener vom Erzengel Samael bei den Hebräern. Auch Samael hatte sich geweigert, sich vor dem Menschen niederzuwerfen, eine Geste, die ihm Gott mit dem Argument abverlangte, Adam sei ein »Wesen aus Staub«. Auf die Probe gestellt, offenbarte Adam seine Intelligenz und Samael begehrte gegen Jahwe auf, weil er einer aus Lehm erschaffenen Kreatur Weisheit gegeben hatte. Aus dem Himmel verstoßen, klammerte er sich an die Flügel des Erzengels Michael und hätte ihn beinahe zu Fall gebracht, wenn Gott nicht eingegriffen hätte.[31] Der »Austausch« zwischen den beiden Überlieferungen ist offensichtlich.

Satan, König der Dämonen

Im Koran kann Satan auch an die Stelle von Iblis treten ... und sein teuflisches Werk vollenden.

Satan, das ist der Gegner, der Aufrührer schlechthin. Sein Name leitet sich von einem Wort ab, das »sich widersetzen, widerstehen« bedeutet. Er ist der König der Dämonen. Im Talmud war er es, der Gott aufforderte, Abraham auf die Probe zu stellen, indem er ihn bat, seinen Sohn Isaac zu opfern. Er versuchte darüber hinaus, Hiob in seinem Elend zum Aufstand gegen Jahwe zu bewegen. Er scheiterte. Um dem Angriff Satans zu begegnen, mobilisiert die jüdische Gemeinde bis in unsere Tage ihre Kräfte, indem sie Gut und Böse durch das Blasen des Shofar, eines als Musikinstrument verwendeten Tierhorns, einander gegenüberstellt. Satan ist die Verkörperung des Bösen, der Herrscher der Hölle, immer bereit, die göttliche Schöpfung und den rechten Gang der Dinge zu behindern.

Es ist deutlich geworden, daß die gleichen Themen sich oft in unterschiedlichen Glaubensrichtungen wiederfinden. Die Figuren ähneln sich, haben fast die gleiche Identität, und die überlieferten Ereignisse können große Gemeinsamkeiten aufweisen.

III.
Das Gottesbild

Für jeden seiner Gläubigen ist Gott einzig

»Der Herr Gott ist oben im Himmel und unten auf Erden und keiner mehr«[1], steht in der Thora geschrieben. Derweil heißt es im Koran: »Es gibt keinen Gott außer dem Einen, Allgewaltigen, dem Herrn von Himmel und Erde und alledem, was dazwischen ist.«[2]

Der Glaube an die Einmaligkeit Gottes ist in den Religionen der semitischen Völker, ob im Judentum oder im Islam, fest verankert, und er wird durch Überlieferungen und Riten auf ganz unterschiedliche Art und Weise gesichert. In dem Klagelied aus dem 15. Jahrhundert, das der Arzt Moses Remos am Tag vor seiner Hinrichtung verfaßte, findet sich folgende fromme Anrufung Gottes: »O du unentbehrliches Wesen, du einziger und geistiger Gott, der du der ausdrückliche und endgültige Grund bist, der höchste Wille, der ewige, weise, unveränderliche und formlose Herr – mein Gott, mein Gott, warum hast du mich verlassen?«[3] Moses Remos war verurteilt worden, weil er sich geweigert hatte, seinem Glauben abzuschwören. Am jüdischen Osterfest, an dem des Auszugs Israels aus Ägypten gedacht wird, singt man im Chor folgende Frage aus dem rituellen Text der Haggada: »Wer ist der Einzige?« Die Antwort lautet: »Ich bin der Einzige. Unser Gott ist einzig, im Himmel wie auf Erden.«[4] Der zentrale Gedanke dieses Gebets, die unvergleichliche Überlegenheit Gottes gegenüber jeder anderen Schöpfung, findet sich in der Sure 112 des Koran wieder: »Er ist Gott, ein Einziger, Gott, durch und durch. Er hat weder gezeugt, noch ist er gezeugt worden. Und keiner ist ihm ebenbürtig.«[5] Noch einfacher ist folgendes Gleichnis: »Diejenigen, zu denen ihr betet, statt zu Gott zu beten, können nicht einmal eine Fliege erschaffen, auch wenn sie sich alle dafür zusammentun. Und wenn umgekehrt eine Fliege ihnen etwas wegnimmt, können sie es ihr nicht wieder abnehmen. Wie schwach ist hier der, der nach etwas verlangt, und das, wonach verlangt wird! Die Ungläubigen haben Gott nicht richtig eingeschätzt. Er ist stark und mächtig.«[6] Er ist einzig: »Ungläubig sind diejenigen, die sagen: ›Gott ist einer von dreien.‹ Es gibt keinen Gott außer einem einzigen Gott. Und wenn sie mit dem, was sie da sagen, nicht aufhören, haben sie nichts Gutes zu erwarten. Diejenigen von ihnen, die ungläubig sind, wird dereinst eine schmerzhafte Strafe treffen.«[7]

Zwei große monotheistische Religionen entstanden also im Orient, in einem Umfeld, wo die Menschen seit jeher eine Vielzahl von Göttern nebeneinander inbrünstig verehrt hatten. Diese Götter waren in der Regel personifizierte Naturkräfte, denen die Vorstellungen der Menschen und ihre bildlichen Darstellungen reelle und sichtbare Existenz verliehen.

Mehrere Jahrtausende bevor zunächst das Judentum und dann der Islam entstanden, hatten die Semiten an den Ufern des Nil tiefsinnige und sehr eigene religiöse Vorstellungen entwickelt. Es wird häufig behauptet, daß in Ägypten Vielgötterei herrschte, was jedoch eine vordergründige und oberflächliche Einschätzung ist. In unserem Zeitalter, in dem die geistigen Leistungen vom Computer und der Informatik verdrängt werden, neigt man dazu, sich auf diese Allgemeinplätze zu beschränken. Zwar gibt es in Ägypten in der Tat zahlreiche Gottheiten. Man trifft auf eine riesige, scheinbar endlose Gemeinschaft von Göttern, die menschliche, tierische oder pflanzliche Formen annehmen und ihrerseits ebenfalls Werke des Schöpfers sind. Durch die Mischung dieser Formen entsteht eine Verbindung aus sich gegenseitig verstärkenden menschlichen, tierischen und pflanzlichen Kräften, wodurch eine zusätzliche magische Wirkungskraft erzielt wird. Die ägyptische Auffassung des Göttlichen vermischt häufig kontingente und mythologische Bilder. So kann der Krokodilgott Sobek unter anderem in seiner rein tierischen Form dargestellt werden, wobei eine Sonnenscheibe sein Haupt bedeckt. Die Bewegung der Amphibie, die plötzlich aus dem Wasser des Nil auftaucht, erinnert die ständig nach Bildern suchenden Semiten an das Aufgehen der Sonne aus dem Urgewässer am ersten Tag der Schöpfung. So wird der natürliche Herr der Gewässer Sobek in den religiösen Vorstellungen auch zum Gott der Sonne. Wollte man etwa, um ein konkreteres Beispiel zu geben, schwangere Frauen oder Wöchnerinnen schützen, so »schuf« man eine zusammengesetzte Göttin, in der die Charakterzüge verschiedener, besonders angriffslustiger – in diesem Fall schützender – Tiere vereint waren: Thoeris wurde mit einem Nilpferdkörper versehen, mit einem Krokodilmaul und Löwentatzen. Nur ihre Hände waren menschlich. Diese bedrohliche Gestalt, ob in Stein gemeißelt, aus Holz geschnitzt oder in Porzellan gebrannt, schien jederzeit imstande zu sein, zum Leben zu erwachen, und sie diente dem Zweck, böse Geister und unheilvolle Einflüsse fernzuhalten. Die ägyptischen Gottesbilder beruhen meistens auf tiefgründigen oder auch einfachen Reflexionen, auf jeden Fall aber auf einem ständigen Nachsinnen über das Universum.

Man darf sich jedoch nicht auf diese wohldurchdachten Erscheinungen beschränken. Jeder fromme Mensch bevorzugte in seinem Herzen einen bestimmten Gott, in den meisten Fällen den »Gott seiner Stadt«. Ägypten war eine städtische Zivilisation, deren Städte und Dörfer durch den Fluß oder durch Wüstenstraßen miteinander verbunden waren. Wie bereits erwähnt, verehrte man im Stadtgebiet von Memphis ganz besonders den Gott Ptah. Ebenso verhielt es sich mit Re in Heliopolis und mit Khnum in Esna ... jeder Gläubige entschied sich aus persönlichen Gründen oder aufgrund seines Heimatortes für einen Gott, den er mehr als alle anderen verehrte. Dieses Mosaik aus städtischen Gottheiten wurde von großen nationalen Mythen überlagert, die sich um die segensreichen Mächte des Universums herum bildeten: kosmische Mächte (insbesondere die Sonne, Re oder Amun-Re, die eine entscheidende Rolle in der Ordnung des Universums spielen) sowie irdische Mächte, die für den Kreislauf der Vegetation verantwortlich sind (der Gott des Ackers, Osiris, war für die Auferstehung der Menschen nach dem jüngsten Gerichts und das Wiederaufkeimen der Vegetation in jedem Frühling verantwortlich, wodurch er den Menschen den Weg zum ewigen Leben wies).

All diese lokalen und nationalen Gottheiten sind jedoch lediglich Erscheinungen der einen großen göttlichen Macht, die als eine Einheit mit verschiedenen Facetten verstanden werden muß. In den schriftlichen Überlieferungen, namentlich in der Weisheitsliteratur, sind sie alle in dem Wort *netjer* enthalten. *Netjer*, was soviel wie »Gott« bedeutet, ist eine übergeordnete göttliche Substanz, die in sehr unterschiedlichen Gestalten er, scheinen kann, die eine jeweils eigene Individualität besitzen. Im Jahre 1580 v. Chr. schrieb der Schriftgelehrte Anii: »Bringe Gott Opfergaben dar, hüte dich davor, ihn zu kränken [...], auf daß deine Augen seinen Zorn bemerken mögen, denn er kann seine Macht auf eine Million Weisen geltend machen, doch wer ihn verehrt, der wird gepriesen sein. Das Licht des Himmels ist der Gott dieses Landes, doch auf Erden sind seine Bilder.«

Nach und nach kommt es im gleichermaßen vernünftigen und schöpferischen ägyptischen Denken zur Ausbildung einer Synthese, die nur noch einen einzigen Gott zuläßt. Wir haben bereits aus dem Text einer Hymne zitiert,[9] die aus der Epoche von Amenhotep II.

stammt (um 1450 v. Chr.) und die Einmaligkeit von Amun-Re verkündet. In diesem Text findet sich folgendes Bild: »O du Einziger unter den Einzigen, der du viele Arme hast und über die schlafenden Menschen wachst.« Dieses Bild Gottes, der den Menschen seine Arme und Hände entgegenstreckt, war bereits etwas mehr als ein Jahrtausend zuvor in den königlichen Pyramiden in Stein gemeißelt worden und wird von Amenhotep IV. (bekannter als Echnaton; gegen 1370 v. Chr.) wieder aufgegriffen, der im modernen Zeitalter viel von sich reden machte, weil man keine Kenntnis von den älteren Texten besaß. Darstellungen und Bilder der Einmaligkeit Gottes existierten bereits vor seiner Zeit und finden sich auch nach ihm. Das Neue an diesem Pharao, der nur kurze Zeit (17 Jahre lang) herrschte, war, daß die Namen der alten Götter auf den Denkmälern ausgemeißelt wurden, um sie zu vernichten.

Ein dem Gott Amun gewidmeter großer Hymnus aus der Epoche von Ramses II. (um 1300 v. Chr.) zeugt von der gewünschten Vereinigung der göttlichen Erscheinungen mit einem höchsten Gott: »Die Gottheiten aus der Göttergemeinschaft gehören zu dir. Alle zu dir gehörenden Götter ergeben dein Bild. Du bist als erster gekommen, du hast den Anfang gemacht. [...] Es gibt drei Gottheiten: Amun, Re und Ptah, die alle drei einzig sind. Sein Name ist der von Amun, sein Gesicht das von Re und sein Körper der von Ptah.«[10] Eine Dreifaltigkeit, deren Bestandteile unzertrennlich sind und die ihren plastischen Ausdruck im Höhlentempel von Abu-Simbel findet: Im hintersten Winkel des Altarraums, im östlichen Teil, befindet sich ein in Stein gemeißeltes Bild der drei zu einem einzigen Gott vereinten Gottheiten, dem eine Abbildung des Herrschers beigefügt ist.

Die Semiten haben die Einmaligkeit Gottes erahnt und nach ihr gesucht. Diese Suche resultiert jedoch nicht aus einer starren Lehre, sie offenbart vielmehr die Inbrunst, mit der ein Gläubiger den von ihm erwählten Gott anbetete und ihn über alle anderen Gottheiten stellte.

Jeder Gott ist für seine Anhänger einzig:

– Re: »Sei gegrüßt, o Re, Herrscher der ewigen Zeit, o du Einziger, König der unendlichen Zeit, der du als erster und ohnegleichen existierst, den Himmel erhoben und die Erde erschaffen hast.«[11]

– Osiris: »Osiris, du geliebter Gott. Wie wohl ist es doch, dich zu lobpreisen. Du bist der Einzige. Du bleibst derjenige, der vor allen anderen existiert hat.«[12]

–Nilgott Hapi: »Du bist der Einzige, und du hast dich selbst er, schaffen. Nie wird man wissen, welche Kräfte du in dir birgst. Am Tag, an dem du aus deiner Höhle hervorkommst, brechen alle in nicht endenwollende Freude aus.«[13]

– Khnum: »Du bist Khnum, der Einzige, der Allereinzige. Jeden Tag erschaffst du Millionen Wesen [...].«[14]

Natürlich kann man hier kaum von einem Monotheismus reden, sondern es geht wohl vielmehr um das Bedürfnis, einem Gott unter vielen einen besonderen Platz einzuräumen, ihn als einzigen ins Herz zu schließen. Man muß sich vor modernen Kategorisierungen hüten, die das Denken der alten Völker nicht berücksichtigen.

Auf die eben beschriebene Art und Weise wurde in Babylon der Gott Marduk als höchste Gottheit verehrt, die über allen anderen Göttern steht.

Ohne unbedingt eine Parallele herstellen zu wollen, kommt man nicht umhin, an ein Halleluja aus einem Psalm von David, dem König von Israel, zu denken: »Denn ich weiß, daß der Herr groß ist und unser Herr vor allen Göttern.«[15] Er ist »der Gott aller Götter«.[16]

Das semitische Bewußtsein war zu allen Zeiten auf der Suche nach Vollkommenheit. Die ersten, die zu der Auffassung gelangten, daß es nur einen Gott geben kann, waren die Hebräer. Sie lehnten die ehemals verehrten Götter ab und duldeten sie nicht mehr – weder Baal noch die Goldenen Kälber von Jerobeam und »die silbernen, goldenen, ehernen, eisernen, hölzernen, steinernen Götter, die weder sehen noch hören noch fühlen«.[17] Wer diese Götter anbetet, soll bestraft werden: »Wer von Jerobeam stirbt in der Stadt, den sollen die Hunde fressen; wer aber auf dem Felde stirbt, den sollen die Vögel des Himmels fressen.«[18]

Wir haben uns von der ehemals großen und friedliebenden Toleranz weit entfernt, in der sich die Götter, die die Kräfte der Natur verkörperten, vereinen konnten und in unterschiedlichen Ländern des Orients ihre Anhänger fanden.

Der »Substitutionsprozeß« war langwierig. Noch lange Zeit nach der biblischen Epoche wurden der Gott Baal oder die phönizische Göttin Astarte in den heiligen Wäldern[19] verehrt – die Bauern Ägyptens vergötterten den Krokodilgott Sobek noch 135 Jahre n. Chr., wovon ein Papyrus der römischen Epoche zeugt, in dem erwähnt wird, wo genau die göttliche Amphibie angebetet wurde.

Das semitische Bewußtsein neigte auf unterschiedliche Weisen dazu, einen – ob absolut oder relativ – einzigen Gott zu verehren.

Die Elemente der göttlichen Persönlichkeit

Die Allmacht

In den Inschriften der Königspyramiden Ägyptens (2500 Jahre v. Chr.) findet sich über dem zum Himmel aufgestiegenen Pharao, dessen Körper aus göttlichen Gliedern geformt und der nach seinem irdischen Tod als Gott auferstanden ist, folgende Beschreibung: »Er bemächtigt sich des Himmels, seiner Säulen und Sterne. Die Götter begegnen ihm in demütiger Haltung und die Sterne folgen ihm wegen seines Ruhms Er ist ein großer Stier, er ist der Fluß des Stromes, aus dem er entsprungen ist, nachdem das Wasser entstanden war [...]. Er umkreist jeden Gott, ihr Land und all ihre Besitztümer in der Unendlichkeit seiner Arme Seine Lebenszeit ist von unendlicher Dauer, seine Grenze ist die Ewigkeit.«[20] Der allmächtige Gott-König wird eins mit dem Universum und den Lebensprinzipien, er verkörpert die Allmacht und verschmilzt mit der Zeit.

Auch die alttestamentarischen Schriften zeugen von dieser äußersten Freiheit des göttlichen Daseins und von seiner absoluten Macht. Anläßlich einer großen Versammlung in Jerusalem, die der König David einberufen hat, um seinen »von Gott erwählten« Nachfolger und Sohn Salomo vorzustellen, singt der König von Israel folgendes Loblied: »Dir, Herr, gebührt die Majestät und Gewalt, Herrlichkeit, Sieg und Dank. Denn alles, was im Himmel und auf Erden ist, das ist dein. Dein, Herr, ist das Reich, und du bist erhöht über alles zum Obersten [...]. Du herrschest über alles: In deiner Hand steht Kraft und Macht.«[21] Der Herr, »der den Fels wandelte in einen Wassersee und die Steine in Wasserbrunnen«.[22]

Gott ist der Herrscher über alle Ereignisse, die er nach Belieben lenkt: »Er öffnet die finsteren Gründe und bringt heraus das Dunkel an das Licht. Er macht etliche zum großen Volk und bringt sie wieder um. Er breitet ein Volk aus und treibt es wieder weg. Er nimmt weg den Mut der Obersten des Volks im Lande und macht sie irre auf einem Umwege, da kein Weg ist.«[23]

Der jüdische Liturg Janal, der im 6. Jahrhundert gelebt hat, singt in der Synagoge: »Wer könnte mit dir verglichen werden, wer ist dir ebenbürtig? Wer kann dich sehen, wer kann dich erreichen? Wer kann den Kopf heben, wer kann seinen Blick zu dir aufrichten? [...] Wer ist wie du? Du reitest einen Erzengel und bewegst dich mit dem Wind. Dein Weg ist im Wind. Dein Weg ist im Sturm. Deine Bahn verläuft durch die Gewässer. Die Flammen sind deine Boten.«[24] Das ist der poetische Ausdruck einer unergründlichen Allmacht.

Man findet in den Überlieferungen des alten Ägypten bis hin zum Islam bezüglich der Beschreibung dieser willkürlichen und absoluten Macht einen geistigen Widerhall: »Herr Gott, der du die Herrschaft innehast! Du gibst die Herrschaft, und du entziehst sie, wem du willst. Du machst mächtig, und du erniedrigst, wen du willst. All das Gute liegt in deiner Hand. Deine Macht ist unumschränkt. Du läßt die Nacht übergehen in den Tag, und den Tag in die Nacht. Du läßt das Lebendige aus dem Toten entspringen, und das Tote aus dem Lebendigen. Und du bereicherst, wen du willst, ohne abzurechnen.«[25] Auch Allah verschmilzt mit dem Universum und verfügt über vollkommene Handlungsfreiheit: »Hast du denn nicht gesehen, daß sich vor Gott alle in Anbetung niederwerfen, die im Himmel und die auf der Erde sind, desgleichen die Sonne, der Mond und die Sterne, die Berge, die Bäume, die Tiere und viele von den Menschen? Aber an vielen wird die Strafe wahr. Wenn Gott jemand erniedrigt, gibt es niemand, der ihm Ehre erweisen würde. Gott tut, was er will.«[26] »Hast du denn nicht gesehen, daß Gott Wolken herbeitreibt, sie hierauf zu einer geschlossenen Wolkendecke vereinigt und hierauf zu sich türmenden Haufen macht? Dann siehst du den Platzregen dazwischen herauskommen. Und er läßt vom Himmel wahre Berge von Wolken herabkommen, mit Hagel darin, und trifft damit, wen er will, und wendet es ab, von wem er will [...]. Und er hat jede Art von Getier aus Wasser geschaffen. Die einen davon bewegen sich auf ihrem Bauch, andere auf zwei, wieder andere auf vier Beinen. Gott schafft, was er will, und er hat zu allem die Macht.«[27] Ein Märchen überliefert den entsprechenden Volksglauben: »Alles kommt von Allah, und alles kehrt zu ihm zurück.«[28]

Manchmal tauchen Bilder, zu deren Entstehung die fromme Hingabe der Gläubigen beigetragen hat, in fast identischer Form wieder auf, lange nachdem sie entstanden sind. Das Bild vom Auge Gottes, das den biblischen Schriften zufolge Kain verfolgt, der seinen eigenen Bruder Abel ermordet hatte, um ihn allgegenwärtig zu bestrafen, ist hinlänglich bekannt. Das göttliche Auge ist eine Metapher für Gott, es ist ein Instrument der Rache an dem Bösen. Lange davor, im alten Ägypten, spielte Res Auge im Glauben eine wichtige Rolle: Es verfolgte die Feinde des Herrn. Es erscheint als zischendes Kobraweibchen und wird als solches auf der Stirn sämtlicher Pharaonen abgebildet. Mit dem Feuer seiner Macht verschlingt Re die Feinde des Königs. Die Griechen nannten ihn Uräus, die übliche latinisierte Schreibweise ist Uroeus. Dieser Glaube war tief verwurzelt. Jeder Gott konnte demnach seine Angreifer dank dieses Auges außer Gefecht setzen. Ein Text, der in eine Grabsäule eingemeißelt ist, die aus der Zeit der Herrschaft des Königs Merenptah (um 1230 v. Chr.) stammt, zeugt von den Niederlagen, die der Herrscher jenen Völkern beibrachte, die aus Libyen kamen, um in Ägypten einzudringen. Dort steht geschrieben: »Niemand kann es wagen, das Volk Ägyptens zu erobern. Denn das Auge jeden Gottes würde ihn verfolgen und seine Feinde in den Abgrund führen. Dies berichten jene, die die Sterne erforschen und, da sie den Wind beobachten, all ihre magischen Worte kennen.«

Das Auge Gottes als Bewahrer vor dem Bösen und die Hand Gottes als wohltuende Beschützerin sind Ausdruck der göttlichen Allmacht. Auf einem jüdischen Papyrus, das erst kürzlich in Qumran am Toten Meer entdeckt wurde, befindet sich in einer der dort niedergeschriebenen Hymnen folgender bewegende Satz: »Entferne deine große Hand nicht allzu sehr von deinem Volke, damit es jemanden für sich habe, der unerschütterlich zu deinem Bündnis gehöre und in seiner Vollkommenheit vor dir stehe.«[29] In einem Gedicht von Samuel Hanaguid, einem Führer der jüdischen Gemeinschaft Spaniens im 11. Jahrhundert, findet sich folgendes Gebet für einen Tag des Kampfes. »Welche Hand wird mir Gewalt antun können, solange du meine Hand bist und mir Schutz gewährst?«[30] Auch im Koran wird das Bild der wohltuenden göttlichen Hand erwähnt: »Er hat seine beiden Hände ausgebreitet und spendet, wie er will.«[31] Das ist ein schönes Bild von Gott, der seine Hände nach den Menschen ausstreckt. Es erinnert an das antike ägyptische Bild einer Sonne, die ihre Hände nach der Erde ausstreckt und sie öffnet, um die Menschen mit ihren Gaben zu bescheren.[32]

Das Allwissen

»Er ist im Besitz des Wissens, das dem über die Lippen strömt, der das Wort ist«[33], sagte man vor mehreren tausend Jahren über Amun. Diese Vorstellung findet sich auch in späteren religiösen Überlieferungen häufig wieder. Gott »lehrt die Menschen, was sie wissen«, verkündet ein Psalm[34], und ein essenischer Gläubiger versichert dem Herrn: »Du hast mich, deinen Diener, mit dem Geist der Erkenntnis beschenkt, um die Wahrheit und Gerechtigkeit zu verehren und alle Wege des Verderbens zu verabscheuen.«[35] Für die

Moslems ist Allah in seiner vollkommenen und unbegrenzten Kenntnis der Dinge und Lebewesen der Herrscher über die Geheimnisse des Universums: »Er allein besitzt die Schlüssel zum Verborgenen. Keiner kennt sie außer ihm. Und er weiß, was auf dem Festland und auf dem Meer ist. Und kein Blatt fällt zu Boden, ohne daß er darüber Bescheid weiß. Es gibt auch kein Korn, das in der finsteren Erde ruht, und nichts Feuchtes und nichts Trockenes, das nicht in einer deutlichen Schrift verzeichnet wäre.«[36] »Und keine Früchte kommen aus ihren Hüllen hervor, und kein weibliches Wesen ist schwanger oder bringt ein Kind zur Welt, ohne daß er es weiß.«[37] Er besitzt das Buch der universellen Erkenntnis: »Weißt du denn nicht, daß Gott alles weiß, was im Himmel und auf der Erde ist? Das ist alles in einer Schrift verzeichnet.«[38] »Es entgeht dem Herrn nicht das Gewicht eines Atoms auf der Erde oder im Himmel, noch entgeht ihm etwas, das leichter oder schwerer wäre als ein Atom und dem keine ausdrückliche Rolle zufällt.«

Gott sieht alles, hört alles und versteht alles: »Der Herr schaut vom Himmel und sieht aller Menschen Kinder. Von seinem festen Thron sieht er auf alle, die auf Erden wohnen. Er lenkt ihnen allen das Herz; er merkt auf alle ihre Werke«, singt König David.[39] Für den Anhänger Allahs gibt es »nichts, was ihm gleichkommen würde. Er ist der, der alles hört und sieht«.[40] Er vernimmt das Gebet von Jonas aus dem Bauch eines Fisches, der in die Dunkelheit des Ozeans und in die Finsternis der Nacht eingetaucht ist. Denn »er sieht die Seelen in ihrer Nacktheit und das Bewußtsein in seiner Tiefe«.[41]

In der Tat durchleuchtet Gott seine Schöpfungen bis in die hintersten Winkel ihres Seins. In Ägypten galt der die Erkenntnis verkörpernde Gott Sia als »derjenige, der in den Herzen verweilt und dessen Augen jeden Körper begutachten«.[42] Für den Propheten Jeremia ist der Herr ein »gerechter Richter, der du Nieren und Herzen prüfst«.[43] Die intimsten Geheimnisse jeder Kreatur sowie das Rätsel der Welt sind Teil des göttlichen Wissens: »Gott kennt die

Geheimnisse von Himmel und Erde. Er weiß auch Bescheid über das, was die Menschen in ihrem Innern an Gedanken und Gesinnungen hegen.«[44]

Die Allgegenwart

Sowohl in der Zeit als auch im Raum ist Gottes Gegenwart dauerhaft. Und wie es sich für jede Gottheit gehört, ist sie auch allgegenwärtig. Ist Gott nicht Herr der Ewigkeit? »Denn tausend Jahre sind vor dir wie der Tag, der gestern vergangen ist, und wie eine Nachtwache«[45], singt der israelische Psalmist. Für göttliche Wesen, die von Natur aus ewig sind, vergeht die Zeit nicht wie für die Menschen. Für sie ist die Zeit nicht endlich. Eine der Hymnen, die von den essenischen Juden am Toten Meer gesungen wurde, bestätigt diese Endlosigkeit der Zeit: »Du bist ein Gott der Ewigkeit, und alle deine Wege führen in die Ewigkeit der Ewigkeiten.«[46]

Wurde früher nicht jede ägyptische Gottheit als *neb djet* verehrt, was soviel wie »Besitzer der Ewigkeit« bedeutet? Für den strahlenden Stern Amun sind der Lauf der Zeit und die Reise im Raum zur ewigen Rückkehr ebenfalls durch Schnelligkeit und Endlosigkeit gekennzeichnet. »Du erschaffst die Jahre und verbindest die Monate. Die Tage, die Nächte und die Stunden vergehen nach deinem Willen [...]. Du erneuerst dich von Tag zu Tag. Du dringst in die Nacht ein, und schon erscheinst du im Tageslicht [...]. Du bist der sich schnell bewegende Stern im Sternenhimmel. Du durchquerst die Erde in einem Augenblick. Du segelst durch den Himmel und durchschreitest das Jenseits. Auf jedem Weg leuchtet dein Licht.«[47]

Macht, Wissen und die Allgegenwart sind Hauptmerkmale der semitischen Götter, von denen sämtliche heiligen Schriften zeugen. Die heiligen Wesen zeichnen sich noch durch weitere physische, moralische und geistige Eigenschaften aus.

Die göttliche Herrlichkeit

Das Licht ist elementarer Bestandteil dieser Persönlichkeit. In der Antike wurden Götter und Halbgötter durch Helligkeit charakterisiert. In der Tat spielte die Sonne eine entscheidende Rolle im Leben und in der Wirtschaft des einstigen Vorderen Orients.

Der ägyptische Sonnengott Amun oder Amun-Re war von größter Bedeutung. Von seinem Körper ging ein warmer und heller Schein aus, ähnlich dem von Edelsteinen. Der Aufgang dieses Sterns entfacht ein strahlendes Farbenspiel und bringt der Menschheit neues Glück. Ein Dichter der Epoche von Amenhotep II. schreibt. »Plötzlich scheint sie für jene, die bisher in der Finsternis der Nacht verweilten, und läßt ihre Gesichter durch die Aussicht auf eine andere Zukunft erstrahlen. Ihre Augen leuchten, ihre Augen sind geöffnet, der ganze Körper ist mit Gold bedeckt, wenn ihr Licht vordringt. Der Himmel ist golden, das Urgewässer lapislazuliblau und die Erde ist wie von türkisfarbenen Pfeilen durchschossen, wenn er über ihr aufgeht.« In einer dem Gott Amun gewidmeten Hymne aus der Epoche von Ramses III. heißt es: »Dein Haus ist Licht, deine Wärme erzeugt Leben, und alle Arten heiliger Edelsteine sind in deinem Körper verwoben. Deine Glieder sind der Hauch einer jeden Nasenöffnung. Dank dir kann man atmen, um zu leben. Du hast den Geschmack des Nil und du bist mit einer leuchtenden Sanftheit bedeckt.«[48]

Nachdem sich die ägyptische Königin Hatschepsut den Thron widerrechtlich angeeignet hatte, der dem jungen Prinzen Thutmosis zustand, dachte sie sich eine List aus, indem sie den Volksglauben mißbrauchte, um zu beweisen, daß sie Amuns Tochter sei. Man wußte in der Tat, daß die wäßrige und zusammenziehend wirkende Lösung, die sich aus der Mischung von Farben mit in Wasser aufgelöstem Weihrauch ergab, der Haut, auf die sie aufgetragen wurde, eine warme Tönung verlieh. Anläßlich des Menschenauflaufs bei einem Fest in der Nähe des königlichen Palastes, mit dem die Rückkehr der Expedition in das Land Punt[49] gefeiert wurde, von wo man große Mengen frischen Weihrauchs mitgebracht hatte, »schmierte sich die Königin ihren Körper mit dem besten Weihrauch ein [...]. Ihre Haut erschien daraufhin wie mit dünnem Gold überzogen und leuchtete wie die Sterne [...]. Daraufhin erwies das Volk ihrer göttlichen Erscheinung Achtung, so großartig war das Wunder«. Die in hellem Glanz erstrahlende Hatschepsut wurde als ein privilegiertes Wesen anerkannt. So wollte sie ihre widerrechtliche Aneigung des Pharaonen-Throns legitimieren.

Im Gilgamesch-Epos war das halb göttliche, halb menschliche Monster namens Huwawa (mit dem der akkadische Held eine Rechnung zu begleichen hatte) mit »sieben natürlichen Blitzen« bewaffnet. Diese leuchtende Erscheinung außergewöhnlicher Wesen hatte die Alten Mesapotamiens dermaßen beeindruckt, daß sie daraus eine Art »mythologische Ontologie« entwickelten.

Die aus Ras Shamra (dem früheren Ugarit) stammenden Schriften beweisen, daß das Licht bei den Phöniziern als ein Merkmal des Heiligen betrachtet wurde: »Wenn die Sonne sinkt, wird der Tag entweiht. Wenn die Sonne untergeht, ist der König entweiht.«[50]

Sowohl im Judentum als auch im Islam wird die Herrlichkeit Gottes durch das Licht hervorgehoben, das ihn umhüllt. Der jüdische Psalmendichter singt: »Herr, mein Gott, du bist sehr herrlich; du bist schön und prächtig geschmückt. Licht ist dein Kleid, das du anhast; du breitest aus den Himmel wie einen Teppich.«[51] Gott umgibt die bevorzugten Wesen mit dieser heiligen Ausstrahlung, vornehmlich die Propheten und die Gerechten.

»Da nun Mose vom Berge Sinai ging, hatte er die zwei Tafeln des Zeugnisses in seiner Hand und wußte nicht, daß die Haut seines Angesichts glänzte davon, daß er mit ihm geredet hatte. Und da Aaron und alle Kinder Israels sahen, daß die Haut seines Angesichts glänzte, fürchteten sie sich, zu ihm zu nahen.«[52] In einer Auslegung des Talmud erfahren wir weitere Einzelheiten. »Mose verblieb im Himmel vierzig Tage und vierzig Nächte [...]. Nacheinander kamen die Sonne, wenn sie ihren göttlichen Auftrag erledigt hatte, also am Abend, und dann der Mond und die Sterne, wenn sie ihren nächtlichen Auftrag erfüllt hatten, also am Morgen, um sich vor dem Herrgott zu verbeugen. Das war für Mose der einzige Anhaltspunkt, um die Tage und Nächte zu zählen. Während seines Aufenthalts im Himmel schrieb er, von Gott angeleitet, die gesamte Thora. Von dieser Zeit an strahlte sein Angesicht und hatte einen außergewöhnlichen Glanz, so daß er einen Schleier tragen mußte, als er vom Himmel hinabstieg. Er nahm ihn nur ab, um mit Gott oder zu Israel zu sprechen.«[53] Die semitische Empfindsamkeit, ihr besonderer Sinn für Poesie, die mal überschwenglich und mal ganz schlicht ausfallen kann, kommt in dieser Glorifizierung der göttlichen Ausstrahlung zum Ausdruck; das belegt auch ganz vorzüglich der folgende Hymnus aus dem 3./4. Jahrhundert, den Hekhalot[54] vor Gott vorträgt: »Liebliches Gesicht, majestätisches Gesicht, Gesicht voller Schönheit, Flammengesicht, Gesicht des Herrn Gott von Israel, wenn er sich mit Lobpreisungen gekleidet auf seinem Thron der Ehre niederläßt, auf seinem Thron der Herrlichkeit! Seine Schönheit übertrifft die der Alten, seine Herrlichkeit stellt die Herrlichkeit von Jungvermählten in ihrem Ehebett in den Schatten. Wer auch immer ihm direkt ins Gesicht sieht, der wird in Stücke zerrissen. Wer auch immer seine Augen auf seine Schönheit richtet, der entleert sich wie eine Kelle. Diejenigen, die ihm heute dienen, werden ihm morgen nicht mehr dienen. Diejenigen, die ihm morgen dienen, werden ihm einen Augenblick später nicht mehr dienen. Denn sie haben keine Kraft mehr, ihre Gesichter sind verkohlt, ihre Herzen schwanken und ihre Augen verfinstern sich angesichts der Herrlichkeit und der glänzenden Schönheit ihres Königs.«[55] Die Inspiration des jüdischen Dichters erinnert an die des ägyptischen Poeten: »Deine Schönheit erfreut die Herzen, die von dir kommende Liebe macht die Arme schwach, deine vollkommene Form lähmt die Hände, die Seelen werden vergeßlich, wenn sie dich erblicken.«[56] Über einen Zeitraum von zwei Jahrtausenden hinweg äußern sich die Gefühle angesichts der schillernden göttlichen Schönheit, die dem tiefgründigen semitischen Bewußtsein entspringen, auf sehr ähnliche Art und Weise.

Auch der Prophet Jesaja verbreitet diesen vom heiligen Licht ausgehenden Glanz, der ihn ständig begleiten sollte: »Mache dich auf, werde Licht! denn dein Licht kommt, und die Herrlichkeit des Herrn geht auf über dir. Denn siehe, Finsternis bedeckt das Erdreich und Dunkel die Völker; aber über dir geht auf der Herr, und seine Herrlichkeit erscheint über dir. Und die Heiden werden in deinem Lichte wandeln und die Könige im Glanz, der über dir aufgeht [...]. Die Sonne soll nicht mehr des Tages dir scheinen, und der Glanz des Mondes soll dir nicht leuchten; sondern der Herr wird dein ewiges Licht und dein Gott wird dein Preis sein. Deine Sonne wird nicht mehr untergehen noch dein Mond den Schein verlieren; denn der Herr wird dein ewiges Licht sein, und die Tage deines Leides sollen ein Ende haben.«[57] Abraham wußte seit seiner Geburt, was es bedeutete, als zukünftiger Stammvater zahlreicher Nationen[58] auserwählt zu sein. Er kannte diese Substanz göttlichen Glanzes. Seine Mutter Amitlai wußte, daß sie ihr Kind in Kürze gebären würde. Darum ging sie weg und durchquerte die Wüste, bis sie eine Höhle am Fluß Euphrat erreichte. Sie hoffte, auf diese Weise ihr Kind vor den Massakern zu bewahren, die der König Nimrod zur Ausmerzung von Kleinkindern angeordnet hatte. Als Abraham das Licht der Welt erblickte, erhellte sein Angesicht die Höhle bis in den hintersten Winkel. Und Gott schickte den Erzengel Gabriel, um ihn zu beschützen.

Auch die Gerechten werden, nach Gottes Muster, zu Lichtgestalten. Einem Papyrus aus Qumran kann man entnehmen: »Ich werde siebenmal im Garten Eden erstrahlen, den du zu deinem Ruhme erschaffen hast. Denn du bist für mich eine ewige Lichtgestalt und du hast mich in einer unendlichen Ebene aufgerichtet.«[59]

In den islamischen Überlieferungen ist Allah das Licht, mit einer Lampe vergleichbar, die nichts anzünden könnte und die niemals erlöschen würde: »Gott ist das Licht von Himmel und Erde. Sein Licht ist einer Nische zu vergleichen, mit einer Lampe darin. Die Lampe ist in einem Glas, das so blank ist, wie wenn es ein funkelnder Stern wäre. Sie brennt mit Öl von einem gesegneten Baum, einem Ölbaum, der weder östlich noch westlich ist, und dessen Öl fast schon hell gibt, ohne daß Feuer darangekommen ist, – Licht über Licht. Gott führt seinem Licht zu, wen er will.« Dieses Gleichnis wird in der Sure 24 des Koran fortgesetzt, die die göttliche Helligkeit der Finsternis, in der die Ungläubigen eingetaucht sind, einander gegenübergestellt: »Die Handlungen der Ungläubigen sind wie Finsternis in einem abgrundtiefen Meer, das von einer Woge bedeckt wird, über der eine weitere Woge liegt, und über der auch noch eine Wolke liegt, – eine Finsternis über der anderen: Wenn man seine Hand ausstreckt, kann man sie vor Dunkelheit kaum sehen. Wem Gott kein Licht verschafft, der hat überhaupt keines.«[60]

Der Prophet Mohammed hatte teil an Allahs strahlendem Ruhm. Ahmed el Kalyoubi überlieferte uns den Bericht einer Diskussion zwischen Gelehrten, die zu bestimmen versuchten, welches die drei angenehmsten Dinge der Welt seien. Einer von ihnen, der Imam Ahmad, Sohn von Hanbal (Begründer einer orthodoxen Rechtsauslegung aus dem 9. Jahrhundert), verkündete: »Mir sind drei Dinge sehr angenehm: Den Überlieferungen des Propheten – möge er von Gott gesegnet sein – zu folgen, an seinem ruhmvollen Licht Gefallen zu finden und schließlich die von ihm begründeten Regeln streng zu befolgen.«[61]

Eines Tages spricht der von Gott gesandte Erzengel Gabriel zum Propheten: »O Mohammed, wer auch immer nur ein einziges Mal diese Anrufung ausspricht, die ich dir verraten werde, den wird Gott am Tag der Auferstehung ganz besonders beachten. Das Angesicht dieses Menschen wird so hell wie der Vollmond aufstrahlen, und zwar dergestalt, daß ihn die Leute für einen Propheten oder einen Engel halten werden.«[62]

Das Angesicht gottergebener Menschen sowie dasjenige seiner Gesandten kann wie das ihres Herrn hell aufleuchten.

Die geistige Eminenz

Gott ist nicht nur Schöpfer der universalen Ordnung, sondern auch ihr Regulator. Zu diesem Zweck setzt er alle höheren Eigenschaften des Geistes und des Gefühls ein. Das geistige Bild, das er verkörpert, ist für die Menschen ein Vorbild. Und auch wenn sie undankbar und manchmal abtrünnig sind, so haben sie sich immer daran orientiert. An der Stelle des Motivs einer des Menschen überdrüssigen Gottheit[63] tritt das Bild eines Gottes, der sich für seine Geschöpfe einsetzt, um ihr Glück durch wohltätiges Handeln zu sichern, und der immer bereit ist, sie zu retten und ihnen beizustehen.

Ein ägyptischer Dichter aus der Epoche von Ramses II. (um 1290 v. Chr.) beschreibt den Gott Amun folgendermaßen:

> Er lindert die Schmerzen und verjagt die Qual,
> Er ist ein Heiler, der dem blinden Auge das Licht
> zurückgibt,
> Er öffnet die Augen und vertreibt die Krankheiten.
> Einen jeden kann er, wenn es ihm beliebt, auf seinem
> Weg ins Jenseits beschützen,
> Und vor seinem Schicksal bewahren.
> Er hat Augen und Ohren
> Und ein Gesicht für die, die ihn lieben, auf allen ihren
> Wegen.
> Er erhört die Gebete jener, die ihn anrufen,
> Sofort kommt er von ganz weit her, zu denen, die ihn

darum bitten […].
Der Name von Amun ist ein Zauber auf den Wogen,
Die stürmischen Winde werden gebannt, die schlechten Winde ändern ihre Richtung.
Er ist eine sanfte Brise für den, der ihn anfleht,
Er steht dem erschöpften Menschen bei,
Ein barmherziger Gott mit heilbringenden Absichten […].
Er ist nützlicher als Millionen für jenen, der ihn in sein Herz schließt.
Er ist der vollkommene Beschützer,
Der Gutes tut und nicht geleugnet werden kann.

Ein Jahrtausend später sollte König David folgenden Psalm für den Gott Israels singen: Gott ist »ein Vater der Waisen und ein Richter der Witwen. Er ist Gott in seiner heiligen Wohnung, ein Gott, der den Einsamen das Haus voll Kinder gibt, der die Gefangenen ausführt zu rechter Zeit und läßt die Abtrünnigen bleiben in der Dürre«.[64]

Noch mal 700 Jahre später erkennen die Moslems ebenfalls die Wohltätigkeit Allahs an, des höchsten Gottes, der in seiner schöpferischen Allmacht aus der Natur ein Feld der Wohltaten für die Menschen gemacht hat: »Er hat Himmel und Erde wirklich geschaffen […]. Und auch das Vieh hat er geschaffen. Es bietet euch die Möglichkeit, euch warm zu halten, und ist euch sonst in mancher Hinsicht von Nutzen. Und ihr könnt davon essen. Auch findet ihr es schön, wenn ihr es abends ein- und morgens zum Weiden austreibt. Und es trägt eure Lasten zu einem Ort, den ihr der weiten Entfernung wegen sonst nur mit großer Mühe erreichen könntet. Euer Herr ist wirklich mitleidig und barmherzig. Und die Pferde hat er geschaffen und die Maultiere und Esel, damit ihr sie besteigt und darauf reitet, sowie als Schmuck […]. Er ist es, der vom Himmel Wasser hat herabkommen lassen. Davon gibt es für euch zu trinken und davon entsteht Gebüsch, in dem ihr euer Vieh weiden lassen könnt. Er läßt euch dadurch das Getreide wachsen, und die Ölbäume, Palmen und Weinstöcke, und sonst allerlei Früchte. Darin liegt ein Zeichen für Leute, die nachdenken. Und den Tag und die Nacht hat Er in euren Dienst gestellt, desgleichen die Sonne und den Mond. Und auch die Sterne sind durch Seinen Befehl euch dienstbar gemacht [...]. Und Er ist es, der das Meer in euren Dienst gestellt hat, damit ihr frisches Fleisch daraus esset und Schmuck daraus gewinnt, um ihn euch anzulegen [...]. Und wenn ihr die Gnade Gottes im einzelnen errechnen wollt, könnt ihr sie überhaupt nicht zählen. Gott ist wirklich barmherzig und bereit zu vergeben.«[65]

Der göttliche Geist ist für jeden Menschen, der ihn anbetet, sowie für die Gesamtheit der Menschheit von Barmherzigkeit und Wohltätigkeit geprägt. Seine überlegte Großzügigkeit beherrscht und hilft seinen Geschöpfen.

Die Wahrheitsliebe und die Sorge um Gerechtigkeit werden ebenfalls als zwei grundlegende »Eigenschaften« der Göttlichkeit betrachtet, als zwei für die Ordnung des Universums unabdingbare Tugenden.

Im ägyptischen Denken spielten sie eine so herausragende Rolle, daß die Semiten der Nilebene ihnen die Gestalt der Göttin Maat gaben. Die göttliche Gestalt war aus dem einfachen Grunde weiblich, weil das Wort Maat, das die zwei untrennbaren Eigenschaften bezeichnet, ein Feminin ist. Maat wird als junge Frau dargestellt, deren Kopf mit einer Straußenfeder geschmückt ist, das hieroglyphische Zeichen, um ihren Namen zu schreiben. Sie ist eine der seltenen abstrakten Gottheiten in der ägyptischen Göttergemeinschaft. Ihre Gegenwart ist für das Leben in der Gesellschaft unabdingbar. Sie hat an allen Bereichen des Alltagslebens teil. Der weise Wesir Ptahhotep lehrte seinen Sohn um 2500 Jahre v. Chr.

folgendes: »Wichtig sind Wahrheit und Gerechtigkeit sowie ihr dauerhafter Reichtum. Wer die Gesetze mißachtet, der wird bestraft. Der Unwissende muß einen langen Weg beschreiten. Die Niederträchtigkeit hat noch niemanden in einen sicheren Hafen geleitet. Durch Boshaftigkeit kann man Reichtümer ansammeln, doch die Macht von Maat besteht darin, daß sie hart ist. Und der Mensch kann über sie sagen: Das Gute hat mir mein Vater vermacht.«[66] Sie ist die Patronin der Verwaltungsgeschäfte. Der Wesir ist höchster Richter und zugleich Hohenpriester der Göttin. Auf seiner Brust trägt er das Bild der Maat, die ihn leitet und beschützt. Jeden Tag opferten Könige und Priester, die das Ritual in den Tempeln vollzogen, den verschiedenen Gottheiten eine Statuette der Göttin. Sie »erhoben« Maat bis zu den göttlichen Nasenflügeln, um so das Leben der Götter zu schützen. Am Tag des Letzten Gerichts[67] wird das Schicksal des Verstorbenen mit einer Waage bestimmt, auf der die Handlungen seines vergangenen Lebens aufgewogen werden: Auf die eine Waagschale wird eine Statuette von Maat gestellt, auf die andere als Gegengewicht das Herz des Menschen. Das Gleichgewicht dieser beiden Elemente bezeugt die Tugend des Verstorbenen. Maats Wahrheit-Gerechtigkeit steht für die Ordnung, das Maß, die Aufrichtigkeit und alle Eigenschaften, die für den guten Lauf des »von Maat abhängigen« Universums unabdingbar sind. Sie wachte über den richtigen Ablauf der Tage und der Jahreszeiten sowie über die himmlischen Ereignisse. Für die Ägypter war sie Ausdruck der universellen Ethik und wurde als aufmerksame Beschützerin der Schöpfung von allen Menschen verehrt und vergöttert.

Die ständige Sorge um die stets untrennbar miteinander verbundene göttliche Wahrheit und Gerechtigkeit findet sich in der hebräischen Philosophie wieder, so etwa in den Psalmen von David: »Die Werke seiner Hände sind Wahrheit und Recht; alle seine Gebote sind rechtschaffen. Sie werden erhalten immer und ewiglich und geschehen treulich und redlich.«[68] »Der Herr prüft den Gerechten; seine Seele haßt den Gottlosen und die gerne freveln. Er wird regnen lassen über die Gottlosen Blitze, Feuer und Schwefel [...]. Der Herr ist gerecht und hat Gerechtigkeit lieb; die Frommen werden schauen sein Angesicht [...]. Weil denn die Elenden verstört werden und die Armen seufzen, will ich aufstehen, spricht der Herr; ich will eine Hilfe schaffen dem, der sich danach sehnt. Die Rede des Herrn ist lauter, wie durchläutert Silber im irdenen Tiegel, bewähret siebenmal. Du, Herr, wollest sie bewahren und uns behüten vor diesem Geschlecht ewiglich!«[69]

Die Bilder eines Hymnus der essenischen Juden, die in Qumran wiedergefunden wurden, sind gleichermaßen feinsinnig und konkret. Wahrheit und Gerechtigkeit bilden eine feste Stütze für den vom Laster bedrohten Menschen: »Ich war wie ein Matrose auf einem Schiff. Das Meer war aufgewühlt und die Wellen schlugen an mir hoch. Der Wind brachte mich ins Wanken. Meine Klagelaute hallten im Abgrund wider, und meine Seele stieg bis zu den Toren des Todes hinab. Da wurde ich wie jemand, der in eine befestigte Stadt eingedrungen ist und sich hinter einer steilen Wand in Erwartung der Befreiung verschanzt hat. Du, meine Wahrheit, o mein Gott, gabst mir Schutz! Denn du wirst die Grundmauer auf dem Fels und das Gerüst auf dem Band der Gerechtigkeit errichten sowie den Bleifaden der Wahrheit, um Steine zu kontrollieren, die auf die Probe gestellt wurden, damit du daraus ein solides und unerschütterliches Mauerwerk errichten kannst, in dessen Innern niemand schwankt.«[70]

Das Bild der Waage des jüngsten Gerichts findet sich auch im Koran: »Und am Tag der Auferstehung stellen wir die gerechten Waagen auf. Und dann wird niemand im mindesten Unrecht getan. Wenn es auch nur das Gewicht eines Senfkorns ist, bringen wir es bei.«[71] Wahrheit und Gerechtigkeit bestimmen natürlich auch das Wesen Allahs: Am Tag nach der Sintflut rief Noah seinen Herrn an und sagte: »Herr, dein Versprechen ist wahr. Du bist der, der am besten entscheidet.«[72]

Weitere geistige und moralische Eigenschaften zeichnen die höchste Eminenz der Göttlichkeit aus. Diese sind: Weisheit, Klugheit, Vernunft, innere Ruhe und Liebe. Sie machen Gott zu einem einzigartigen »Wesen«. Allah ist »erhaben und weise«.[73] Jahwe ist »mächtig von Kraft des Herzens«.[74] Er spricht zum Propheten Jesaja: »Ich will stillhalten und schauen in meinem Sitz wie bei heller Hitze im Sonnenschein, wie bei Taugewölk in der Hitze der Ernte.«[75] Früher war Amun »der Herr der Sanftmut, der in großem Maße Liebe einflößt [...], der Herr der Freude«.[76]

Die geistige Eminenz des höchsten Gottes macht den Reichtum der Menschheit aus. Hiob erhielt folgende Botschaft. »Und wirf in den Staub dein Gold und zu den Steinen der Bäche das Ophirgold, so wird der Allmächtige dein Gold sein und wie Silber, das dir zugehäuft wird.«[77]

Das Denken der semitischen Völker sollte, nach und nach, Bilder dieser wohltätigen, einzigartigen und alles überragenden Göttlichkeit schaffen, die sie dem Menschen näherbringen, indem sie ihr menschliche Rollen zudachten – bescheidene oder größere Rollen, die Gott zum »Begleiter« im alltäglichen Leben machen sollten.

Die Gottesbilder der Menschen

Hirte und Führer

Gott ist der Hirte, der seine Herde behütet. Er ist der gute Pastor, der die Menschen auf den rechten Pfad leitet.

Dieses Bild erscheint vor sehr langer Zeit in Ägypten, einem Land des Ackerbaus und der Viehzucht. In dem bereits zitierten Ratschlag,[78] den König Kheti III. um 2100 v. Chr. seinem Sohn erteilte, sind die Menschen »die Herde Gottes«, die dieser führt und mit allen notwendigen Dingen versorgt.

In dem Buch der Psalter findet sich später eine ganz ähnliche Beschreibung Jahwes und Israels: »Denn er ist unser Gott und wir das Volk seiner Weide und Schafe seiner Hand.«[79] Noch später sollte sich Jesus Christus selbst als »guten Hirten« bezeichnen.

Dieses Bild des aufmerksamen Hirten findet sich jedoch nicht im Koran. Das islamische Denken bezieht sich eher auf das einzelne Individuum als auf die menschliche Gemeinschaft insgesamt.

Vater und Zuflucht

In den Ländern des Vorderen Orients, in denen die Familie eine wesentliche Rolle in der Gesellschaft spielt – sie ist ihre Keimzelle –, ist der Vater das Oberhaupt der Hausgemeinschaft, genauso wie der Hirte Lenker der Herde ist. Das Bild ist stichhaltig: Gott ist der Vater der menschlichen Familie : »Vater unser, der du bist im Himmel […].« »Wie sich ein Vater über Kinder erbarmt, so erbarmt sich der Herr über die, so ihn fürchten. Denn er kennt, was für ein Gemächte wir sind; er gedenkt daran, daß wir Staub sind.«[80] In Ägypten hatte man dieses Bild zuvor mit noch mehr Details ausgeschmückt: Amun war »der Vater der Väter und die Mutter der Mütter«[81], so daß er mit seiner Eminenz das Leben der Familien krönt und als einziger alle schöpferischen und fruchtbaren Kräfte in sich vereint. Von Anfang an wacht er über alle Augenblicke im Leben seiner Geschöpfe. »Du machst die Frauen fruchtbar und erschaffst den Samen bei den Männern«, sagte der Höfling Ay, der in der Zeit der Regentschaft von Amenhotep IV. (Echnaton) lebte, »du läßt den Sohn im Schoße seiner Mutter heranwachsen. Er tröstet sie und trocknet ihre Tränen, er ist der Nährboden im Bauch der Frau [...]. Sobald das Kind vom Bauch seiner Mutter absteigt, am Tag seiner Geburt, öffnest du seinen Mund und trägst für ihn Sorge.«[82] In einem späteren Hymnus aus dem Tempel von Esna flößt Khnum der schwangeren Frau seinen Hauch ein, »um sie vom Gewicht des glücklichen und gesunden Kindes in ihrem Schoß zu entlasten [...]. Auf der Erde ist er der Töpfer, der die jungen Kinder im Schoße ihrer Mutter zum Leben erwachen läßt.«[83]

Vergleichbare Deutungen finden sich in einem Hymnus wieder, der später von den essenischen Juden gesungen wurde: »Schon im Schoße meiner Mutter hast du dich um mich gekümmert, und mit der Milch derjenigen, die mich zur Welt gebracht hat, habe ich deine Barmherzigkeit eingesogen.«[84]

Das Bild dieser Allmacht, die dem Herrgott zuerkannt wird, findet sich auch im Koran: »Und Wir lassen, was Wir wollen, bis zu einer bestimmten Frist im Mutterleib verweilen. Hierauf lassen Wir euch als Kind aus dem Mutterleib herauskommen. Hierauf sollt ihr heranwachsen und mannbar werden.«[85]

So wie bei einem Familienvater, der seine Kinder beschützt, kann jeder verzweifelte und leidende Mensch bei Gott, dem mitfühlenden Vater, Zuflucht finden. Der gottesfürchtige Mann Mose spricht zu Jahwe: »Meine Zuversicht und meine Burg, mein Gott, auf den ich hoffe. Denn er errettet dich vom Strick des Jägers und von der schädlichen Pestilenz. Er wird dich mit seinen Fittichen decken, und deine Zuversicht wird sein unter seinen Flügeln. Seine Wahrheit ist Schirm und Schild, daß du nicht erschrecken müssest vor dem Grauen der Nacht, vor den Pfeilen, die des Tages fliegen, vor der Pestilenz, die im Finsteren schleicht, vor der Seuche, die im Mittage verderbt [...]. Denn der Herr ist deine Zuversicht; der Höchste ist deine Zuflucht [...]. Er ruft mich an, so will ich ihn erhören; ich bin bei ihm in der Not; ich will ihn herausreißen und zu Ehren bringen.«[86]

Genau wie ein Vater bestärkt das göttliche Wesen den Menschen und gibt ihm Mut. In einem Hymnus der Essener heißt es: »Das ewige Wesen ist die Stütze meiner Rechten. Der Weg unter meinen Schritten ist aus festem Stein. Nichts wird mich aufhalten. Denn die Wahrheit Gottes ist wie der Stein unter meinen Schritten, und seine Macht ist die Stütze meiner Rechten.«[87]

Auch gibt sich Gott barmherzig wie ein Vater, und er verzeiht dem reumütigen Sünder. Das ist der Sinn des Jom-Kippur-Festes. Wenn man, dem Text einer Midrash zufolge, die Weisheit befragt, welche Strafe den Sünder erwartet, so lautet die Antwort: »Das Böse wird die Sünder verfolgen.« Auf die gleiche Frage antwortet die Prophezeiung: »Die sündige Seele wird sterben.« Befragt man die Thora, so lautet die Antwort: »Wenn er ein Opfer darbringt, so hat er gesühnt.« Doch wenn diese Frage Gott gestellt wird, so spricht er: »Er soll bereuen, und es wird ihm verziehen.«[88] Der König Manasse von Juda hatte den Propheten Jesaja töten lassen, weil er Götzenbilder im Tempel von Jerusalem aufgestellt hatte. Er zeigte Reue für seine Handlungen und flehte, Höllenqualen leidend, den Gott Israel an, doch die Engel schlossen die Fenster des Himmels und unterrichteten Gott über die Geschehnisse. Der Herr sprach: »Wenn ich seine Buße nicht annehmen will, so schließe ich vor allen Reumütigen die Tür.« Als er dies gesagt hatte, hörte er durch eine Öffnung im göttlichen Thron das Gebet von Manasse an.[89]

Die väterliche Barmherzigkeit Gottes gegenüber den Menschen ist Gegenstand zahlreicher Erzählungen und Gleichnisse. In einer solchen von Ahmed el Kalyoubi überlieferten Geschichte begegnet ein Araber dem Propheten Mohammed. Der Mann hatte auf seinem Weg ein Nest mit Vögelchen gefunden und hatte es in den Schoß seines Umhangs gelegt, wo sie ihre Mutter wiederfand, die sich um ihren Nachwuchs gesorgt hatte. Mohammed sprach zum Araber: »Laß sie frei«, und die Mutter der Vögelchen fütterte ihre Kleinen. Der Prophet sprach: »Du wunderst dich über dieses Schauspiel. Ich versichere im Namen Gottes, daß Er seinen Untertanen noch barmherziger gegenüber ist, als die Mutter dieser Vögelchen ihren Kleinen gegenüber.« Dann sprach er zum Mann: »Kehre um und setze sie an ihren Platz zurück«, und auf dem Rückweg kreiste die Vogelmutter in der Luft über seinem Kopf.[90]

Gott als König und Krieger

Gott ist nicht nur der Hirte, der seine Herde aufmerksam bewacht, oder ein barmherziger Vater. Er steht im Denken der Menschen auch ganz selbstverständlich an der Spitze der sozialen Hierarchie. Gott ist souveräner Monarch. Die Ägypter nannten Amun den »einzigen König unter den Göttern«. Die griechische Schreibweise für den üblichen ägyptischen Ausdruck »Amun, König der Götter« war Ammon. »Der König, welcher heißt der Herr Zebaoth«, verkündet Jeremia nach den Schlachten um Moab.[91] In dem Buch der Psalter steht: »Denn der Herr ist ein großer Gott und ein großer König über alle Götter. Denn in seiner Hand ist, was unten in der Erde ist; und die Höhen der Berge sind auch sein. Denn sein ist das Meer, und er hat's gemacht; und seine Hände haben das Trockene bereitet.«[92] Die Essener loben »den königlichen Ruhm eines gefürchteten Gottes«. Im Koran steht geschrieben: »Gott allein hat die Herrschaft über Himmel und Erde. Er macht lebendig und läßt sterben.«[93]

Die Verwandtschaft der Gedanken, Ausdrücke und Bilder in den unterschiedlichen religiösen Auffassungen der semitischen Völker ist offensichtlich. Eines der Merkmale des Gott-Königs, das sich über Jahrtausende hinweg von Ägypten bis nach Arabien immer wiederfindet, ist seine Eigenschaft als Kriegergott, der wahlweise ein in mehrfacher Hinsicht mächtiger Gehilfe des Kämpfers sein kann oder aber das Bild eines Gottes abgibt, der sich selbst voller Rachegelüste am Kampf beteiligt und Massaker verübt.

Bei den Semiten am Nil stand jede Gottheit dem Pharao auf seinen Feldzügen bei und war zur Stelle, wenn er um Hilfe rief, um ihn zu beschützen. In der von Ramses II. geführten Schlacht bei der am Fluß Oronte gelegenen Festung Kadesh gegen das Heer des hethitischen Königs und der Fürsten aus dem Norden, die sich verbündet hatten, um die Reichtümer Ägyptens zu erobern, ergab sich die Situation, daß der vollständig eingekreiste und im Tal allein zurückgelassene Pharao (sein Heer war geflohen) nur noch Zuflucht bei Amun suchen konnte, wenn er eine schwere und gefährliche Niederlage vermeiden wollte. Der Hofdichter Pentaur hat uns diesen bewegenden Hilfeschrei des verlassenen Königs überliefert: »Ich rufe dich an, o mein Vater Amun. Ich bin eingekreist von unzähligen Feinden, die ich nicht kenne [...]. Ich bin völlig allein, ohne irgend jemanden an meiner Seite [...]. Aber Amun ist mir hilfreicher als Millionen Soldaten, mehr als Hunderttausende Kampfwagen [...]. Die Anstrengung auch vieler Menschen nutzt nichts, Amun ist nützlicher als sie. Ich spreche dieses Gebet in einem fremden Land, doch meine Stimme wird bis nach Armant [nahe Karnak] getragen. Dort gewahre ich, daß Amun meinen Ruf erhört. Er reicht mir seine Hand, und plötzlich bin ich fröhlich. Er ist mir nah und ruft aus: ›Von Angesicht zu Angesicht mit dir, von Amun geliebter Ramses! Ich bin mit dir, ich bin dein Vater, meine Hand hält die deine. Ich bin mehr wert als Hunderttausende Männer, ich bin der Herr des Sieges und liebe die Tapferkeit.‹ Ich entdecke alsdann, daß mein Herz stark und meine Brust stolz sind, und daß all meine Unternehmungen gelingen. Ich schieße Pfeile mit der rechten Hand ab und stoße mit der linken zu [...]. Plötzlich bemerke ich, daß die zweihunderttausend Kampfwagen umgestürzt vor meinen Pferden liegen [...].«[94] Dieses Gedicht ist Ausdruck der inbrünstigen Frömmigkeit und ein wunderbarer Beleg für den Glauben an eine göttliche Zuflucht. Es handelt sich um einen lyrischen Text, in dem sich Gott und Pharao vereinen, um einen unerwarteten Sieg zu erkämpfen. Dieses Gedicht unterstreicht die vollkommene Vereinigung des Gott-Königs mit dem Kämpfer.

Zu späteren Zeiten, als Ramses III. große Schlachten schlug, um Ägypten vor feindlichen Überfällen zu bewahren, versammeln sich die Gottheiten des Reiches, um einen magischen Schutzwall um den Herrscher Ägyptens zu bilden: »Montu und Baal begleiten ihn bei allen Schlachten, Anat und Astarte bilden sein Schild, während Amun durch seinen Mund Befehle erteilt.«[95] Ein unüberwindbarer Götterwall.

Der Gott-König ist auch imstande, wirkungsvolle Gehilfen für den Kämpfer auf die Erde zu entsenden. Er ist es, der – wie jeder andere Herrscher auch – den Ausgang der Schlacht bestimmt. So handelt Allah, als er Mohammed an der Spitze seines in Schwierigkeiten geratenen Heeres zu Hilfe kommt. Nach dem Sieg über Badr und vor der Schlacht gegen Uhud, den Erzfeind des Propheten, wurde ein Teil seiner Soldaten abtrünnig und brachte ihn so in eine mißliche Lage. Allah sprach zu Mohammed: »Und damals, als du in der Frühe von deiner Familie weggingst, um die Gläubigen in die Stellungen zum Kampf gegen die ungläubigen Mekkaner einzuweisen! Gott hört und weiß alles. Damals, als zwei Gruppen von euch am liebsten aufgegeben hätten, wo doch Gott ihr Freund ist. Auf Gott sollen die Gläubigen immer vertrauen. Gott hat euch doch seinerzeit in Badr zum Sieg verholfen, während ihr ein bescheidener, unscheinbarer Haufen waret. Darum fürchtet Gott! Vielleicht werdet ihr dankbar sein. Damals, als du zu den Gläubigen sagtest: ›Wird es euch denn nicht genügen, daß euer Herr euch mit dreitausend Engeln unterstützt, die dazu vom Himmel herabgesandt werden? ja! Wenn ihr geduldig und gottesfürchtig seid, und wenn die Feinde jetzt sofort gegen euch daherkommen, unterstützt euch euer Herr sogar mit fünftausend Engeln, die im Sturm gegen den Feind vorpreschen.‹ Gott machte diese Ankündigung nur zu dem Zweck, euch eine frohe Botschaft zukommen zu lassen, und daß ihr euch dadurch ganz sicher fühlen solltet. Der Sieg kommt von Gott allein, dem Mächtigen und Weisen.«[96] Doch der Herrscher Allah ist auch selbst auf dem Schlachtfeld zugegen: »Und nicht ihr habt die Ungläubigen, die in der Schlacht bei Badr gefallen sind, getötet, sondern Gott. Und nicht du hast jenen Wurf ausgeführt [vor der Schlacht hatte Mohammed zu seinem Schwiegersohn Ali gesagt: ›Gib mir ein wenig von dem Land am Flußufer‹, und er warf eine Handvoll in Richtung der Polytheisten], sondern Gott. Und er wollte mit alledem seinerseits die Gläubigen etwas Gutes erleben lassen. Gott hört und weiß alles.«[97] Auch hier vereinen sich der Gott-König und der Kämpfer zu einem unbezwingbaren Wesen, dem Herrn des Sieges.

Bei den Semiten Israels ist die Auffassung des Gott-Königs lebendiger. Jahwe ist der »Herrscher der Verfolgung im Namen der Gesellschaft«, er wird gefürchtet. Gott ist ein Kriegsheld, dessen Herrschaft auf den Schlachtfeldern zutage tritt. Für den Propheten Jesaja wird der Herr »ausziehen wie ein Riese; er wird den Eifer aufwecken wie ein Kriegsmann; er wird jauchzen und tönen; er wird seinen Feinden obliegen.«[98] »Da werden die Geschlagenen des Herrn zu derselben Zeit liegen von einem Ende der Erde bis ans andere Ende; die werden nicht beklagt noch aufgehoben, noch begraben werden, sondern müssen auf dem Felde liegen und zu Dung werden«[99], so formuliert es Jeremia in einer Rede an das gesamte Volk von Juda. Nach dem Tod von Mose waren die Hebräer auf dem Weg ins »gelobte Land« bis über den Jordan gelangt. Der Herrgott wandte sich an sein Volk: »Höre, Israel, du wirst heute über den Jordan gehen, daß du hineinkommest, einzunehmen das Land der Völker, die größer und stärker sind denn du, große Städte, vermauert bis in den Himmel [...]. So sollst du wissen heute, daß der Herr, dein Gott, vor dir her geht, ein verzehrendes Feuer. Er wird sie vertilgen und wird sie unterwerfen vor dir her, und du wirst sie vertreiben und umbringen bald, wie dir der Herr geredet hat [...]. Der Herr hat mich hereingeführt, dies Land einzunehmen, um meiner Gerechtigkeit willen – so doch der Herr diese Heiden vertreibt vor dir her um ihres gottlosen Wesens willen.«[100] Solches geschah mit der Stadt Jericho, die von Israel beim ersten Hall der Posaunen eingenommen wurde, als die Stadtmauer zusammenfiel: »Und das Volk erstieg die Stadt, ein jeglicher stracks vor sich. Also gewannen sie die Stadt und verbannten alles, was in der Stadt war, mit der Schärfe des Schwerts: Mann und Weib, jung und alt, Ochsen, Schafe und Esel.«[101]

Die hebräischen Dichter lassen ihrem Einfallsreichtum freien Lauf, um die von Gott selbst geschlagenen Schlachten zu beschreiben. Der jüdische Dichter Samuel Hanaguid nahm an der Schlacht von Alfuente im August 1038 teil, die im Rahmen einer Reihe von Feldzügen geschlagen wurde, in denen er das Heer des Kalifen von Granada im Kampf gegen das Heer der Kalifen von Sevilla befehligte: »In der Nacht ward der Mond wie ein Smaragd in der Hand eines schwarzen Mädchens. Es herrschte tiefe Finsternis und dichter Nebel. Als die Sonne aufging, preschten die Pferde wie aus ihren Nestern herausspringende Vipern los. Die in die Luft geworfenen Speere erhellten den Himmel wie die Strahlen des Blitzes. Strömendem Regen gleich fielen die Pfeile auf uns nieder, und unsere Schilde sahen aus wie Siebe. Da betete ich zu Gott, der am Tag der

Schlacht die gezogenen Schwerter und die abgeschossenen Pfeile gegen den Feind richtet.«[102]

Die vom menschlichen Geist ersonnenen »Bilder« Gottes lassen sich auf alle Lebenssituationen der Gesellschaft beziehen, angefangen bei den einfachsten bis zu den entscheidendsten. Je nach Mentalität der Völker sind sie mehr oder weniger lebendig, aber immer sehr alt. Sie ermöglichen es den Menschen, aus der Gottheit ein »zugängliches« Wesen zu machen, das sie lenkt und ihnen in Notlagen beisteht. Auch wenn Gott für seine Geschöpfe unsichtbar ist, so ist er durch das Gebet und andere Zeichen mit ihnen verbunden.

Wie verständigen sich die Menschen mit Gott?

Die im Innern von Raum und Zeit lebenden Gottheiten sind geheimnisvolle und verborgene Wesen.

Das Geheimnis der Götter und ihrer Namen

Während jede Gottheit einerseits einen allgemein bekannten Namen [Gott, Herr, Allmächtiger ...]trägt, mit dem sie von den Menschen angerufen wird, verfügt sie andererseits über viele unaussprechliche und unbekannte Namen. Von der besonderen Macht, die für die semitischen Völker vom Wort ausgeht, war bereits die Rede.[103] Den Namen eines Wesens zu kennen bedeutet, Macht über ihn zu haben. Im alltäglichen Leben eines Menschen hat dies keine besondere Bedeutung. Was jedoch die Götterwelt betrifft, so darf man nicht jedem Beliebigen einen Namen verraten, weil er so die Möglichkeit erhielte, Einfluß auf Gott auszuüben. Dieses Prinzip läßt sich in leicht voneinander abweichenden Varianten in den unterschiedlichen religiösen Vorstellungen nachweisen.

Der Name des Gottes von Israel wird sogar als zu heilig betrachtet, als daß man ihn aussprechen könnte. Ausgenommen hiervon war nur der Hohepriester im Allerheiligsten am Versöhnungsfest. Bei den Essenern war es verboten, den Namen Gottes, also ›Jahwe‹, in der Synagoge auszusprechen. Verstöße gegen dieses Gesetz wurden bestraft. Das Wort ›Jahwe‹ wurde alsdann ersetzt durch das Pronomen ›Er‹. »Welcher des Herrn Namen lästert, der soll des Todes sterben; die ganze Gemeinde soll ihn steinigen.«[104]

Dieses Gesetz wird bei den Arabern nicht so streng ausgelegt: »Und Gott stehen all die schönen Namen zu.«[105] Dem islamischen mystischen Denken zufolge soll es fünfhundert Namen für Gott geben. Der Prophet Mohammed selbst hatte zehn Namen.

Im alten Ägypten war der spirituelle Kontext ein anderer. Der geläufige Name Amun bedeutet »der Verborgene« und ist Ausdruck für das göttliche Geheimnis. Ein Hymnus aus der Epoche von Amenhotep II. verrät: »Seine Namen sind zahlreich, die genaue Anzahl kennt man nicht.« Im Zusammenhang mit einem anderen Hymnus aus der Zeit Ramses II. fühlt man sich an die strenge jüdische Regel erinnert: »Er ist zu groß, als daß man ihn befragen könnte, zu mächtig, als daß man ihn kennen könnte. Derjenige, der seinen geheimnisvollen und unkenntlichen Namen ausspricht, würde tot umfallen.«

Dieser geheime Name Gottes und die Suche nach ihm haben heilige oder volkstümliche Legenden angeregt. Eine alte ägyptische Legende (um 1250 v. Chr.) überliefert uns die Geschichte der Göttin Isis, einer gewitzten Zauberin, die mit allen Mitteln dem Gott Re den geheimen Namen der mächtigen Sonnengottheit entlocken wollte, um außerordentliche Macht über ihn zu erlangen. Re weigerte sich, die aufdringlichen Fragen von Isis zu beantworten. Da beschloß Isis, »die mehr Verstand besaß als eine Million Götter«, eine List anzuwenden. Im Grunde war das, was sie tat, reine Erpressung. Sie begleitete den erhabenen Gott auf seinem täglichen Rundgang, nahm ein wenig vom Speichel, den der schon sehr betagte Gott Re zu Boden hatte fallen lassen. Dann verknetete sie den Speichel mit ein wenig Erde und »formte daraus eine heilige Schlange, die bereit war, aufzuschnellen«. Als Re seinen Palast verließ (er mischte sich noch unter Menschen)[106], biß ihn die magische Schlange, und das Feuer des Lebens entwich aus ihm. Re litt große Qualen: »Ich habe noch nie ein derartiges Leid erfahren. Es gibt nichts Schlimmeres [...]. Ich bin der Große, Sohn des Großen, dessen Name vom Vater ersonnen wurde. Ich habe viele Namen und viele Gestalten. Mein Vater und meine Mutter haben mir meinen Namen genannt, und ich habe ihn in meinem Körper außer Reichweite meiner Kinder versteckt, aus Angst, daß seine Kenntnis einem Zauberer Macht über mich verleihen würde [...]. Nun brennt mein Herz, mein Körper zittert und meine Glieder sind kalt.« Isis näherte sich zusammen mit den anderen Gottheiten, denn sie kannte die Zaubersprüche gut, die Krankheiten verdrängen und Leben einhauchen. »Nenn mir deinen Namen, göttlicher Vater, denn ein Mensch lebt wieder auf, wenn er mit seinem Namen angesprochen wird!« Re nannte eine wahre Litanei an Namen: »Ich bin derjenige, der den Himmel und die Erde geschaffen und die Berge miteinander verbunden hat [...].« Doch unter all diesen Worten fällt nicht der geheime Name: »Verrat ihn mir doch«, fleht Isis, »und dein Körper wird vom Gift befreit [...].« In diesem Augenblick brannte er lichterloh und war heißer als die Glut des Feuers. Also sagte Re. »Meine Tochter Isis, leih mir deine Ohren, so daß mein Name von meinem Körper in den deinen gelangt [...].« Und der große Gott verriet Isis, der großen Zauberin[107], seinen geheimen Namen, damit sie ihn von seinem Leid befreie.

Früheren Texten zufolge haben andere Gottheiten sich geweigert, ihren geheimen Namen zu verraten. Sie befürchteten, daß er mißbraucht würde. So weigert sich Gott im 3. Kapitel von 2. Mose zunächst, diesem seinen Namen zu nennen. Als Gott Mose zu den Kindern Israel zurückschickte, fragte dieser: »Wenn sie mir sagen werden: Wie heißt sein Name? was soll ich ihnen sagen? Gott sprach zu Mose: Ich werde sein, der ich sein werde. Und sprach: Also sollst du zu den Kindern Israel sagen: Ich werde sein hat mich zu euch gesandt.«[108] Doch den Auslegungen des Talmud zufolge geschah folgendes: In dem Augenblick, als sich Gott in Form eines brennenden Busches offenbart hatte und Mose von einer Nebelwolke in den Himmel getragen werden sollte, um die Gesetzesta-

LEBENSKUNST · VISION · BEWUSSTSEIN
www.connection-medien.de
3/00 Mai-Juni 2000
16. Jg. · B 6128 · DM 8.-

connection

DAS MAGAZIN FÜRS WESENTLICHE

SFr 8.- öS 64.- Lit 9.500 Fl. 10.50

Die Macht der Liebe

Sind wir Götter auf Erden oder von Hormonen Getriebene?

Rupert Sheldrake, Sufimeister und andere über die edelste Eigenschaft des Menschen

Ein Pazifist wie Buddha
Der Christ und Weltbürger Hans de Boer

Feuer & Erde – eine starke Medizin
Schamanentreffen in Oberbayern

Gott und die schönen Frauen
Sexsucht, Suche & Erfüllung

Wir brauchen mehr Jesus und mehr Marx
Franz Alt interviewte Michael Gorbatschow

TANTRA
MUSIK
KUNST
TERMINE
ADRESSEN
BÜCHER
SATSANG-KALENDER
ÖKOLOGIE & BEWUSSTSEIN

Mit 16 Seiten Sonderteil
Tantra-Schulen in Deutschland

Absender:

Name/Vorname

Straße

PLZ/Ort

Fon

Ich bin neugierig. Bitte schicken Sie mir:

- ❐ Probeheft
- ❐ Probeabo Magazin: 3 Ausgaben (ohne automatische Verlängerung) DM 20,–, Ausland DM 24,–

connection Medien GmbH
Fon: 0 86 39-98 34-14
Fax: 0 86 39-12 19
email: vertrieb@connection-medien.de

Connection Medien GmbH · **Niedertaufkirchen** · www.connection-medien.de

Bitte ausreichend frankieren!

An

Connection Medien GmbH
Vertrieb
Hauptstraße 5

D 84494 Niedertaufkirchen

Leserumfrage

5 Minuten, die sich doppelt lohnen: Durch Ihre Antwort kann der Königsfurt Verlag neue Bücher nach Ihren Wünschen gestalten. Und jede Einsendung erhält als Dank ein Präsent.

Welchem Buch entnahmen Sie diesen Zettel?

Wie gefällt Ihnen der Inhalt?

Wie gefallen Ihnen Buchumschlag und Buchgestaltung?

Über welches Thema würden Sie gerne mehr lesen?

Was wünschen Sie sich von künftigen Büchern?

Falls Sie das Internet nutzen, wie gefällt Ihnen unsere Website?

☞ *Name und Adresse bitte wenden*

Die neuen
Königsfurt-Taschenbücher
KÖNIGS FURT

Hans Dieckmann: Träume als Sprache der Seele.
Einführung in die Traumdeutung C.G. Jungs.
ISBN 3-933939-81-X, DM 24,80.
Die Jung'sche Traumtheorie in einfach-verständlichen Worten dargestellt.

Hark / Pouplier / Riedel / Sauer: Von der Klugheit unserer Instinkte.
Tierträume und ihre Bedeutung.
ISBN 3-933939-80-1, DM 24,80.
Wenn Sie von Tieren träumen, melden sich Ihre Instinkte. Sie sollten darauf hören... – Mit vielen Praxistips.

René Sommer: Der weiße Tiger.
Kinderträume richtig deuten.
ISBN 3-933939-85-2, DM 19,80.
Ein Buch für Eltern, Erzieher, Kindergärtnerinnen – für alle, die Träume als Botschaften der kindlichen Seele ernstnehmen.

Ingrid Riedel: Seelenruhe und Geistesgegenwart.
Was uns Tatkraft gibt.
ISBN 3-933939-75-5, DM 24,80.
Mit Seelenruhe und Geistesgegenwart die Herausforderungen des Lebens bestehen.

Marie-Louise von Franz: Traum und Tod. Was uns die Träume Sterbender sagen.
ISBN 3-933939-59-3, DM 24,80.
Was sagt das Unbewußte zur Tatsache des bevorstehendes Todes? Deutungen voller Aufschluß und Zuversicht.

Herbert Stein: Freud spirituell.
Das Kreuz (mit) der Psychoanalyse.
ISBN 3-933939-82-8, DM 29,80.
Welche Bedeutung hat das Spirituelle für unsere Psyche und damit für die Psychologie?

feln von Gott zu empfangen, wurde er am Tor des Himmels vom Engel Kemuel angehalten, der die Befehlsgewalt über ein Heer von zwölftausend Engeln innehatte, die das Himmelstor bewachten. Da sprach Mose den unaussprechbaren Namen Gottes aus, und der Engel Kemuel ergriff verwirrt die Flucht und machte einen dreizehntausend Meilen weiten Satz. Als ihn dann der Engel Hadarniel, der bei jedem Wort von zwölftausend Blitzen begleitet wird, aufhalten wollte, sprach Mose wiederum den geheimen Namen aus. Daraufhin wurde der Engel von Schwindel ergriffen und fiel in Ohnmacht. Und mit Gottes Hilfe, der seine Hand faßte, setzte Mose seinen Aufstieg zum göttlichen Thron fort.[109]

In einer anderen Glosse des Talmud, die wohl etwas »volkstümlicher« ist, werden die schlauen Tricks der Frauen beschrieben, die auch vor Erpressungen nicht zurückschreckten, um ihre Ziele zu erreichen. Die Engel Chemazal und Azrael wurden eines Tages auf eigenen Wunsch von Gott auf die Erde entsandt, um den Namen des Herrn zu heiligen. Doch sehr bald schon ließen sie sich auf Frauengeschichten ein. »Chemazal warf ein Auge auf ein junges Mädchen namens Istehar. ›Folge mir‹, sagte er zu ihr. Das junge Mädchen antwortete: ›Ich werde dir nur folgen, wenn du mir den geheimen Namen Gottes verraten hast, den man ausspricht, um in den Himmel zu kommen.‹ Das war eine List. Sobald das junge Mädchen den geheimen Namen Gottes erfahren hatte, sprach sie ihn aus und erhob sich in den Himmel, ohne gesündigt zu haben. Der Herr war über ihr Benehmen erfreut und wies ihr einen Platz im Siebengestirn zu.«[110]

Die Anrufung des Himmels

Die Menschen versuchen durch das Gebet, die Aufmerksamkeit der Gottheit zu wecken, und erbitten ihre Hilfe. Die im Gebet knienden Statuetten, die ihre Handflächen zum Himmel richten, um göttlichen Beistand zu erhalten, sind im alten Ägypten zahlreich und halten für immer die Hilferufe der Menschen in Stein fest.

Eigentümlicher und präziser sind diesbezüglich der jüdische und der islamische Glaube, denen zufolge es (zu festen Zeiten) bevorzugte Augenblicke gibt, die die Menschen kennen und an denen Gott die Gebete der Erdbewohner erhört.

In der Synagoge wird in der Pfingstnacht eine Feier veranstaltet, die dem Studium der Thora gewidmet ist. Während dieser heiligen Nacht öffnet sich der Himmel für einen Augenblick. Dann erhört Gott die Gebete der Menschen mit Wohlwollen. Man muß seine Bitte schnell äußern, denn der Himmel schließt sich sehr bald wieder. Dieser kurze Augenblick göttlicher Aufmerksamkeit bestimmt das Schicksal der Menschen.

Auch in der arabischen Welt gibt es eine Nacht des Schicksals. Es ist die Nacht Vom 26. auf den 27. Tag des Fastenmonats Ramadan, »eine gesegnete Nacht, und wir haben die Menschen gewarnt. In dieser Nacht ist jede weise Angelegenheit entschieden. Wir haben die Schrift hinabgesandt als eine Sache, die von uns kommt. Wir haben die Botschaft der Offenbarung gesandt. Das geschah aus Barmherzigkeit von deinem Herrn – Er ist der, der alles hört und weiß.«[111] Ein Gewinde aus Engeln steigt zur Erde hinab, um die berechtigten Bitten der Menschen zur allgemeinen Freude des versammelten Volkes zu erfüllen.

Augenblicke intensiver Hingabe, in denen eine direkte Kommunikation zwischen den Menschen und der Gottheit stattfindet, die sie erhöht.

Die göttlichen Erscheinungen

Im frühen Ägypten offenbarte sich die göttliche Gegenwart in allen Elementen der Natur. Gott verfügte über tausenderlei Gestalten, er wurde durch Tiere, Bäume und Pflanzen oder Teile des Himmels und der Erde verkörpert. Jede dieser erkennbaren Formen enthielt einen Teil der Göttlichkeit. Der »Raum«, der die Menschen von den Gottheiten trennte, stellte keine Schranke dar. Man konnte alle Gestalten sehen, die Gott in seiner vielfältigen und unermeßlichen Gegenwart annahm.

Ein Nachklang der alten religiösen Auffassungen findet sich im Buch Hosea: »Dann werden wir acht darauf haben und fleißig sein, daß wir den Herrn erkennen. Denn er wird hervorbrechen wie die schöne Morgenröte und wird zu uns kommen wie ein Regen, wie ein Frühjahrsregen, der das Land feuchtet.«[112] Der Anblick der Natur und ihrer Veränderungen zu den verschiedenen Jahreszeiten ist wie ein glückliches Spiegelbild von Jahwe. Auch das Feuer, das plötzlich den Himmel erleuchtet, ist eine göttliche Erscheinung. Mose erschien Gott in Form eines brennenden Busches, und auch dem Prophet Hesekiel offenbarte sich der Herr in ähnlicher Weise: »Und ich sah, und es war lichthell, und inwendig war es gestaltet wie ein Feuer um und um. Von seinen Leben überwärts und unterwärts sah ich's wie Feuer glänzen um und um. Dies war das Ansehen der Herrlichkeit des Herrn«[113], des Herrschers über das Licht.

Für die Semiten Palästinas und Arabiens ist Gott weder sichtbar noch darstellbar. Man kann sich indessen seine Gestalt vorstellen, da der Mensch ja »nach Gottes Angesicht erschaffen wurde«[114], darf ihn jedoch nicht bildlich darstellen.

Es gibt auch andere symbolische Offenbarungen Gottes. Hierbei kann es sich etwa um eine große Wolke handeln, die plötzlich die Synagoge erfüllt. So geschah es zum Beispiel, daß am Tag der Musik und des Gesangs zum Lobpreis des Herrn plötzlich »das Haus des Herrn erfüllt [ward] mit einer Wolke, daß die Priester nicht stehen konnten, zu dienen vor der Wolke; denn die Herrlichkeit des Herrn erfüllte das Haus Gottes«.[115]

Neben den Naturgewalten Regen, Feuer oder Wolke offenbart sich die Gottheit außerdem in Form von Blitz und Donnerschlag.

Jedes wichtige göttliche Ereignis wird von einem Gewitter begleitet. Als die Göttinnen Ägyptens, und an ihrer Spitze die Göttin Isis, die Niederkunft von Redjedet, der Gemahlin des Grundbesitzers Sa-ouser vorbereiten, die vom Gott Re schwanger ist, »lassen sie den Wind und den Regen in den Himmel holen«, um allen ein außergewöhnliches Ereignis anzukündigen: die Geburt dreier Kinder göttlicher Herkunft, die nacheinander Könige Ägyptens werden sollten.

Donner und Blitz begleiten die Ankunft Jahwes auf dem Berg Sinai, an dessen Fuß sich Moses und die gerade aus Ägypten ausgezogenen Israeliten befanden. Dieses historischen Ereignisses wird an Pfingsten gedacht. Der biblische Text aus dem 2. Buch Mose beschreibt die Ankunft Gottes folgendermaßen: »Als nun der dritte Tag kam und es Morgen war, da erhob sich ein Donnern und Blitzen und eine dicke Wolke auf dem Berge und ein Ton einer sehr starken Posaune; das ganze Volk aber, das im Lager war, erschrak [...]. Der ganze Berg Sinai aber rauchte, darum daß der Herr herab auf den Berg fuhr mit Feuer; und sein Rauch ging auf wie ein Rauch vom Ofen, daß der ganze Berg sehr bebte [...].«[116]

Donner und Blitz sind auch Offenbarungsformen Allahs: »Er ist es, der euch den Blitz sehen läßt. Dann seid ihr in Furcht und zugleich in Verlangen. Und er läßt schweres Gewölk entstehen. Und der Donner lobpreist ihn, und desgleichen die Engel, aus Furcht vor ihm. Er schickt die Blitze und Donnerschläge und trifft damit, wen er will.«[117]

Auch wenn es keine präzisen Bilder Gottes gibt, so kann man doch seine Stimme hören. War es nicht der im göttlichen Feuer versteckte Jahwe, der Mose auf dem Berg Sinai den Inhalt der Gesetzestafeln verkündete? Ist es nicht auch dieses »stille und sanfte Sausen«, das der Prophet Elias vernahm, als er am Eingang einer Höhle stand und von Gott Befehle empfing?[118] Jahwe kennt alle Sprachen der

Erde, er wendet sich jedem auf dieselbe Weise zu, und »überall übermittelt er sein Wort sehr rasch«.

Im alten Ägypten bediente man sich oft göttlicher Orakel. Jeder, auch der einfachste Mensch, konnte Gott befragen. Mit ihren Bitten, die oft ganz alltägliche Dinge betrafen (Aufbruch zu einer Reise, Hochzeit, Beförderung in der Verwaltung ...), wandten sich die Gläubigen direkt an die göttliche Statue, wenn diese anläßlich eines religiösen Umzuges gezeigt wurde. Die von der Gottheit übermittelte einfache Antwort (ja oder nein) wurde durch die Gesten der Träger des heiligen Bildes angezeigt: Wenn sie ihren Gang fortsetzten, war die Antwort positiv. Wenn sie rückwärts gingen, war sie negativ. Manchmal verließ man sich auch auf die heilige Stimme, die man des Nachts in der Stille des Altarraums vernehmen konnte. Die Könige begaben sich in das Allerheiligste, um mit den Göttern zu reden, so wie sich ein Sohn seinem Vater anvertraut. Kein Feldzug wurde unternommen, ohne daß der Pharao – in Zeiten großer Eroberungskriege – den Gott Amun von Karnak in seinen heiligen Gemächern um Rat fragte.

Die Göttlichkeit offenbart sich den Menschen und Königen auf mancherlei Art und Weise.

Träume oder Bilder eines vorausgesagten Schicksals

Es ist ein ganz besonderes Ereignis, wenn der in tiefen Schlaf versunkene Mensch einen göttlichen Fingerzeig erhält. Worte und Bilder vermischen sich, um dem Schlafenden die Zukunft zu weissagen. Mit diesem Thema befassen sich zahlreiche Legenden und Märchen der Semiten am Nil.

Eines Tages jagte der junge Prinz Tuthmosis, Sohn von Amenhotep II. (um 1400 v. Chr.), der wohl noch nicht Thronerbe war, mit seinen Gefährten in der Gegend von Memphis. Der Prinz fiel in der Mittagshitze, als die Sonne im Zenit stand, in eine plötzliche Erstarrung und schlief im Schatten der Sphinxstatue ein, die den Gott Re-Harachte darstellt. Plötzlich »bemerkte er, daß die Herrlichkeit dieses erhabenen Gottes aus ihrem Munde zu ihm sprach: ›Schau mich an, betrachte mich, o mein Sohn Tuthmosis [...]. Ich werde dir die königliche Hoheit auf Erden geben. Du wirst die Lebenden führen und die weiße und die rote Krone tragen. Die Erde wird dir in ihrer ganzen Ausdehnung gehören [...]. Nun quält mich der Wüstensand, der Sand, über den ich einst schritt. Beeile dich und komm zu mir, damit du vollbringen kannst, was ich dir auftrage.‹«[119] Als der Prinz erwachte, waren die göttlichen Worte in seinem Herzen eingeprägt. Er verstand, daß er das göttliche Bild vom Sand befreien mußte, damit Gott über sein königliches Schicksal wachte. »Leichten Herzens« kehrte er zum Palast zurück. Als das von Gott eingeforderte Werk beendet war, wurde der Prinz nach dem Tod seines Vaters zum vierten Pharao Tuthmosis, obwohl er nicht der älteste Sohn der königlichen Familie war. Doch Gott hatte den Herrscher auserwählt. Die Legende, derzufolge das Ausgraben der Sphinx dem Versprechen einer königlichen Zukunft gleichkommt, wurde verewigt. Dies war die erste Geste, die Kaiser Nero machte, als er seine Herrschaft über Ägypten sicherte. Demnach kann ein Traum eine Tradition begründen.

Ein anderer königlicher Traum hat folgenden Inhalt: Gegen 663 v. Chr. nahm sich der sudanesische König Tanuthamon[120] vor, die Herrschaft in Ägypten zurückzuerobern. Er hatte diese kurzzeitig infolge der assyrischen Besetzung des unteren Niltals verloren. Er wartete einen günstigen Augenblick ab. Alsbald »hatte Seine Hoheit im ersten Jahr nach seiner Krönung einen nächtlichen Traum: Da waren zwei Schlangen, eine zu seiner Rechten und eine zu seiner Linken. Daraufhin erwachte Seine Hoheit, sah sie nicht mehr und sprach: ›Warum ist mir dies widerfahren?‹ Seine Gefährten antworteten ihm: ›Das Land im Süden wird dir gehören und du wirst den Norden erobern. Ägypten wird dir ganz gehören und niemand wird mit dir teilen.‹« Dieses im Traum erschienene Bild hat einen Zusammenhang mit den beiden uroei, die die Stirn eines jeden sudanesischen Herrschers schmücken und ihre Macht über Ober- und Unterägypten symbolisieren. Der geeignete Augenblick war also gekommen, und König Tanuthamon eroberte das gesamte Niltal zurück.

Oft bedürfen Träume einer Interpretation.

In der jüdischen Tradition gibt es bevorzugte Wesen, die imstande sind, den Sterblichen ihre von Gott gesandten Träume zu deuten. Ein auf diesem Gebiet äußerst begabter Mensch befand sich unter den Gefangenen, die dem König Nebukadnezar von Babylon nach der Eroberung von Jerusalem überstellt wurden: Er hieß Daniel und war von edler Abstammung, und er besaß die Gabe, Visionen oder Träume zu deuten.[121] Nebukadnezar hatte eines Nachts einen Traum. Er befragte daraufhin die Weisen und Astrologen seines Hofes, doch die konnten den Sinn nicht entschlüsseln. So holte man Daniel herbei, der nach einer ihm gewährten Bedenkzeit – inspiriert vom ewigen Gott – dem mächtigen Monarchen die Traumbilder der Nacht in ihren Einzelheiten wieder vor Augen führte und ihm die Bedeutung erklärte: Die riesige Statue, die sich vor ihm aufgerichtet hatte, während er schlief, war aus Gold, Erz, Eisen und Ton gefertigt. Als sich plötzlich und ohne Fremdeinwirkung ein Stein davon ablöste und auf die Füße aus Eisen und Ton herabstürzte, wurden diese zerschmettert. Nach und nach zerfiel die Statue, »sie ward ein großer Berg, daß er die ganze Welt füllte«. Nachdem er allen die Traumbilder des Königs geschildert hatte, gab Daniel folgende Erklärung ab: Das Königreich von Babylon ist golden, es ist das mächtigste. Ihm folgen weitere, weniger bedeutende Königreiche als das von Nebukadnezar nach: ein Reich, das silbern sein wird (das Reich der Meder), ein drittes, das aus Erz sein wird (das Reich der Perser), ein viertes so hart wie Eisen, das genau wie dieses Metall »alles zermalmt und zerschlägt; ja wie Eisen alles zerbricht, also wird es auch diese alle zermalmen und zerbrechen« (das Reich Alexanders).[122] Da »fiel der König auf sein Angesicht und betete an vor dem Daniel« und es wurde ihm viel Ehre erwiesen.

Das Schicksal von Josef am Hof des Pharaos war ähnlich. Er konnte den Traum des Herrschers deuten, in dem sieben fette und sieben magere Kühe vorkamen. Sie waren Symbol für die sieben Jahre des Überflusses, denen die sieben Jahre des Hungers folgten. Auch Josef erfuhr viel Ehrerbietung, doch es war der Herr, der durch seinen Mund sprach.

In allen Ländern gab es Schlüssel zu den Träumen, die es jedem Menschen, unabhängig von seinem Stand, erlaubten, den Traum zu »verstehen«, den die Gottheit ihm gesandt hatte.

Der Traum ist ein effizientes und beständiges Verbindungsglied zwischen Himmel und Erde, dessen Deutung jedoch Intelligenz und Wissen erfordert.

Die Gesandten Gottes: die Propheten

Eine direktere Verbindung zwischen dem Göttlichen und dem Menschen stellen die Propheten dar, die Gott auf die Erde entsendet, damit sie sein Wort verkünden.

Bei den Semiten am Nil gab es keine Propheten. Zwar wurden in Ägypten Schriften prophetischen Stils gefunden. Doch eigentlich sind es Prophezeiungen post eventum, die nach dem beschriebenen Ereignis aufgezeichnet wurden. Der Prophet stellt sich in seinen Ausführungen zeitlich vor das Ereignis, das er vorauszusehen und vorauszusagen scheint. Die »Prophezeiung« von Nefer-Rohu ist die älteste der bekannten Schriften dieser Art (um 2000 v. Chr.). Die Propheten kamen in der Literatur vor, existierten jedoch nicht wirklich.

Bei den Juden und Moslems sind sie jedoch zahlreich und bekannt, und sie verkünden den Menschen sowohl Gottes Willen als auch seine Worte. Die Rolle der Propheten wird von Jesaja deutlich definiert: »Der Geist des Herrn ist über mir, darum daß mich der Herr gesalbt hat. Er hat mich gesandt, den Elenden zu predigen, die zerbrochenen Herzen zu verbinden, zu verkündigen den Gefangenen die Freiheit, den Gebundenen, daß ihnen geöffnet werde, zu verkündigen ein gnädiges Jahr des Herrn und einen Tag der Rache unseres Gottes, zu trösten alle Traurigen, zu schaffen den Traurigen zu Zion, daß ihnen Schmuck für Asche und Kleider für einen betrübten Geist gegeben werden [...].«[123] Andere Propheten führen dieses wohltätige Werk Gottes weiter, das den Bewohnern der Erde den Beistand Gottes zusichert. Josua, Samuel, Jeremia, Hesekiel ...

Ähnliche Vorstellungen lassen sich im Islam nachweisen, wenn auch mit einigen Einschränkungen. Allah spricht: »Wir haben dich nicht als Hüter über sie gesandt. Du hast nur die Botschaft auszurichten.«[124] Doch die Beziehung, die Verbindung bleibt bestehen. Mohammed ist sicherlich der wichtigste Prophet, aber es gibt noch andere: »Mohammed ist nur ein Gesandter. Vor ihm hat es schon verschiedene andere Gesandte gegeben«[125], so wie Abraham, Moses, Jesus und andere.

So entstehen zahlreiche Verbindungen zwischen Himmel und Erde – Verbindungen, die man zu jeder Epoche und in jedem semitisch geprägten Land findet, wo der Ursprung vieler Bilder, Legenden und Mythen liegt.

IV.
Leben und Gesellschaft

Lebensentwurf

Die Elemente des Lebens

Die semitischen Völker am Nil suchten in unterschiedlicher Weise und mit großer Leidenschaft nach der Erkenntnis über die Abläufe des Lebens und seinen Fortbestand. Sie schufen ein ausgeklügeltes System, mit dessen Hilfe die verschiedenen Lebensregeln untersucht wurden, die für jedes menschliche Wesen notwendig und unabdingbar sind.

Selbstverständlich bedurfte der Mensch eines materiellen und sichtbaren Elements, d. h. eines Körpers. Dieser Körper mußte in Bewegung gebracht werden, er benötigte eine Kraftquelle: Diese Funktion besaß bei den Ägyptern *Ka*, den sie als Energiequelle, als eine latente und lebenserhaltende Macht begriffen. *Ka* war jene Kraft, die für ein jedes (göttliches oder menschliches) Wesen lebensnotwendig ist. Er war die Personifizierung der großen, im Universum zerstreuten Energiequellen. Seine Kraft wurde täglich durch die Aufnahme der als *kaou* (wörtlich: »jene von *ka*«) bezeichneten Nahrungsmittel erneuert. Er war eine unsichtbare Macht, die am

Leben eines jeden Wesens teilhatte und zu dessen Lebzeit in seinem Körper verweilte: »Du bist mein *Ka*, der in meinem Leib verweilt.« »Sei gegrüßt, mein *Ka*, meine Lebenszeit.«[1] Diese Vorstellung erinnert an die Idee des *Mana* (polynesisches Wort für »Kraft«), einer Art verborgener Macht, deren Ursprung auf gewisse, sehr alte religiöse Anschauungen zurückgeht.

Ka kann das menschliche und göttliche Wesen als ständiger Begleiter bei all seinem Tun begleiten. Auf den Basreliefs aus der Zeit der Thutmosis (um 1530 v. Chr.) finden sich echte »Doppelgänger« dargestellt, kleine Figuren, die das Individuum mit nach oben gestreckten Armen darstellen (Darstellung der Hieroglyphe für *Ka*) und treu ihrem »Herrn« folgen. *Ka* spielt demnach auch die Rolle des Begleiters und ist ständige Energiequelle seines Besitzers, der somit nicht zugrunde gehen kann. Diese Vorstellung einer Gottheit, die den Menschen begleitet, findet sich – allerdings in einem ganz anderen Zusammenhang – auch im Koran: »Er hat so oder so Aufpasser vor und hinter sich, die auf ihn achtgeben, überirdische Wesen vom Logos Gottes«,[2] diese Engel wechseln sich ab (zehn während des Tages und zehn während der Nacht), um über das Tun der Menschen zu wachen und Gutes und Schlechtes aufzuzeichnen – im Grunde genommen sind sie Aufpasser, und nicht hilfreiche Doubles des menschlichen oder göttlichen Wesens.

Ka kann auch als magische Stütze des Lebens betrachtet werden. Ähnlich verhält es sich mit dem Pharao, der ein mächtiger Beschützer seines gesamten Volkes ist: »Der König ist ein *Ka*, sein Mund ist Überfluß, er erweckt das zum Leben, was ist.«[3] Wenn der Herrscher nach seinem irdischen Leben zum Himmel aufsteigt, um mit seinen Brüdern, den Göttern, zusammenzutreffen, ist er immer noch in Begleitung von *Ka*: »Wie schön ist seine Erscheinung, wie prächtig ist der Anblick dieses Gottes, wenn er zum Himmel aufsteigt. Sein *Ka* ist über ihm, sein magischer Zauber ist neben ihm und die Furcht, die er einflößt, ist zu seinen Füßen«;[4] während die Kräfte seiner Energie im Himmel sind, herrscht auf der Erde noch die Furcht vor diesem großen königlichen Wesen.

Ähnlich verhält es sich mit den Göttern: »Die Macht Res, des Herrschers über den Horizont, des Ewigen, erschreckt die Gottheiten, die nach ihm gekommen sind. Die Millionen *Ka* sind in seinem Mund, denn er ist der Zauber.«[5]

Ka ist unabdingbarer Bestandteil eines jeden Wesens.

Ein weiterer wichtiger Bestandteil des Lebens in der Vorstellung der Ägypter ist der unsichtbare und aktive *Ba*, der einen geistigen Wert darstellt. *Ba* wird durch einen Vogel mit menschlichem Kopf und menschlichen Füßen dargestellt. Nach dem Tod des Menschen kann er – auf magische Weise – dem Körper entweichen, um sich auf eine Reise durch die Welt zu begeben und schließlich wieder die Mumie zu beseelen. Er haucht ihr den erfrischenden Atem ein, mit dem er sich ihretwegen in der Welt der Lebenden versorgt hat. Darstellungen auf Hochreliefs zeigen Ba, wie er seine Hände über das Herz des Verstorbenen ausbreitet, um ihn wiederzubeleben. Die Rolle des *Ba* ist unabdingbar für das Wiederbeleben der Mumie.

Er kann auch die Rolle eines Beraters für den Menschen in geistigen Dingen während seines irdischen Lebens annehmen und mit ihm kommunizieren. Ein recht langer ägyptischer Text überliefert das Gespräch zwischen einem Menschen, der verzweifelt ist und den Freitod sucht, und seinem trostspendenden *Ba*.[6] Es handelt sich um vier poetische Lieder von bewegender Schönheit. Schließlich fügt sich der Mensch den Argumenten seines *Ba*. Dieser schließt mit den Worten. »Klage nicht, mein Bruder, der du zu mir gehörst! […] Hier auf Erden wirst du mich lieben, nachdem du den Gedanken des Abendlandes [des Todes] verworfen haben wirst.«

Der Begriff *Ba* wurde zuweilen mit »Seele« übersetzt. Bei den Wüstenvölkern des vorislamischen Arabiens, besonders im Hedjaz, glaubte man, daß die Seele (*nafs*, lebenswichtiger und geistiger Odem) nach der Zersetzung der Leiche aus dem zerstörten Körper in ihrem Grab in Form eines Vogels (*hâma* oder *ceda*) entweiche, einer Art Eule oder männlichem Käuzchen, das von nun an die Totenstätten bewohnen sollte.

Diese Auffassung eines beweglichen und beflügelten Elements des menschlichen Wesens, das sich unter bestimmten Umständen vom Körper trennt, hat offensichtlich schon immer das semitische Bewußtsein geprägt, aber auf ganz unterschiedliche Art und Weise: In einem arabischen Märchen der islamischen Epoche heißt es: »Würde die Seele im Herzen des Menschen wohnen, so hätte sie Flügel und würde ganz leicht zu den Paradiesen fliegen.«[7]

Zudem wird der Seele auch die Rolle eines Ratgebers des Menschen zugeschrieben: »Und betrau keinen Boten mit wichtigem Auftrag; / Denn die Seele hat zum Vertrauten nur sich.«[8] Dieser gedankliche Kontext findet sich auch in den *Gesängen des Verzweifelten* wieder.

Doch wie bei den Juden verkörpert auch bei den Moslems die Seele in erster Linie den göttlichen Teil des Menschen. Sie hängt von Gott ab und ist elementarer und zentraler Bestandteil eines jeden Individuums. Im Gegensatz zum Körper steht die Seele für die Gesamtheit der moralischen und geistigen Eigenschaften des menschlichen Wesens: Sie ist *anima*, der mächtige und tiefe Odem, der das Leben erhält. Im biblischen Buch der Sprüche Salomos ist die Seele folgendermaßen definiert: »Eine Leuchte des Herrn ist des Menschen Geist; die geht durch alle Kammern des Leibes.«[9] Für die Juden (wie auch für die Christen) ist die Seele unsterblich und sichert so das Leben im Jenseits. Im Islam wird dieses Dogma ein wenig differenzierter dargestellt. Allah ist der absolute Herrscher über die Seelen, die sterben können, wenn er es will: »Gott beruft die Seelen ab, wenn sie sterben, und diejenigen, die noch nicht gestorben sind, vorübergehend, während sie schlafen. (Die Seelen der Lebenden können, während diese schlafen, den Seelen der

Toten begegnen.) Er hält jene zurück, deren Tod er beschlossen hat, und läßt die anderen bis zu einem festgesetzten Zeitpunkt wieder frei.«[10]

Damit haben wir uns recht weit von der ägyptischen Auffassung des *Ba* entfernt, der individueller und der Göttlichkeit weniger nah ist, auch wenn er – wie wir sahen – wirkungsvoll zur Wiederbelebung des Körpers beiträgt. Grundsätze und Mittel unterscheiden sich.

Ein anderer unabdingbarer Bestandteil des Lebens ist im ägyptischen Denken das Herz. Es wird nicht nur als der Ort gesehen, in dem die Gefühle und das Liebesleben zusammenlaufen, sondern es ist auch und vor allem der zentrale Sitz aller geistigen Aktivitäten: von Denken und Verstand. Das Herz ist das über Wille und Entscheidungen bestimmende Organ, der Sammelpunkt aller Empfindungen: »Das Herz ist ein Steuerruder; angetrieben durch die göttliche Kraft, kann es seinen Herrn zum Kentern bringen; es kann die Flamme so empfinden, als sei sie eine Erfrischung.«[11] So ist das Herz, das das Zentrum des menschlichen Wesens bildet, der Sitz aller Empfindungen. Es analysiert sie, um dann die richtigen Entscheidungen zu treffen und sie gemäß seinem Willen umzusetzen.

Eine Vorstellung, die der ägyptischen zwar verwandt, aber in ihrer Bedeutung beschränkter ist, findet sich im Koran. Das Herz besitzt die Fähigkeit zu verstehen und ist auch verantwortlich für die Handlungen der Menschen: »Wir haben ja viele von den Dschinn und Menschen für die Hölle geschaffen. Sie haben ein Herz, mit dem sie nicht verstehen, Augen, mit denen sie nicht sehen, und Ohren, mit denen sie nicht hören.«[12] »Und es ist keine Sünde für euch, wenn ihr etwas Derartiges versehentlich tut, sondern nur, wenn ihr es vorsätzlich tut.«[13] Ein Widerhall dieses Gedankens findet sich in einem arabischen Märchen, in dem auf die Frage »Wo ist der Sitz der Vernunft?« geantwortet wird: »In unserem Herzen, von dort bewegen sich die Eingebungen hinauf bis zum Gehirn, um dort seßhaft zu werden.«[14]

Zwar lassen sich Ähnlichkeiten im Denken nachweisen, aber keine tatsächlichen Übereinstimmungen, eher so etwas wie ein diffuses Bewußtsein des Lebens und seiner zentralen Bestandteile, so wie sie die Menschen ersonnen haben.

Auch der Name stellt einen integralen Bestandteil des Lebens dar. Es wurde bereits gezeigt[15], daß die Namen einen Sinn haben, sie gehören zum Wesen eines jeden Individuums. Die Ägypter sagten: »Den Namen eines Menschen auszusprechen bedeutet, ihn wieder zum Leben zu erwecken.« Entsprechend kommt es der Auslöschung der Existenz gleich, wenn der Name eines Menschen getilgt wird. Im 5. Buch Mose trifft der Zorn Gottes einen Menschen: »Da wird der Herr dem nicht gnädig sein; sondern da wird sein Zorn und Eifer rauchen über solchen Mann und werden sich auf ihn legen alle Flüche, die in diesem Buch geschrieben sind; und der Herr wird seinen Namen austilgen unter dem Himmel.«[16]

Jedes semitische Volk stellt bei der Beschreibung der lebenswichtigen Faktoren ein anderes Element besonders in den Vordergrund.

So ist für die Juden das Blut von elementarer Bedeutung für das Leben. Gott wendet sich an Mose: »Denn des Leibes Leben ist in seinem Blut, solange es lebt; und ich habe den Kindern Israel gesagt: Ihr sollt keines Leibes Blut essen; denn des Leibes Leben ist in seinem Blut; wer es ißt, der soll ausgerottet werden.«[17] Ein ähnliches, aber etwas abgemildertes Verbot findet sich im Koran: »Verboten hat er euch nur Fleisch von verendeten Tieren, Blut, Schweinefleisch Aber wenn einer sich in einer Zwangslage befindet, ohne von sich aus etwas Verbotenes zu begehren oder eine Übertretung zu begehen, trifft ihn keine Schuld.«[18]

Für die frühen Ägypter ist auch der Schatten ein Teil dessen, was jeden Menschen »ausmacht« – der Schatten, der in diesem Sonnenland eine wichtige Rolle spielt. Während *Ba* seine beflügelte Reise über die Erde unternahm, hielt sich der Schatten des Verstorbenen vor der Pforte seines Grabes auf, um ihn bei der Rückkehr von seiner Reise zu empfangen. Die Juden haben vom Schatten eine ähnliche Vorstellung: »Unsere Tage auf der Erde sind wie ein Schatten.«[19]

Das Schicksal

Für die Gesamtheit der semitischen Völker wird das Schicksal eines jeden Menschen von göttlichen Mächten vorbestimmt.

Dem ägyptischen Volksglauben zufolge kommt unmittelbar nach der Geburt die Gruppe der sieben Göttinnen Hathor zum Neugeborenen, um den Fortgang seines kommenden Lebens und sein Schicksal zu bestimmen. Aus diesem Glauben nähren sich Legenden, wie etwa die des Prinzen mit den drei Schicksalen, dem Sohn eines nicht näher bezeichneten ägyptischen Königs. Nach der glücklichen Geburt »brachen die sieben Hathor auf, um dem Kind sein Schicksal zu verkünden; sie sagten: ›Er wird durch ein Krokodil, eine Schlange oder einen Hund sterben.‹« Diese Ankündigung zog viele Abenteuer nach sich.[20] Es wurde kein Aufwand gescheut, um die Erfüllung dieser mißlichen Vorhersage abzuwenden. Wir wissen nicht, was schließlich mit dem Prinzen geschah, da Teile des Manuskripts zerstört wurden. Erinnern aber die sieben Hathor nicht an die Feen in unseren modernen Märchen?

Manchmal wohnte die Göttin Meskhenet – insbesondere – den königlichen Geburten bei und bestimmte das Schicksal der zukünftigen Herrscher: »Derjenige ist ein König, der seine königliche Macht über das ganze Land ausbreiten wird.«

Die Umstände eines jeden Lebens und die Ereignisse im Leben eines jeden Menschen sind schon lange im voraus festgelegt. Im biblischen Buch des Predigers Salomo steht geschrieben: »Was da ist, des Name ist zuvor genannt, und es ist bestimmt, was ein Mensch sein wird; und er kann nicht hadern mit dem, der ihm zu mächtig ist.«[21]

»Keine Kreatur kann ihrem Schicksal entkommen«, sagte bereits um 2500 v. Chr. der weise ägyptische Wesir Ptahhotep; tausend Jahre später sagt der Schreiber Khnumhotep, Sohn des Weisen Anii: »Während der Mensch zuhört, ist er bereits mit seiner eigenen Antwort beladen.«

In der Vorstellung der Semiten Palästinas und Arabiens gibt es für jeden Menschen ein Buch des Schicksals, in dem die verschiedenen Augenblicke seines Lebens schriftlich festgehalten sind. Der königliche Psalmendichter David erwähnt seine Vorbestimmung bereits, als er noch im Schoße seiner Mutter liegt: Er richtet sich an Gott: »Es war dir mein Gebein nicht verhohlen, da ich im Verborgenen gemacht war [...]. Deine Augen sahen mich, da ich noch unbereitet war, und alle Tage waren auf dein Buch geschrieben, die noch werden sollten, als derselben keiner da war.«[22]

Auch das Universum hat ein Schicksal. Die in der Nähe des Toten Meeres bei Qumran gefundenen Hymnenrollen erwähnen die Existenz himmlischer Tafeln, auf denen das Schicksal der Welt eingraviert ist: »Das Universum wurde vor deinen Augen mit dem Meißel der Erinnerung für die Ewigkeit eingraviert, genauso wie die Zyklen der unendlichen Anzahl von Jahren mit all ihren Augenblicken.«[23]

In Anlehnung hieran ist der Lebensweg der Moslems untrennbar verbunden mit ihrem vorbestimmten Schicksal, das sie am Hals tragen: »Und jedem Menschen haben wir sein Omen um den Hals gehängt. Und am Tag der Auferstehung bringen wir ihm eine

Schrift heraus, die er dann entrollt vorfindet.«[24] Der Ausdruck »jeder trägt sein Schicksal am Hals«[25] ist in arabischen Schriften geläufig. Immer entscheidet in letzter Instanz die allmächtige und allwissende Gottheit über das Schicksal der Menschen: »Aber ihr wollt nicht, es sei denn, Gott will es.«[26] Ein Mensch »kann von heute auf morgen unglaublich reich werden, ohne die geringste Anstrengung zu unternehmen, nur weil es sein Schicksal bestimmt«.[27] In dem Gesang eines arabischen Dichters spricht Allah: »Als du noch ein Keim im Schoß deiner Mutter warst, habe ich dein Schicksal im Sinne meiner Gerechtigkeit bestimmt und habe es im Sinne meiner Vorstellungen geformt. O du Kreatur Gottes, laß doch Ereignisse ihren Lauf nehmen, du kannst sie sowieso nicht beeinflussen.«[28]

Ist diese Vorbestimmung nun gleichbedeutend mit dem Verlust jeder individuellen Freiheit? Scheich Si Hamsa Bubakr definiert die islamische Vorstellung vom Schicksal und seiner Konsequenzen, das ein wesentliches Element der semitischen Philosophie darstellt, folgendermaßen: »Da Gott alles geschaffen hat, gehört ihm infolgedessen auch alles. Als Teil seiner Schöpfung hängt der Mensch in seinem Leben, in seiner Person, seinen Fähigkeiten und seinem Tod von ihm ab.« Alles ist einer universellen und zeitlosen Vorbestimmung unterworfen, die Gott eingerichtet hat. Der von Gott erschaffene Mensch kann dieser nicht entkommen. Eine Bestätigung dafür wird darin gesehen, daß der Mensch weder auf seine Volkszugehörigkeit noch auf sein Geschlecht oder auf andere grundlegende Umstände (soziale Verhältnisse usw.), die bei seiner Geburt feststehen, Einfluß nehmen kann. Auch seine Hautfarbe, seine Intelligenz oder seine Fähigkeiten kann er nicht bestimmen … Es bleibt die berühmte »Wahl des Weges«. Kommt der Mensch an eine Kreuzung, so hat er scheinbar die freie Wahl des Weges, den er nehmen will … Die Freiheit ist in Wirklichkeit beschränkt und wird auf die eine oder andere Weise von Gott gelenkt.

Diese Vorbestimmung bedingt jedoch nicht zwingend einen

Fatalismus, der jede freie Initiative ausschließt und damit Resignation verursacht. Das wäre eine lebenslange Dummheit. Ein ähnlicher Gedanke findet sich im biblischen Buch der Sprüche Salomos: »Des Menschen Herz erdenkt sich seinen Weg; aber der Herr alleine gibt, daß er fortgehe.«[29] Es besteht ein feiner Unterschied zwischen der Auffassung von Vorbestimmung der modernen Wissenschaftler (die an eine unabwendbare Programmierung des Menschen glauben, ohne genau den bestimmenden Faktor angeben zu können) und der semitischen Überzeugung. Für die Wissenschaftler ist die Vorbestimmung unpersönlich und wird unabhängig vom Willen der Menschen begründet. Im Islam ist sie persönlich und geht zurück auf die absolute Macht Gottes. Sie ist weder zufällig, noch ist sie das Ergebnis irgend, welcher Umstände, sondern sie resultiert vielmehr aus dem unumschränkten göttlichen Willen. Indem sich der eigene Wille durch ständige Anstrengungen immer mehr dem göttlichen angleicht, gelangt er zur wahren Freiheit. Die Anekdote eines Kameltreibers, der mit dem Propheten redet, ist hierfür bezeichnend: Der Mann wollte sein Kamel stehen lassen, ohne es anzubinden. Er sagte: »Wenn das Schicksal will, daß es fortläuft und mir verlorengeht, so können die Fesseln auch nichts daran ändern. Wenn das Schicksal will, daß es bleibt und sich nicht verliert, warum sollte ich es festbinden?« Der Prophet riet: »Binde dein Kamel fest und vertraue auf Gott.«[30]

Alles in allem sind die Semiten keine Völker, die sich leicht entmutigen lassen. Vielmehr praktizieren sie einen aktiven Glauben. Das Schicksal ist für alle ein Geschenk Gottes.

Demnach ist das Leben vorbestimmt, und die Natur der Dinge und Wesen läßt sich nicht ändern, so daß sie unveränderlich bleiben.

Im Buch des Predigers Salomo findet sich dieser Tatbestand folgendermaßen beschrieben: »Siehe an die Werke Gottes; denn wer kann das schlicht machen, was er krümmt?«[31] »Krumm kann nicht schlicht werden noch, was fehlt, gezählt werden.«[32]

In einem arabischen Märchen findet sich folgende Anekdote: »Man wollte einen Esel an die Sauberkeit gewöhnen und seinen Geschmack verfeinern. Man führte ihn in den Hamam [Bad/ Schwitzbad], badete ihn, parfümierte ihn und stellte ihn auf einen wertvollen Teppich in einem herrlichen Saal. Und der Esel tat, was ein jeder Esel in Freiheit, auf dem Felde, Unpassendes tut, angefangen mit den ungebührlichen Geräuschen bis hin zu unfeinen Entblößungen. Dann warf er mit seinem Kopf die mit Asche gefüllte Kupferkanne auf dem Teppich um, wälzte sich mit allen Vieren in der Luft und nach hinten angelegten Ohren in der Asche. Dabei rieb er sich den Rücken und besudelte sich genüßlich. Da sprach der Herr zu den Sklaven, die angelaufen kamen, um den Esel zurechtzuweisen: ›Laßt ihn sich wälzen. Dann nehmt ihn mit und gebt ihm die Freiheit seines Stalls wieder. Denn ihr könnt seinen Charakter nicht ändern.‹«[33]

Die Ägypter sind offensichtlich der Vorstellung eines unabänderlichen Schicksals weniger zugeneigt. Der Prinz mit den drei Schicksalen versucht, seiner Vorbestimmung zu entkommen.[34] Der Gelehrte Anii (um 1580 v. Chr.) vertraut seinem Sohn unmittelbar vor seinem Tod an, daß eine angemessene Bildung manchmal einige Änderungen im Wesen eines Menschen bewirken kann. In der ältesten semitischen Zivilisation scheint das Schicksal weniger zwingend. Hier erscheint das göttliche Wesen in ganz unterschiedlichen Gestalten, während bei einer monotheistischen Religion die Abhängigkeit von einem wahrhaft einzigen Gott stärker ausgeprägt ist. Anii sprach zu seinem Sohn: »Der Kampfstier, der im Stall zu töten vermag, kann die Arena vergessen oder ihr sogar ganz den Rücken kehren. Er kann in der Tat seine durch Bildung gefestigte Natur beherrschen und die gleiche Erscheinung haben wie ein fetter Ochse. Auch der in der Wildnis lebende Löwe kann sein kampfeslustiges Wesen aufgeben und einem traurigen Esel gleichen. Das Pferd läßt sich Geschirr anlegen und trabt gehorsam nach draußen. Der Hund versteht die Worte und folgt seinem Herrn …«[35] Wir haben es hier mit zwei Denkschulen zu tun: Die ägyptische versucht das Schicksal zu beeinflussen und zu besänftigen. Sie will zumindest ein wenig Einfluß darauf ausüben. In der jüdischen und islamischen Theologie akzeptiert der Mensch das gottgegebene Schicksal, und zwar freiwillig und nicht aus passiver Unterwerfung.

Eigenschaften des Lebens

»Das Leben eines jeden Menschen, wer auch immer es ist, ist wertvoller als der wertvollste Edelstein und wiegt mehr auf der Waage des Waagmeisters«, heißt es in einem arabischen Text.[36]

Das Leben ist ein beständiger Fluß, in dessen Verlauf sich die Zeiten und Ereignisse wiederholen. Vergangenheit und Zukunft haben für den Prediger Salomo (der zu den Massen predigt) das gleiche Antlitz: »Was geschieht, das ist zuvor geschehen, und was geschehen wird, ist auch zuvor geschehen; und Gott sucht wieder auf, was vergangen ist.«[37] In dieser Vorstellung der Wiederholungen im Leben predigt der König Salomo ferner: »Und es geschieht nichts Neues unter der Sonne. Geschieht auch etwas, davon man sagen möchte: Siehe, das ist neu? Es ist zuvor auch geschehen in den langen Zeiten, die vor uns gewesen sind. Man gedenkt nicht derer, die gewesen sind [...]. Ich sah an alles Tun, das unter der Sonne geschieht; und siehe, es war alles eitel und Haschen nach Wind.«[38] (Diese »Vergangenheit« liegt in den Zeiten eines weit entfernten Universums, von dem nichts übrigbleibt.) Der Vater Salomos, König David, sang ebenfalls in einem Psalm: »Ist doch der Mensch gleich wie nichts; seine Zeit fährt dahin wie ein Schatten.«[39] Noch präziser ist der Rabbi Becherit, der das Leben mit »dem Schatten eines vorbeifliegenden Vogels«[40] vergleicht. Ein schönes und bewegendes Bild.

Das Leben ist also vergänglich, die Manneskraft der Jugend

wandelt sich in die Bürde des Alters, in Angst vor der Zeit. Der bereits weiter oben zitierte jüdische Dichter Hanaguid (11. Jahrhundert) beschreibt diese »Vergänglichkeit« folgendermaßen. »Nun, da ich einundsechzig Frühlinge erlebt habe, gibt es da in meinem Herzen einen Verschlag, und sei er nur so breit wie ein Haar, um den lieblichen Gesang einer Frau zu empfangen? Nun, da der Himmel die Regenwolken meiner Jugend unter Verschluß genommen hat, wird die Zeit einen Tau aus dem Jungbrunnen auf meine Blumen herabregnen lassen? Nun, da das Licht des männlichen Alters gedämpft ist, gibt es da ein Männlichkeitsöl, das meine Lampe erneut zum Aufflackern bringt? Ich habe aus den Gräbern meiner Gefährten vernommen, daß ich morgen ihr Gast sein werde, daß ich mich in diesem fernen Land mit meinen Gefährten niederlassen werde. Wenn ich nicht zu meinen jungen Jahren zurückkehren kann, so nimm denn eine Hacke und schaufle mir ein Grab.«[41]

Neben dem eigentlichen jüdischen Purim-Fest[42] gibt es »kleine Purims« *(Purim katan)*. Das sind lokale Feste, an denen der Rettung einer jüdischen Gemeinschaft vor den Feinden gedacht wird. Oder es sind Feste im Rahmen einer Familie, die einen Vorfahren hat, der vor dem Tod errettet wurde. Eine Schrift überliefert uns die Gründe für einen dieser »kleinen Purims«. Es war einmal ein König, der die Juden liebte, während sein Minister sie zu schikanieren versuchte. Eines Tages beschwerte sich der König über die wechselnden Launen seines Ministers. Dieser erklärte ihm, daß diese Launenhaftigkeit durch die Juden verursacht würde, die mal fröhliche Feste (wie Purim) und dann wieder traurige Feste feierten, an denen sie auf dem Boden hocken blieben, ohne zu essen. Der König ereiferte sich, holte den großen Rabbi und erläuterte ihm sein Problem. Dann gewährte er ihm fünf Tage, um auf seine Beschwerde zu antworten. Der Rabbi wollte mit Hilfe des *Shamash* (des Küsters) eine List ersinnen: Er ließ den Goldschmied einen ganz besonderen Ring schmieden, dann ging er zum König und schenkte ihm diesen Ring als Antwort auf sein Problem. Der König war verwirrt und verstand es nicht, bis ihm der Rabbi endlich den Ring auf den Finger steckte und ihn aufforderte zu sehen, was darauf geschrieben stand: »Alles geht vorüber«, stand da. »Also«, sagte der Rabbi, »wenn Ihr traurig seid, so schaut auf den Ring, und Eure Trauer wird vergehen. Und wenn Ihr fröhlich seid, so schaut ebenfalls den Ring an, und Eure Fröhlichkeit wird vergehen.« Von dieser Antwort entzückt, beglückwünschte der König die Juden und ließ seinen Minister hängen.[43]

Auch für die Moslems ist das Leben auf der Erde vorübergehend, trügerisch und vergeblich. In gewisser Weise eine Station zwischen der Geburt des Lebewesens und dem Zugang zum ewigen Leben im Jenseits: »Ihr müßt wissen, daß das diesseitige Leben nur Spiel, Zerstreuung und Schmuck ist, und darin besteht, daß ihr gegenseitig prahlt und mehr Vermögen und Kinder haben wollt als die anderen. Es ist, wie wenn reichlich Regen gefallen ist, dessen Folgeerscheinung eines üppigen Pflanzenwuches den Ungläubigen Freude macht. Hierauf vertrocknet es, und man sieht, daß es gelb wird. Dann wird es brüchig. Im jenseits gibt es dereinst für die Ungläubigen eine schwere Strafe, für die Gläubigen aber auch Vergebung von eurem Herrn und Gottes Wohlgefallen. Das diesseitige Leben ist nichts als eine Nutznießung, durch die man sich allzu leicht betören läßt.«[44]

Was ist Unglück? »Der Unglückliche ist jener, der den Garten der Welt verläßt, ohne die geringste Blume in der Falte seines Rockes mitzunehmen.«[45]

Was ist Glück? Welche sind diese »Blumen«, die zum Glück eines Menschen auf der Erde beitragen können? Auf der einen Seite das Auskosten der Freuden des Augenblicks, auf der anderen Seite die Aneignung von Wissen und Kultur.

Das Glück und die Philosophie des Augenblicks

Lange vor Seneca hatten die Semiten die Notwendigkeit gepriesen, jeden Augenblick zu genießen, die sich bietenden Freuden voll auszukosten und Gedanken von sich zu weisen, die Zweifel oder Trauer mit sich bringen.

Um 2000 v. Chr. wurden in Ägypten, im Anschluß an zwei Jahrhunderte Bürgerkrieg und Anarchie, Lieder verfaßt, die von der Harfe begleitet und zum Anlaß von Totenfeiern am Grabe gesungen wurden. Es sind Lieder, deren epikureischer Unterton einer langen Denktradition angehört.

»Jene, die früher Götter waren, ruhen nun in ihren Pyramiden. Doch die Häuser jener, die diese Gräber errichteten, gibt es nicht mehr [...]. Die Körper sind seit Urzeiten vergänglich, neue Generationen ersetzen sie. Re offenbart sich am Morgen, dann legt sich Atum hinter den Berg des Abendlandes nieder.[46] Die Männer zeugen, die Frauen empfangen ihren Samen, jeder Nasenflügel atmet den Odem ein. Doch schon, wenn die Erde wieder erhellt wird, sind ihre Kinder vergangen und steigen in ihre Gräber hinab.«

»Schaffe dir einen glücklichen Tag. Stelle den Weihrauch und das gute Öl für deinen Geruchsinn zusammen, lege Girlanden aus Lotusblumen und anderen Blüten auf deine Brust, während deine Frau, die dir am Herzen liegt, an deiner Seite sitzt. Gesang und Tanz sollen dich umgeben. Laß den Kummer weit hinter dir. Erinnere dich nur an die Freude bis zu dem Tag, an dem du unter der Erde liegst, wo tiefe Stille herrscht.«[47] Malereien in den Gräbern überliefern uns diese Feste in den Gärten, wo Mann und Frau mit ihren Kindern im Schatten einer Sykomore sitzen und Musik, Tanz sowie die Freuden der Natur genießen.

Die folgenden Worte des Predigers Salomo wirken wie ein Echo hierauf: »So gehe hin und iß dein Brot mit Freuden, trink deinen Wein mit gutem Mut; denn dein Werk gefällt Gott. Laß deine Kleider immer weiß sein und laß deinem Haupt Salbe nicht mangeln. Brauche das Leben mit deinem Weibe, das du liebhast, solange du das eitle Leben hast, das dir Gott unter der Sonne gegeben hat, solange dein eitel Leben währt; denn das ist dein Teil im Leben und in deiner Arbeit, die du tust unter der Sonne.«[48] Oder der folgende Spruch: »Rühme dich nicht des morgenden Tages; denn du weißt nicht, was heute sich begeben kann.«[49]

Diesem Gedanken nah ist auch folgendes arabisches Gedicht: »Das leichte Gold des Bechers ist wundervoll unter dem tiefen Rot dieses Weines, o Mundschenk! Verstreue in die Ferne allen Kummer der Vergangenheit und nimm diesen Becher, ohne an morgen zu denken, und trinke bis zur Vergessenheit.«[50]

Glück und Kultur

Bereits in der frühesten Antike haben die semitischen Völker die Notwendigkeit unterstrichen, sich Wissen anzueignen, und sie wußten den Wert von Büchern zu schätzen.

Vor 2100 v. Chr. ging eines Tages ein Ägypter bescheidener Herkunft namens Douaouf mit seinem Sohn zur Schule der Schreiber. Dieser Beruf schien ihm der schönste und erstrebenswerteste von allen. Während der Reise auf dem Nil gab er seinem Sohn einen Rat: »Schließe die Bücher in dein Herz [...]. Ich möchte, daß du die Bücher mehr liebst als deine Mutter, daß ihre Schönheit in dein Gesicht eindringt [...] Wenn du die Bücher kennst, wird alles gut für dich werden [...] Siehe, ich führe dich auf den Pfad Gottes.«[51]

Die Lektüre eines Buches weckt den Geist und die Intelligenz und vertreibt Langeweile und Ängste. Eines Nachts langweilte sich der Kalif Harun-ar-Raschid und konnte nicht einschlafen. Er ließ seinen Minister Giafar rufen und vertraute ihm seine Sorgen an. Dieser gab ihm folgenden Rat, um ihn von seinem Überdruß zu heilen: »O du Emir der Gläubigen, wenn sich unsere Seele weder durch die Schönheit des Himmels, noch durch den Anblick eines Gartens, noch durch die Sanftheit einer Brise, noch durch den Anblick von Blumen erheitern läßt, dann bleibt als Heilmittel nur die Lektüre eines Buches. Denn, o Emir der Gläubigen, der schönste Garten ist immer noch ein Schrank voller Bücher. Ein Gang durch seine Regale ist der schönste und reizvollste Spaziergang, den man unternehmen kann. Steh auf und laß uns doch zufällig ein Buch aus dem Regal nehmen.« Also gingen sie, und Harun holte einige Bücher und blätterte sie durch, bis er das Buch gefunden hatte, das ihn beim Lesen plötzlich zum Lachen und dann wieder zum Weinen brachte. Harun sagte daraufhin: »Du hast recht, Giafar. Und ich hatte nicht daran gedacht.« Er stand auf, steckte sein Buch unter sein Gewand und begab sich in sein Gemach zurück.[52] Als ob das Buch eine magische Macht der Entspannung und der Freude ausübte.

Das Glück im Leben ist auch das Ergebnis einer notwendigen und unabdingbaren Aktivität: Manchmal ist diese materieller, vor allem aber intellektueller Natur und erfordert Intelligenz, Denkfähigkeit und Verstand.

Der weise Wesir Ptahhotep lehrte seinen Sohn um 2500 v. Chr: »Ein wissender Mensch steht morgens früh auf, um seine Lage zu verbessern, während der Mensch ohne Verstand nur anderen folgen kann.« Tausend Jahre später riet der Schreiber Anii seinem Sohn: »Ein Mensch kann nichts erreichen, solange er nicht handelt. Ein Mensch der Tat dagegen wird gepriesen sein.«

Faulheit ist ein Übel, das Elend und Unglück bedingt. Das biblische Buch der Sprüche Salomos greift diesen Gedanken mehrmals auf: »Der Weg des Müßiggängers ist dornig«;[53] »Wie lange liegst du, Fauler? Wann willst du aufstehen von deinem Schlaf? Ja, schlafe noch ein wenig, schlummere ein wenig, schlage die Hände ineinander ein wenig, daß du schlafest, so wird dich die Armut übereilen wie ein Fußgänger und der Mangel wie ein gewappneter Mann.«[54]

Im Buch des Hohelieds Salomos wird im Gegensatz dazu das Glück des Menschen beschrieben, der sein Leben lang tätig ist: »Du wirst dich nähren durch deiner Hände Arbeit; wohl dir, du hast es gut. Dein Weib wird sein wie ein fruchtbarerer Weinstock drinnen in deinem Hause, deine Kinder wie Ölzweige um deinen Tisch her.«[55]

Der arabische Philosoph Mawardi, der im 10. und 11. Jahrhundert unserer Zeitrechnung lebte, verfaßte eine *ethische Abhandlung*, in der die Frage aufgeworfen wird, was Glück sei. Mawardis Verständnis von Glück ähnelt in gewisser Hinsicht dem von Aristoteles in seiner *Nikomachischen Ethik*: »Wissen und Intelligenz ziehen Glück und Erfolg nach sich, auch wenn sie von geringem Reichtum und materiellen Einschränkungen begleitet werden. Unwissen und Dummheit bringen Entbehrung und Mißerfog mit sich, auch wenn sie von großem Reichtum und materiellem Wohlstand begleitet werden.« Wahrscheinlich bezieht er sich auch in diesem Fall auf das im ganzen Mittelalter vorherrschende Menschenbild, wenn er die menschliche Vollkommenheit und das Glück, das sich daraus ergibt, als etwas vorstellt, das von all unseren diesseitigen Handlungen abhängt.[56]

In diesen Texten erscheint ein großzügiger und globaler Gedanke, der alle Aspekte des Lebens erklärt. Zwar sind Einflüsse insbesondere der griechischen Philosophie oder des herrschenden Zeitgeistes nachweisbar, doch bei der Suche nach dem Lebensbegriff wird eine breite gemeinsame Grundlage des semitischen Bewußtseins sichtbar.

DIE MONARCHIE

Die semitische Gesellschaft ist eine monarchistische Gesellschaft, an deren Spitze ein absoluter Herrscher das Königreich oder das Imperium regiert. Manchmal sind es auch Stammesfürsten oder Erbprinzen an der Spitze der Stadtstaaten Phöniziens – doch immer handelt es sich um eine hervorragende, um eine besondere Persönlichkeit, die eine privilegierte Beziehung mit der Göttlichkeit unterhält.

Die älteste organisierte Gesellschaft entstand um 3500 v. Chr. an den Ufern des Nil. Der König vereinigte in seinen Händen alle Macht, er stand an der Spitze einer stark hierarchisch strukturierten Gesellschaft. Er verkörperte die Allmacht der Regierung und war die oberste Instanz aller führenden Gremien des Landes. Im Laufe der Jahrtausende untergliederte sich die Gesellschaft in verschiedene Klassen: Die Schreiber und Handwerker bildeten eine Art Mittelklasse zwischen den Adligen und hohen Beamten auf der einen Seite und den Bauern auf der anderen Seite. Die verschiedenen Klassen der Priesterschaft bildeten keine eigenständige Klasse: Ein und dieselbe Person konnte weltlicher und religiöser Würdenträger sein, wobei nicht eindeutig zu entscheiden ist, welcher Titel der wichtigere war; so vereinigte der Pharao die irdische und die geistliche Macht in sich. Doch auch in der Priesterschaft bestand ein klares hierarchisches Gefüge. Die Macht des ägyptischen Monarchen entfaltete sich zu Zeiten der Eroberungen (um 1480 v. Chr.) über ein großes Imperium, das sich vom vierten Katarakt des Nil (im Süden) bis zum Euphrat (im Norden) erstreckte.

Der Aufbau einer jüdischen Gesellschaft in Palästina fand später statt und beanspruchte einen längeren Zeitraum. Nachdem die Hebräer um 1245 v. Chr. Ägypten unter der Führung von Mose verlassen hatten und vierzig Tage durch die Wüste geirrt waren, erreichten sie Kanaan und ließen sich am Ufer des Jordan nieder. Nach dem Tod von Moses überquerten sie den Fluß. Die dann folgende Zeit zwischen dem Tod von Josua bis zum Aufstieg Sauls, des ersten Königs von Israel (im Jahr 1035 v. Chr.), war von Kämpfen zwischen den Hebräern und den Heiden bestimmt. Auf Saul folgte David, der Jerusalem zum Zentrum seines Reichs machte, das aus zwölf Stämmen bestand. Er übertrug seine Macht seinem Sohn Salomo. Beim Tode Salomos (um 930 v. Chr.) waren die Stämme untereinander zerstritten. Es herrschte Uneinigkeit über seine Nachfolge, und Palästina zerfiel in zwei Königreiche – Israel und Juda. In beiden Fällen war der König auch absoluter Herrscher über die Gesellschaft, wobei sich diese von einem primitiven Nomadentum in eine städtische Gesellschaft wandelte. Der König war allmächtig und regierte mit Hilfe von Notabelnversammlungen oder Ältestenräten. Zudem war er religiöses Oberhaupt, der seine Herkunft und seine Macht direkt von Gott ableitete.

Die Araber gehören zur südlichen Gruppe der großen semitischen Familie. Sie verließen im 7. Jahrhundert unserer Zeitrechnung ihren ursprünglichen Lebensraum, die arabische Halbinsel, um die islamische Religion von den Ufern des Indus bis zum Atlantik zu verbreiten. Die arabische Gesellschaft wurde zunächst in Form einer theokratischen Monarchie mit den ersten vier Kalifen gebildet, die von Gott erwählt worden waren und sowohl die absolute politische als auch religiöse Macht innehatten. Mit den Umayaden aus Damaskus und den Abassiden aus Bagdad entwickelte sich die arabische Gesellschaft zu einer militärischen Monarchie. Doch die Errichtung der lokalen Dynastien mit ihren Eigenheiten in jedem Land zerstörte nach und nach die oberste Macht des Kalifats (um 1242). So wurde die islamische Gesellschaft in ihren Anfängen von einem Kalifen beherrscht, der das Oberhaupt der Gläubigen war und über Leben und Tod seiner Untertanen bestimmte. Gleichzeitig war er oberster Richter in Fragen der Lehre. Er herrschte unter Mitwirkung seiner Minister, von denen der wichtigste den Titel eines Wesirs trug, dessen Vertreter in den Provinzen der ommat war. Kadis repräsentierten die oberste Rechtsgewalt, Generäle waren für die Bekämpfung der Ungläubigen zuständig und die Imams predigten in den Moscheen. Sie besaßen eine große Macht, die zentralistisch und autoritär war. Dieses Regierungsschema fand sich in allen lokalen Dynastien wieder, die dem Kalifat folgten. Dabei hatte jeder König eine Rolle inne, die der Rolle des ehemaligen Kalifen ähnelte.

In den Augen der Völker in der Antike war das monarchistische System notwendig, um die Ordnung der Welt aufrechtzuerhalten. Aus diesem Umstand erklärt sich auch die Vorgehensweise der Israeliten, als sie im 11. Jahrhundert v. Chr. bei Samuel, dem Propheten und Richter in Israel, vorsprachen, damit er ihnen einen König gebe: »Siehe, du bist alt geworden, und deine Söhne wandeln nicht in deinen Wegen; so setze nun einen König über uns, der uns richte, wie alle Heiden haben [...]. Aber das Volk weigerte sich, zu gehorchen der Stimme Samuels, und sprach: ›Mitnichten, sondern es soll ein König über uns sein, daß wir auch seien wie alle Heiden, daß uns unser König richte und vor uns her ausziehe und unsere Kriege führe.‹«[57] Die Israeliten sahen in dem gewünschten König einen gerechten Richter, einen Gefährten und Beschützer. Man trug dem Herrn das Anliegen vor. Dieser gab schließlich der Bitte der Israeliten nach, und Saul übernahm als erster die königliche Herrschaft.

Die Wahl des Königs

Im allgemeinen wird die Monarchie als eine Dynastie begriffen, in der ein Sohn die Nachfolge seines Vaters antritt. In vielen Fällen greift die Gottheit in die Wahl des Nachfolgers ein, insbesondere bei politischen Schwierigkeiten. Es können aber noch engere Bindungen zwischen dem König und der Göttlichkeit bestehen, etwa dann, wenn dieser als Sohn eines Gottes gilt. So hatte sich der Legende zufolge Gott Re mit der Frau eines Priesters vereint und drei Kinder gezeugt, die alle um 2500 v. Chr.[58] Könige in den Ländern am Nil wurden. Ihre Namen lauteten Onserkaf, Sahure und Neferirkare. Derartige Legenden über die göttliche Abstammung eines Herrschers waren am stärksten in Ägypten verbreitet. Als die Königin Hatschepsut beim Tod ihres Gatten Thutmosis II. um 1504 v. Chr. ihren Machtmißbrauch rechtfertigen wollte, berief sie sich darauf, daß sich Gott Amun selbst, indem er die Züge des Pharao angenommen habe (auf diese Weise blieb die Moral gewahrt), mit ihrer Mutter, der Königin, vereint und sie mit seinem göttlichen Samen geschwängert habe. Währenddessen berief sich der mutmaßliche Erbe, der noch sehr junge Prinz Thutmosis (der zukünftige Thutmosis III.), dem auf diese Art die Machtübernahme verweigert worden war, auf eine bewußte Wahl des Gottes von Theben zu seinen Gunsten, um den Thron zurückzuerlangen. Dies ereignete sich am Tag eines feierlichen Umzugs in der Säulenhalle des großen Tempels von Karnak. Die Statue des Gottes Amun wurde im großen Saal von Priestern im Kreis umhergetragen und machte vor dem Prinzen halt, um so ihrem Vorzug und persönlichen Wunsch Ausdruck zu verleihen, daß er die königliche Macht erlangen solle. Dies alles geschah in einer politisch turbulenten Situation, doch die unmittelbare Einmischung Gottes bei der Wahl des Königs galt als unverzichtbar. Nach der Machtübernahme durch den Enkelsohn von Thutmosis III., der zum vierten König dieses Namens werden sollte, ging ein göttliches Versprechen voraus für den Fall, daß Thutmosis dem Gott Re-Horakhty »einen Dienst« erweise: Der junge Prinz, der offensichtlich nicht der älteste Sohn seines Vaters Amenhotep II. war, ging eines Tages in die Wüste von Memphis auf Jagd. In der Mittagshitze schlief er im Schatten der Statue der Sphinx ein, die zu jener Zeit als eine Verkörperung des

Sonnengottes Re-Horakhty galt. Dieser erschien dem Prinzen in einem Traum und versprach ihm die königliche Macht, wenn er die immer tiefer im Sand versinkende Statue ausgraben würde. Das tat Thutmosis, nachdem er aufgewacht war. Von den Göttern erwählt, erlangte er die Herrschaft über das Reich am Nil.

Der König ist – unter Beibehaltung der dynastischen Erbfolge – der Auserwählte der Götter. Zum Fortbestand der Dynastie können die Mitglieder des Geschlechts durch eigenes Tun beitragen.

Auch im Verständnis der Juden wird der König von Gott auserwählt und gelenkt. Die Israeliten haben das folgendermaßen formuliert: »Des Königs Herz ist in der Hand des Herrn wie Wasserbäche, und er neigt es, wohin er will.«[59] Wie wurde Saul ernannt, der Sohn von Kis und der erste König des Volkes Israel? Da nun Samuel, der bis dahin die Geschicke des Landes nach dem Willen Gottes gelenkt hatte, »alle Stämme Israels herzubrachte, ward getroffen der Stamm Benjamin. Und da er den Stamm Benjamin herzubrachte mit seinen Geschlechtern, ward getroffen das Geschlecht Matris, und ward getroffen Saul, der Sohn des Kis [...] Da liefen sie hin und holten ihn von dort. Und da er unter das Volk trat, war er eines Hauptes länger denn alles Volk. Und Samuel sprach zu allem Volk: Da sehet ihr, welchen der Herr erwählt hat; denn ihm ist keiner gleich in allem Volk. Da jauchzte alles Volk und sprach: Glück zu dem König! Samuel aber sagte dem Volk alle Rechte des Königreichs und schrieb's in ein Buch und legte es vor den Herm.«[60] »Da nahm Samuel ein Ölglas und goß auf sein Haupt und küßte ihn und sprach: ›Siehst du, daß dich der Herr zum Fürsten über sein Erbteil gesalbt hat?‹ [...] Und da er seine Schultern wandte, daß er von Samuel ginge, gab ihm Gott ein anderes Herz, und alle diese Zeichen kamen auf denselben Tag [...], da kam ihm ein Prophetenhaufen entgegen; und der Geist Gottes geriet über ihn, daß er unter ihnen weissagte.«[61] Der Herrscher ist ein Ausnahmewesen, das die Hand Gottes lenkt und das er zum Wohle des Volkes auserwählt. König David sollte später in einem Psalm singen. »Herr, der König freut sich in deiner Kraft, und wie sehr fröhlich ist er über deine Hilfe! Du gibst ihm seines Herzens Wunsch und verweigerst nicht, was sein Mund bittet. Denn du überschüttest ihn mit gutem Segen; du setztest eine goldene Krone auf sein Haupt. Er bittet Leben von dir, so gibst du ihm langes Leben immer und ewiglich. Er hat große Ehre an deiner Hilfe; du legtest Lob und Schmuck auf ihn. Denn du setztest ihn zum Segen ewiglich; du erfreuest ihn mit Freude vor deinem Antlitz. Denn der König hofft auf den Herrn und wird durch die Güte des Höchsten fest bleiben.«[62]

Der König Israels ist also ebenfalls in der Hand Gottes, der ihn auswählt und zum Wohle des Volkes lenkt. Gewisse Teile der Krönungszeremonie unterscheiden sich in den verschiedenen Religionen: In Ägypten bestehen diese Eigenheiten in der Reinigung durch die Götter Horus (Symbol des Königtums) und Thoth (Gott des Rechts und des gerechten Handelns), im Stillen durch die Göttin Isis (die ihm Unsterblichkeit verleiht) und in der Wahl und Eintragung fünf traditioneller Namen, die jedem Herrscher zustehen. Die älteste ägyptische Theologie weist viele solcher Eigenheiten auf, doch in zwei Punkten stimmen beide semitischen Völker überein. Gemeinsam ist ihnen zum einen die heilige Salbung: bei den Israeliten mit dem heiligen Öl, bei den Ägyptern mit neun Salben, die an verschiedenen Körperstellen des neuen Herrschers aufgetragen wurden, um ihn zu beschützen. Sie bestanden aus Fetten und Mineralien und sollten die Substanz der Erde in den königlichen Körper übertragen. Das andere gemeinsame Element ist das Aufsetzen der Krone: In Ägypten war sie das Beiwerk der Götter und Monarchen. Sie waren mächtige Wesen und besaßen unzweifelhaft mystische Bedeutung.

Das Königtum des Herrschers wird durch Rituale gesichert, an denen die Götter teilhaben.

Die grundlegende Vorstellung im Islam weicht nur unwesentlich von der gerade beschriebenen ab. Im Koran wird der Aufstieg Sauls zum Königtum beschrieben, wobei der Islam eine Symbiose sucht, die sich durch eine merkwürdige Mischung aus islamischem und jüdischem Glauben auszeichnet: »Hast du nicht die Vornehmen von den Kindern Israels in der Zeit nach Mose gesehen? Damals, als sie zu einem ihrer Propheten sagten: ›Schick uns einen König, damit wir unter seiner Führung um Gottes Willen kämpfen! [...] Warum sollten wir denn nicht um Gottes Willen kämpfen, wo wir doch aus unseren Wohnungen und von unseren Söhnen vertrieben worden sind?‹ [...] Und ihr Prophet sagte zu ihnen: ›Gott hat euch hiermit den Saul als König geschickt.‹ Sie sagten: ›Wie sollte ihm die Königsherrschaft über uns zukommen, wo wir doch ihrer würdiger sind als er, und er keine großen Reichtümer erlangt hat?‹ Er sagte: ›Gott hat ihn vor euch anderen auserwählt und ihm ein Übermaß an Wissen und Körpergröße verliehen. Gott gibt seine Herrschaft, wem er will. Gott umfaßt alles und weiß Bescheid.‹ Und ihr Prophet sagte zu ihnen: ›Das Zeichen seiner Königsherrschaft sei, daß unter ihm die Lade wieder zu euch kommt, getragen von den Engeln, [...] Hinterlassenschaft der Sippe Moses und derjenigen Aarons. Darin liegt für euch ein Zeichen, wenn anders ihr gläubig seid.‹« Saul rückte mit seinen Truppen aus, die sich nach und nach verkleinerten, je näher das Gefecht kam. »Und als sie gegen Goliath und seine Truppen in die Schlacht gingen, sagten sie: ›Herr! Verleih uns Geduld, festige unsere Füße, so daß wir keinen Fehltritt machen, und hilf uns gegen das Volk der Gläubigen!‹ Und sie (die Israeliten) schlugen die Truppen Goliaths mit Gottes Erlaubnis, und David tötete den Goliath. Und Gott gab ihm die Königsherrschaft und die Weisheit und lehrte ihn mancherlei, was er ihn eben lehren wollte.« Dem Psalter und den Kommentatoren zufolge ist dies eine Gabe der Prophezeiung und der Machtergreifung, denn in der Zeit vor Saul waren die Führer der Juden in Wirklichkeit Heeresführer, die von Richtern oder Propheten unterstützt wurden. Der biblischen Fassung zufolge wurde David nicht ohne weiteres zum König der Juden erkoren. Erst nach dem Tode Eschbaals, dem von Baana und Rechab ermordeten Sohn Sauls, wurde er zum König ernannt.

Der Koran schlußfolgert: »Und wenn Gott nicht die einen Menschen durch die anderen zurückgehalten hätte, wäre die Erde dem Unheil verfallen. Aber Gott ist huldvoll gegen die Menschen in aller Welt.«[63]

Dies ist eine islamische Version der biblischen Ereignisse mit dem Ziel einer »Förderung« Allahs. Und das um so mehr, als der Grundgedanke derselbe ist: Gott erwählt den König.

In Folge der politischen Entwicklungen und um Schwierigkeiten der Nachkommenschaft zu vermeiden, kam es in der Folgezeit vor, daß der Monarch bereits zu Lebzeiten seinen Nachfolger bestimmte, indem er seinen ältesten Sohn zu seinem Mitregenten ernannte und ihn an den Regierungsgeschäften teilhaben ließ. Die älteste Mitregentenschaft dieser Art ist in Ägypten unter der Regierung von Amenemhet (um 2000 v. Chr.) nachweisbar. Dieser regelte die Nachfolge mit dem Segen Amuns zugunsten seines Sohnes Sesostris (der erste dieses Namens). Weitere Beispiele finden sich in der Folgezeit.

Bei den Israeliten verhielt sich David (zweiter König Israels) ganz ähnlich, als er seinen Sohn Salomo noch zu Lebzeiten – und nach dem unwürdigen Verhalten seines anderen Sohnes Abschalon – (um 1000 v. Chr.) die Macht übertrug. Er verkündete den Israeliten: »Gott hat Salomo, meiner Söhne einen, erwählt.«[64]

Die Rolle des Monarchen

Vom Volk gebraucht und von Gott erwählt, war der Herrscher dank seiner Herrschaft ein natürlicher Vermittler zwischen dem Göttlichen und den Menschen, ein göttlicher Mittelsmann.

Im semitischen Bewußtsein war er der Befreier, der die bösartigen und feindlichen Kräfte von den Menschen fernhielt, um die für den guten Gang des Universums unabdingbare Ordnung wiederherzustellen. Nach einem Jahrhundert innerer Anarchie in Ägypten stellte Amenemhet, ein thebischer Prinz (um 2000 v. Chr.), die Monarchie wieder her und übernahm die Herrschaft im Reich am Nil: »Nun halten wieder Wahrheit und Gerechtigkeit Einzug, das Böse wird verjagt. Die Menschen, welche dem König folgen, dürfen sich freuen.«[65] Amenemhet (der erste dieses Namens) gab seine Erfahrungen und Erkenntnisse an seinen Sohn Sesostris in seiner *Unterweisung* weiter, in der er die allgemeinen Regeln des königlichen Waltens definiert, so wie er sie auch unter schwierigen Bedingungen zum Wohle der Götter und der Menschen ausüben muß: »Ich bin bis nach Elephantine gelaufen und bis an die Sümpfe des Deltas gekommen; ich habe mich an die Grenzen des Landes begeben und ich habe gesehen, was es umfaßt; ich habe die Grenzen der Macht mit meinem starken Arm und meiner Kraft erweitert. Ich bin derjenige, der das Korn hervorbringt. Und der Nil hat es mir mit jeder seiner Überschwemmungen gedankt. Es gab während der Jahre meiner Herrschaft keinen Hunger, und ich habe dafür gesorgt, daß niemand zu Schaden kam. Man setzte sich hin und berichtete von meinen Wohltaten; und alles, was ich befohlen hatte, befand sich am rechten Platz. Ich habe die Löwen gezähmt und die Krokodile (die Feinde) beseitigt. Ich bin der Herrscher des Universums. In Res Barke herrscht Freude, denn dein Königtum hat sich seit Beginn des meinen angekündigt.«[66]

Der ersehnte und bejubelte Retter-König ist natürlich der Beschützer der Menschen, »eine Stütz e für das Rückgrat der Schwachen«.[67] Er lebt in enger Gemeinschaft mit seinem Volk. »Und es kamen alle Stämme Israels zu David gen Hebron und sprachen: Siehe, wir sind deines Gebeins und deines Fleisches.«[68] Leben hier nicht im semitischen Bewußtsein die ägyptischen Theogamien wieder auf, die ein Jahrtausend zuvor in den Nachbarländern an den Ufern des Nil ersonnen wurden? In diesem Fall übernimmt das Volk die Rolle des Sohnes, der vom Vater körperlich abhängig an diesen gebunden ist.

Einer der bewegendsten Texte, in denen der König die Rolle eines Beschützers der Menschen übernimmt, findet sich in einer ägyptischen Hymne, die dem König Sesostris III. (um 1850 v. Chr.) anläßlich dessen Reise nach Oberägypten gewidmet wurde:

> »Wie groß der Herr für seine Stadt ist!
> Er allein ist so viel wert wie Millionen, die anderen Menschen sind klein neben ihm.
> Er ist der Kanal, der den Fluß gegen die Wasserströme eindämmt.
> Er ist der Ruheraum, der es dem Menschen ermöglicht, bis zum nächsten Tag zu ruhen.
> Er ist ein Schutzwall mit kupfernen Mauern.
> Er ist eine Zuflucht, deren Arme nie schwach werden.
> Er ist das Asyl, das die erschrockenen Menschen vor dem Feind rettet.
> Er ist ein Unterschlupf in Zeiten der Überschwemmungen,
> Er ist ein trockener und warmer Platz im Winter.
> Er ist der Berg, der den Wind fernhält, wenn es im Himmel donnert.«[69]

Der König verschmilzt mit allen wohltätigen und beschützenden Elementen des Universums, um sein Volk zu beschützen und ihm ein sorgenfreies Leben zu gewährleisten. Über Ramses II. heißt es: »Seine Vollkommenheit ist im Körper wie das Wasser und die Brisen. Man liebt ihn wie das Brot und die Kleidung. Er ist gleichzeitig Vater und Mutter des ganzen Landes, das Licht beider Ufer, beider Länder und aller Menschen.«[70] Er vereint übernatürliche göttliche Energiequellen in sich: »Der Himmel ist hoch und die Erde tief; aber der Könige Herz ist unerforschlich«,[71] heißt es im biblischen Buch der Sprüche Salomos. Den Schriften des arabischen Philosophen Miskawayh zufolge muß der König eine herausragende Persönlichkeit sein, ohne Mängel oder Schwächen, die das Leben der gemeinen Menschen belasten.[72] So kann er diese besser beschützen und den geistigen Schutz des Volkes mittels einer verständigen Unterweisung gewährleisten.

Jeder Monarch ist körperlicher und geistiger Beschützer, eine von Gott gesandte Wohltat für die Menschheit.

Diese beschützende Macht muß sich auch im Kampf gegen die Feinde des Landes erweisen. Jeder Monarch schreibt sich selbst die Eigenschaft zu, ein Kriegsheld zu sein, der über außergewöhnliche Kräfte verfügt. Von Ägypten bis nach Arabien sowie in Palästina sind die königlichen Heldentaten ohne Zahl.

Wir sahen bereits, daß Ramses II., allein und von seiner Armee verlassen, die hethitischen Streitkräfte und ihre Verbündeten aus Syrien verjagte, die sich in der Festung von Kadesch am Orontes verschanzt hatten.[73] Aus eigener Kraft zerstörte er zweitausendfünfhundert feindliche Kampfwagen. Nachdem diese umgestürzt vor seinen Pferden lagen, schlug er den Feind in die Flucht.

Von David, dem König Israels, der gegen die Syrer kämpfte, heißt es: »Aber die Syrer flohen vor Israel. Und David verderbte der Syrer 7000 Wagen und 40 000 Mann zu Fuß.«[74]

In einem arabischen Märchen schlagen die Könige Daoul Makhan und Scharkan in Begleitung von nur fünfundvierzig Kriegern den Feind in die Flucht: »Sie wachten im Morgengrauen auf und bereiteten sich sogleich zum Gebet vor [...]. Dann standen sie munter auf und stürzten sich auf den Befehl Daoul Makhans wie Löwen auf eine Schweineherde. Und sie vollendeten an diesem Tag ein bedeutendes Massaker an ihren vielen Feinden. Die Schwerter und die Lanzen schlugen aufeinander. Die Speere sprengten die Rüstungen und die Krieger stürzten sich in den Kampf wie blutrünstige Wölfe. Und Scharkan und Daoul Makhan ließen Blut in Strömen fließen, bis die Ufer des Flusses überliefen und das Tal unter dem Leichenhaufen verschwand.«[75]

Moderne Historiker werden dem entgegenhalten, die Zahlen seien maßlos übertrieben, andere werden sagen, es handele sich um königliche Propaganda. In Wahrheit ist dies ein lyrischer Ausdruck des semitischen Bewußtseins, das dem Wort eine schöpferische Kraft zubilligt, die den genannten Ereignissen Ewigkeit gewährt. Es sind keine »Übertreibungen« im modernen Sinne, sondern vielmehr die Übertragung der Tatsachen in ein Universum, in dem das Streben nach Ruhm eine zentrale Rolle spielt und das durch das Wort für immer real bleibt. In diesen Überlieferungen wird nicht unterschieden zwischen einem tatsächlichen Heldentum und seiner poetischen Überhöhung.

Genausowenig wird zwischen der wirklichen Welt und dem mythischen Universum unterschieden, die ineinander übergehen. Die Kriegsberichte werden bei den semitischen Völkern in Form von Gedichten vorgetragen und handeln von den furchterregendsten und mächtigsten (tierischen und natürlichen) Kräften des Universums, die sich mit der immer noch von einer Gottheit gelenkten Person des Königs vereinen, und auf diese Weise erhält er seine außergewöhnliche Stärke und Macht. Der Herrscher ist Stier, Löwe, Leopard, ein Falke und Adler gleichermaßen, er ist der Wind und der zerstörerische Sturm – die Bilder sind oft kraftvoll und schön.

In Ägypten vermitteln die in die Wände des Totentempels von Ramses III. in Medinet Habu eingemeißelten Inschriften dank ihrer lyrischen Farbigkeit und Eindringlichkeit und dank des Reizes der machtvollen magischen Worte eine Vorstellung von der unüberwindlichen Stärke des königlichen Helden. Ramses III. stürmt gegen die Libyer: »Ich stürze mich auf sie wie ein Löwe, ich besiege sie und mache Bündel aus ihnen. Ich verfolge sie wie der göttliche Falke, wenn er die kleinen Vögel in ihrem Nest gesehen hat. Keiner meiner Pfeile verfehlt sein Ziel, und mein Herz brüllt wie ein Stier über die Schafe [...]. Seine beiden Arme [die von Ramses III.] zerreißen die Brust desjenigen, der seine Grenzen überschritten hat. Er braust auf, entfesselt seine Kräfte und streckt seine rechte Hand aus, dringt ein und zerstört, metzelt auf der Stelle Zehntausende unter der Brust seiner Pferde nieder. Er betrachtet die große Masse der Feinde, Heuschrecken gleich, er schlägt auf sie ein, walzt sie nieder, zertrampelt sie, als ob er durch ein Kornfeld ginge. Er ist der Held mit den gewaltigen Hörnern (Stier-König).«[76] Oder: »Alle Länder hatten sich gegen Ägypten verbündet. Doch Gott hat sie hergeführt, damit der mächtige und beherzte Löwe sie zerstört. Seine gut bewaffnete Kralle glich den Fängen eines Raubvogels. Sie wurden aufgerieben, als sie am ganzen Körper zitternd vorwärtsschritten, um wie Mäuse durch seinen Arm zu sterben.«[77]

Die gleiche Vorstellung und eine ganz ähnliche Ausdrucksweise findet sich in manchen biblischen Texten wieder: Nachdem das Volk Israel auf der Flucht aus Ägypten den Sinai verlassen hatte, um vierzig Tage lang die Wüste zu durchqueren, gelangte es in Transjordanien an die Grenze des Territoriums von Moab. Die moabitischen Prinzen riefen den göttlichen Bileam an und baten ihn, ihnen gegen den Eindringling beizustehen und ein Zeichen zu senden.[78] Doch Bileam, der nur Gott gehorchte und die Neuankömmlinge willkommen hieß, prophezeite: »Siehe, das Volk wird aufstehen wie ein junger Löwe und wird sich erheben wie ein Löwe. Es wird sich nicht legen, bis es den Raub fresse und das Blut der Erschlagenen saufe [...]. Er wird die Heiden, seine Verfolger, fressen und ihre Gebeine zermalmen und mit seinen Pfeilen zerschmettern. Er hat sich niedergelegt wie ein Löwe; wer will sich wider ihn auflehnen?«[79] Die gleichen gefühlsgeladenen Worte benutzt Jeremia, als er das Unglück prophezeit, das die unerbittlichen, aus dem Norden kommenden Heere über Juda und Jerusalem bringen würden. Den Besiegten bliebe keine Hoffnung, es sei denn, sie bekennen sich zu Gott: »Siehe, er fährt daher wie Wolken, und seine Wagen sind wie ein Sturmwind, seine Rosse sind schneller denn Adler.«[80]

Derselbe lyrische Impetus findet sich auch in einigen Heldengeschichten arabischer Märchen: »Beide Seiten stürzten sich aufeinander und gerieten aneinander wie die Wellen eines stürmischen Ozeans. Und das Herz der Krieger von Saleh war härter als Fels. Ihre kreisenden Schwerter vollendeten die Bestimmung des Schicksals. Und der tapfere König Saleh, der Held mit dem Herzen aus Granit, der Ritter mit der Lanze und dem Schwert, enthauptete seine Feinde und durchbohrte ihre Brust, wobei er Sprünge machte, die Felsbrocken von den Bergen lösten [...]. Der Meeresboden bebte unter den Fußstapfen der schwerbewaffneten Krieger.«[81]

Der Ablauf ist in allen Überlieferungen derselbe: Um ein Gefühl auszudrücken, bezieht man sich auf konkrete, sichtbare oder leicht vorstellbare Ereignisse, die ein besseres Verständnis ermöglichen. Zu diesem Zweck bedient man sich gerne der Bilder aus der Tierwelt: Jedes Tier hat seine Eigenheiten, die es möglich machen, die Handlungen der Menschen und ihre Beweggründe besser zu bestimmen – man bedient sich dabei aber auch anderer Bausteine des Universums. Es ist eine Eigenart des semitischen Bewußtseins, auf diese Weise eine eindrucksvolle Darstellung, ein Gedicht der empfundenen Sinne entstehen zu lassen. Wie auch immer man es wenden mag, diese Texte sind keine »Übertreibungen« und noch viel weniger »Propaganda«, sondern vielmehr Ausdruck des Bestrebens bzw. des Bedürfnisses, das Geistige mit Hilfe von gegenständlichen Bildern zu veranschaulichen.

Die klarste und zugleich kürzeste Beschreibung der Auffassung vom königlichen Helden findet sich in einem arabischen Märchen: »Das Eisen vom Speer wurde zu seinen Federn, das Herz der Feinde zu seinem Schreibpapier und ihr Blut zu seiner gewöhnlichen Tinte.«[82]

In den Kriegsschriften der verschiedenen semitischen Völker finden sich verwandte Bilder.

So etwa in bezug auf die Flucht des Feindes. »Kein Feind schaute sich um, doch sie flohen Hals über Kopf wie die Ziegenherden in den Bergen« (Ägypten, Thutmosis III., 1469 v. Chr.).

Der arabische König Daoul Makhan bedankt sich bei Gott mit den Worten: »Dir gebührt Ruhm und Ehre. Du hast meine Stirn mit deinem Triumph geschmückt. Durch deinen Beistand haben wir die Rum [die Christen] niedergemetzelt, denn sie haben deine Macht geleugnet; wir haben sie bei ihrer Flucht verfolgt und auf sie eingeschlagen wie auf eine Viehherde« (arabisches Märchen).

Mose, der mit dem Volk Israel den Jordan überschritten hatte, richtet sich mit folgenden Worten an Israel: »Da zogen die Amoriter aus, die auf dem Gebirge wohnten, euch entgegen, und jagten euch, wie die Bienen tun, und schlugen euch zu Seit bis gen Horma« (5. Mose 1,44).

Diesem Bild sehr ähnlich ist das folgende: Für einen Krieger »ist das Leben nur ein Hornissenstrahl auf der Spitze eines Speeres« (arabisches Märchen).

Selbst völlig unbedeutende Kleinigkeiten werden aufgegriffen, um die banalste Wirklichkeit zu transzendieren. Mittels einfacher und alltäglicher Bilder entsteht gleichsam eine zweite, klarer konturierte Landschaft.

Gott haucht Bileam die folgenden Worte ein, als dieser vor den in der Wüste aufgeschlagenen Zelten der Stämme Israels steht: »Wie fein sind deine Hüllen, Jakob, und deine Wohnungen, Israel!

Wie die Täler, die sich ausbreiten, wie Gärten an den Wassern, wie die Aloebäume, die der Herr pflanzt, wie die Zedern an den Wassern.«[83]

Die königlichen Eigenschaften

Bei der Herrschaft über sein Königreich muß der Monarch seine vorzüglichen moralischen Eigenschaften unter Beweis stellen: In erster Linie muß er über einen ausgeprägten Gerechtigkeitssinn verfügen, über Güte, Weisheit und Vernunft, über Intelligenz und Liebe zu seinem Volk.

So lehrte König Kheti III. um 2100 v. Chr. seinen Sohn Merikare folgendes: »Der König muß der Herr über die Freude sein. Wenn du gerecht bist, kannst du dank deiner Kraft schlafen. [...] Der König muß weise sein. Als Herr über seine Höflinge darf der Monarch nicht unwissend sein; er war bereits weise, als er aus dem Schoß seiner Mutter geboren wurde, und Gott hat ihn unter Millionen von Menschen auserkoren. Das Königtum ist eine schöne und gute Aufgabe. Ein einziger Mensch überträgt einem anderen die Fähigkeit (dem Sohn des Herrschers). Jeder handelt in Folge seines Vorgängers derart, daß dessen Werke vom Nachfolger fortgesetzt werden.« »Laß Gerechtigkeit walten, solange du auf der Erde weilst. Tröste jene, die weinen. Hüte dich davor, zu Unrecht zu bestrafen. Unterdrücke nicht die Witwe. Schließe niemanden vom Erbe seines Vaters aus.«[84]

Der jüdische Psalmendichter sollte verkünden: »Im Reich dieses Königs hat man das Recht lieb.«[85] In einem Spruch von Salomo heißt es: »Den Königen ist Unrecht tun ein Greuel, denn durch Gerechtigkeit wird der Thron befestigt. Recht raten gefällt den Königen; und wer aufrichtig redet, wird geliebt. Des Königs Grimm ist ein Bote des Todes, aber ein weiser Mann wird ihn versöhnen. Wenn des Königs Angesicht freundlich ist, das ist Leben, und seine Gnade ist wie ein Spätregen. Nimm an die Weisheit, denn sie ist besser als Gold.«[86] »Fromm und wahrhaftig sein behütet den König, und sein Thron besteht durch Frömmigkeit.«[87]

Als Salomo, der König von Israel, die Nachfolge seines Vaters David (um 970 v. Chr.) antrat, hatte er eines Tages einen Traum und richtete folgende Bitte an Gott: »So wolltest du deinem Knecht geben ein gehorsames Herz, daß er dein Volk richten möge und verstehen, was gut und böse ist. Denn wer vermag dies dein mächtiges Volk zu richten? [...] Und Gott sprach zu ihm: Weil du solches bittest und bittest nicht um langes Leben noch um Reichtum noch um deiner Feinde Seele, sondern um Verstand, Gericht zu hören, siehe, So habe ich getan nach deinen Worten. Siehe, ich habe dir ein weises und verständiges Herz gegeben, daß deinesgleichen vor dir nicht gewesen ist und nach dir nicht aufkommen wird.«[88] Salomo wurde zu einem gerechten und weisen Musterkönig, der weit über die Grenzen seines Reiches hinaus bekannt war: »Und alle Könige auf Erden suchten das Angesicht Salomos, seine Weisheit zu hören, die ihm Gott in sein Herz gegeben hatte.«[89] Es wurden ihm wertvolle Geschenke überreicht, unter anderem von der Königin Saba. Seine Weisheit machte ihn zu einem mächtigen König. Man kennt die Geschichte der zwei Frauen, die sich um ein Kind stritten, und die Art und Weise, wie der König von Israel die Meinungsverschiedenheit löste. Es gibt viele ganz ähnliche Anekdoten. So wurde Salomo eines Tages ein Mann mit zwei Köpfen vorgestellt: Das Problem bestand darin, ob dieser Mann, der sechs Brüder hatte, ein Anrecht auf zwei Teile des Erbes geltend machen durfte, da er vorgab, zwei Söhne zu verkörpern. Salomo ging in der folgenden Nacht zum Tempel, um den Herrn um Erleuchtung zu bitten, da, mit er ein gerechtes Urteil fälle. Am Morgen versammelte Salomo alle Mitglieder des Sanhedrin[90] und befahl, den Mann mit den zwei Köpfen vorzuladen. Man brachte ihm den Mann, und er sprach zu ihm: »Wenn dieser Kopf fühlt, was ich dem anderen Kopf antue, So bedeutet das, daß wir es hier mit einem einzigen Menschen zu tun haben. Wenn er aber nichts fühlt, so sind es zwei Menschen.« Sogleich befahl Salomo, einen Eimer mit siedendem Wasser zu bringen und über den einen der zwei Köpfe zu gießen, was ausgeführt wurde. Doch der Mann schrie: »O König, wir sterben, wir sterben.«[91] Salomo herrschte nicht nur über die Menschen. Auch die Tierwelt huldigte ihm. Seine Weisheit und Gerechtigkeit ermöglichten es ihm so, über das gesamte Universum zu herrschen: »Fische, Geflügel, Haustiere und Wild kamen in Scharen in den königlichen Schlachthof, um sich für eine reich gedeckte Tafel des Königs zu opfern [...]. So lernte Salomo die Sprache der Vögel und der Tiere sprechen. Hirsche und Rehböcke liefen stets vor ihm her, Tiger und Löwen trugen seine Waffen.«[92] Wir haben es hier mit einer Scheinwelt zu tun, wie sie die Semiten lieben und in der sich alle Elemente der Natur vereinen, um ein Universum zu bilden, in dem Menschen und Tiere zusammenleben und von den gleichen Gefühlen geleitet werden.

Eine andere Eigenschaft, die der König haben muß, ist Demut vor der Macht, denn sie ist vergänglich. Der arabische Philosoph ägyptischer Abstammung, Ahmed El Kalyoubi, der im 16. Jahrhundert unserer Zeitrechnung lebte und von dem bereits häufiger die Rede war, schrieb: »Die Macht vergeht, die Verehrung des Herrn bleibt. Die Anbeter Gottes werden am Tag der Auferstehung für ihre Unterwerfung belohnt.«

Um diese Äußerungen zu verdeutlichen, überliefert uns El Kalyoubi eine Geschichte, deren Hauptperson König Salomo ist. Sein Ruhm war zeitlos und überall bekannt: »Eines Tages fuhr Salomo, der Sohn Davids, mit seinem Wagen an einem Hirten und seiner Schafherde vorbei. Der Hirte rief aus: ›Dem König Salomo, Sohn des David, wurde eine glorreiche Macht verliehen!‹ Der Wind trug diese Worte bis an die Ohren Salomos, der von seinem Wagen stieg, auf den Mann zuging und sagte: ›O Hirte, ein einziges Wort der Huldigung Gottes, das von einem seiner Diener ausgesprochen wird, ist für den Herrn mehr wert als das Reich von Salomo, denn dieses Reich wird eines Tages zerstört sein, die Huldigung aber wird an jenem haftenbleiben, der sie geäußert hat, und ihm am Tag seiner Auferstehung von Nutzen sein.‹«[93]

Dies erinnert an einen ägyptischen Gesang (um 2000 v. Chr.), in dem ebenfalls von der Vergänglichkeit der irdischen Macht die Rede ist: »Ein glückliches Schicksal ist nun zu Ende. Jene, die früher Götter (Könige) waren, ruhen nun in ihren Pyramiden.«[94]

Im semitischen Bewußtsein ist die Monarchie göttlichen Ursprungs, eine vermittelnde Instanz zwischen den Völkern und der Götterwelt.

DIE FAMILIE

Die Familie bildete die Keimzelle der semitischen Gesellschaft. Daran hat sich in den meisten Ländern am Mittelmeer bis heute nichts geändert.

Die Geschlossenheit des Familienverbandes sollte das glückliche und moralische Gemeinschaftsleben garantieren. Im Zentrum stand der Vater, das Familienoberhaupt, umgeben von seiner Ehefrau und den gemeinsamen Kindern, vor allem den Söhnen. Dabei hatte jedes einzelne Familienmitglied bestimmte Aufgaben zu erfüllen, um die Harmonie und das Gleichgewicht der Gruppe zu sichern. Das Verständnis dieser Pflichten und der Lebensgrundsätze stimmt bei den alten semitischen Völkern weitestgehend überein.

Ehefrauen und Frauen

Dem Vater als Familienoberhaupt zur Seite gestellt, hat die Ehefrau eine äußerst wichtige Funktion. Sie gebiert und sichert so den Fortbestand der Familie. Sie ist für die Überwachung der Hausarbeiten und den reibungslosen Ablauf der häuslichen Angelegenheiten verantwortlich. Sie muß ausgleichend wirken, ist ein Liebespfand für ihren Mann und für ihre Kinder, das emotionale Zentrum der Familie.

Die Eheschließung ist eine wichtige Angelegenheit. Der Schreiber Anii lehrte seinen Sohn vor mehr als 3500 Jahren: »Nimm eine Frau, solange du noch jung bist. Sie wird dir einen Sohn gebären, und für dich wird sie dies in jungen Jahren tun. Es ist weise, Kinder zu zeugen. Die Menschheit ist glücklich, wenn sie zahlreich ist. Der Mensch wird geachtet, wenn er eine reiche Nachkommenschaft vorweisen kann.«[95] Die Ehefrau wird insbesondere für ihre lebenspendende Fruchtbarkeit geachtet. Die Vorstellungen der Ägypter und die etwa 3000 Jahre jüngeren der Moslems weichen kaum voneinander ab. Im 21. Grundsatz des Weisen Ptahhotep (um 2500 v. Chr.) heißt es: »Wenn du ein vornehmer Mann bist, so gründe eine Familie und verwöhne deine Frau in deinem Haus, wie es sich geziemt. Stille ihren Hunger, kleide ihren Rücken. Für ihre Glieder sind Salben das richtige Mittel. Mache sie glücklich, solange du lebst. Für den, der sie besitzt, ist sie wie ein fruchtbares Feld.« In der zweiten Sure des Koran (Vers 223) heißt es: »Eure Frauen sind für euch ein Saatfeld. Geht zu diesem eurem Saatfeld, wo immer ihr wollt!« In den Sprüchen Salomos wird die Frau als eifrige »Herrin des Hauses« bezeichnet, die Ägypter bezeichneten sie als *nebet per*. »Glücklich kann sich der schätzen, der eine beherzte Frau gefunden hat! In sie legt das Herz ihres Gatten sein ganzes Vertrauen. Auch mangelt es ihr nicht an Möglichkeiten. Sie arbeitet für sein Glück jeden Tag ihres Lebens. Niemals verursacht sie ihm Schmerz […]. Sie steht bereits auf, wenn es noch Nacht ist. Sie verteilt die Mahlzeiten in ihrem Haus und gibt dabei den Dienern ihren Anteil. […] Ihr Licht verlischt des Nachts nicht.«[96] Dieses ideale Porträt der Ehefrau findet sich bereits etwas differenzierter – in der Unterweisung, die der Schreiber Anii seinem Sohn erteilt: »Kontrolliere deine Frau nicht zu Hause. Wenn du weißt, daß sie fleißig ist, so sage ihr nicht: ›Wo ist dies? Bringe es mir‹, obwohl sie es an den richtigen Platz geräumt hat. […] Beobachte sie aus dem Augenwinkel, wenn du schweigsam bleibst, so kannst du ihre Fähigkeiten gewahren. Es ist auch gut und ein glücklicher Umstand, wenn sie deine Hand nimmt. Viele kennen das gar nicht.«

Tugend und Vernunft sind die Eigenschaften einer guten Ehefrau. Von Salomo stammt der folgende Spruch: »Haus und Güter vererben die Eltern; aber ein vernünftiges Weib kommt vom Herrn.«[97] »Ein schönes Weib ohne Zucht ist wie eine Sau mit einem goldenen Haarband.«[98] »Ein tugendsam Weib ist eine Krone ihres Mannes; aber eine böse ist wie Eiter in seinem Gebein.«[99] Auch für die Moslems ist eine gute Ehefrau ein Geschenk Gottes, und sie sorgt für den Fortbestand des »Familienclans«: »Er ist der Schöpfer von Himmel und Erde. Er hat euch Menschen und auch die Herdentiere zu Paaren gemacht und dadurch bewirkt, daß ihr euch auf der Erde verbreitet.«[100] Diese etwas grobe Annäherung an die Tierwelt soll lediglich an die Fruchtbarkeit der Familie und ihren Wohlstand erinnern. Doch die Gefühlsbindung, die Ehemann und Ehefrau vereinen soll, wird mit Zärtlichkeit erwähnt, ähnlich in der Beschreibung des bereits zitierten Schreibers Anii: »Und zu seinem Zeichen gehört es, daß er euch aus euch selber Gattinnen geschaffen hat, damit ihr bei ihnen ruhet. Und er hat bewirkt, daß ihr einander in Liebe und Erbarmen zugetan seid.«[101]

Aber eine schlechte Gattin in einem Haus ist ein wahres Kreuz, ein Unglück für ihren Gatten. Für den weisen Salomo heißt dies: »Ein zänkisches Weib und stetiges Triefen, wenn's regnet, werden wohl miteinander verglichen. [...] Es ist besser, wohnen im Winkel auf dem Dach, denn bei einem zänkischen Weibe in einem Hause beisammen.«[102] Der arabische Philosoph El Kalyoubi übermittelt uns folgende Anekdote: »Es heißt, daß dem Gefährten von Mohammed, Abu Moslem el Khawlani, eines Tages ein gut gebautes Rennpferd vorgeführt wurde. Er fragte jene, die das Pferd am Halfter festhielten: ›Was taugt dieses Pferd?‹ Die Männer antworteten: ›Es taugt, um Kriege auf dem Wege Gottes zu führen.‹ – ›Nein.‹ – ›Es taugt dazu, dem Feind vorauszusein‹, fuhren sie fort. ›Nein.‹ – ›Dann sag uns, wozu er taugt? Sag es uns!‹ – ›Der Mann möge weit weg von der schlechten Frau und vor schlechten Nachbarn fliehen.‹«[103]

Um die Familienharmonie zu wahren, soll der Mann davon Abstand nehmen, sich fremden Frauen zu nähern, denen er begegnen könnte. Der Wesir Ptahhotep warnte im Alter von 110 Jahren, als erfahrener Mann, seinen Sohn: »Wenn du möchtest, daß eine Freundschaft in einem Haus andauert, das du – ganz gleich wo – als Herr, Bruder oder Freund betrittst, so halte dich von den Frauen fern. Da, wo sie sind, ist es nicht gut. Wer sich wegen ihnen streitet, der ist nicht weise. Doch viele Männer kehren so von dem ab, was ihnen vorteilhaft sein könnte. Man kann den Verstand für einen herrlichen Körper verlieren und man wird dann wie der Stein *herset.*[104] Ein kurzer Augenblick, wie in einem Traum, und der Tod hat sich endlich ihrer bemächtigt.«[105] Mit all seiner Weisheit sagt Anii: »Die Frau ist ein tiefes Gewässer, dessen Größe man verkennt.«

Salomo drückt sich so aus: »Denn eine Hure ist eine tiefe Grube, und eine Ehebrecherin ist ein enger Brunnen. Und lauert sie wie ein Räuber, und die Frechen unter den Menschen sammelt sie zu sich.«[106]

Dem Gesetz des Islam zufolge »sind jene Gläubigen sicher glücklich, die fromm beten, sich von jeder Bedeutungslosigkeit abwenden, ihr Sexualleben auf ihre Ehefrauen und Konkubinen beschränken; die Abtrünnigen sind jene, die andere Frauen begehren.« In der Tat ist die Frau eine »schlechte Rippe« bzw. eine »krumme Rippe«. Dieser Beiname wird ihr heute noch oft von den Arabern gegeben. Der Grund dafür ist, daß die Frau den Überlieferungen zufolge aus einer Rippe Adams erschaffen wurde. Sie entstand aus seiner letzten Rippe, einer Rippe schlechter Qualität, einer krummen Rippe.

Es liegt in der Natur der Frau, für den Mann eine verführerische Falle darzustellen. Eine junge Ägypterin etwa »fängt« einen Mann wie einen Vogel: »Der Mund meiner Schwester [gebräuchliche Bezeichnung der Geliebten, die nicht die Verwandtschaft ausdrückt, sondern lediglich ein Zeichen der Zärtlichkeit ist] ist eine Lotusknospe. Ihre Brüste sind Granatäpfel. Ihre Arme sind Schraubstöcke. Ihre Stirn ist der Reif der Akazie [gebräuchliche

Falle für den Vogelfang]. Und ich bin die wilde Gans. Ich hebe meinen Blick auf ihr köderndes Haar. Und schon bin ich in der Falle gefangen.«[107] Die Vogelfängerin kann auch zur Jägerin werden, die den Mann mit der Fangleine einfängt, so wie man wilde Büffel in den Sümpfen des Nil einfängt: »Da sie eine gute Fangleinenwerferin ist, ohne jedoch die Steuer für ihr Vieh zu entrichten, wirft sie auf mich ein Lasso mit ihren Haaren. Sie lockt mich mit ihren Augen in die Falle.« »Ihre Kette ist für mich ein Halfter. Mit ihrem Ring markiert sie mich wie eine Kuh mit dem glühenden Eisen« (Ägyptischer Gesang).

Salomo lehrt seinen Sohn: »Denn die Lippen der Hure sind süß wie Honigkeim, und ihre Kehle ist glätter als Öl, aber hernach bitter wie Wermut und scharf wie ein zweischneidiges Schwert.«[108] Der Prediger (Salomo) verkündet: »Und fand, daß bitterer sei denn der Tod ein solches Weib, dessen Herz Netz und Strick und deren Hände Bande sind.«[109] Er sprach aus Erfahrung, denn er, der weise Salomo, war auch in diese Falle geraten: »Hat nicht Salomo, der König Israels, daran gesündigt? Und war doch in vielen Heiden kein König ihm gleich, und er war keinem Gott lieb, und Gott setzte ihn zum König über ganz Israel; dennoch machten ihn die ausländischen Weiber sündigen[110], lautet der Vorwurf Nehemias, dem Regierungsoberhaupt von Juda.

Die Araber sprechen von der »Frau mit den verräterischen Augen«.

Dies drückt zwar Mißtrauen und Angst aus, doch es belegt auch die Anziehungskraft der Frau: Es kann geschehen, daß der Mann der weiblichen Schönheit erliegt. Bei den Semiten erfährt sie eine sehr ähnliche Einschätzung: »Sie hat eine strahlende Gesichtsfarbe. Der Anblick ihrer Augen ist bezaubernd. Die Worte aus ihrem Munde sind sanft. Ihr Hals ist lang, ihre Brüste schillern. Ihre Haarpracht ähnelt dem Lasurstein, der bläulich schwarz schimmert. Ihre Arme sind schöner als Gold. Ihre Finger sind den Knospen der Lotusblüte gleich. Starke Schenkel und schlanke Taille unterstreichen zusammen mit den langen Beinen ihre Schönheit. Edel ist ihre Haltung, wenn sie über den Boden schreitet.«[111]

Joseph Hacohen, ein jüdischer Arzt aus Avignon, der im 16. Jahrhundert lebte, beschreibt die Frau folgendermaßen: »Erwache, mein Geist. In einem rhythmischen Gesang des Beckens werde ich dir von der Herrlichkeit und Schönheit der Frauen erzählen. Suche dir eine Frau, deren Haare lang sind. Auch was die Hände und Beine angeht, solltest du die langen bevorzugen. Ihre Stirn soll hoch und ihre Brust weit sein. Ihre Hüften sollen breit, ihr Hinterteil fest sein. Suche dir einen Hals aus, der rund ist. Ebenso soll ihr Hinterteil rund sein sowie ihre Unterarme [...]. Ihre Augenbrauen sollen, genau wie ihre Augen und Haare, schwarz sein.«[112]

Als der Kalif Harun-ar-Raschid eines Nachts nicht schlafen konnte, versuchte der arabische Dichter Abu-Nowas ihn mit dem folgenden Gedicht zu zerstreuen: »Der betörende nächtliche Wind wog langsam die Linie ihrer Taille hin und her, und ihr schwerer Hintern beschrieb schwingende Bewegungen. Auch ihre Brust mit ihren zwei kleinen Granatäpfeln, ihrem Busen, bog sich [...]. Sie erschien halbnackt, als sie aus ihrem zerwühlten Kleid herausschlüpfte wie eine Blume aus ihrem Kelch.«[113] Die hier vorgestellte Frau hat offene Haare, einen eleganten Hals, längliche, schwarze und funkelnde Augen. Ihre Taille ist geschmeidig, ihre langen Beine sind schlank und ihre Brüste ähneln dem Granatapfel. Ihre Hüften und ihr Hinterteil sind ausladend und breit.

Liebes- und Ehespiele sind ein bevorzugtes Motiv der semitischen Literatur: Gedichte und Liebeslieder sowie Märchen beschreiben diese glückliche und bewegte Zeit der Jugend. Liebesgedichte sind sicher eine universelle Erscheinung, es gibt sie nicht nur bei den semitischen Völkern. Diese zeichnen sich jedoch durch einen ganz besonderen Stil und eine eigene Ausdrucksform aus. Die semitische Poesie ist visuell, wohlklingend und tiefgründig. Sie schöpft ihre Ausdrucksstärke aus der Schönheit der Bilder, in denen Landschaften wie auch empfundene Gefühle gerne miteinander vermischt werden, so daß die intensiven Gefühle leicht nachzuempfinden sind. Die semitische Poesie ist lyrisch und voller Zärtlichkeit, sinnlich oder auch mythisch. Die ältesten dieser Liebesgedichte entstanden in Ägypten zur Zeit der 18. Dynastie (um 1500 v. Chr.). Sie verbreiteten sich sehr schnell und über einen langen Zeitraum hinweg im gesamten Nahen Osten und beeinflußten offensichtlich das Hohelied Salomos an Sulamith.

Die Frau wird als fruchtbares Wesen mit der nahrungspendenden Natur verglichen. Sie trachtet nach der Ehe, dem Ziel ihrer Liebesspiele.

Nachfolgend seien einige der wichtigsten Bilder der semitischen Liebeslyrik beschrieben.

Frau und Natur

Die Frau wird mit den anmutigen und geschmeidigen Wesen der Fauna sowie mit den schönsten Geschöpfen der Flora und ihren aufregendsten Düften verglichen. Sie sind sich ähnlich und miteinander verwandt. Die Frau ist auch ein Teil der Gestirne.

»O du einzigartiges Wesen, meine Schwester ohnegleichen. Die Schönste von allen. Sie ähnelt dem aufgehenden Morgenstern. An der Schwelle eines glücklichen Jahres.« »Durch ihre Schönheit tritt die schillernde Morgenröte hervor« (ägyptischer Gesang, 1300 v. Chr.). Die mit Sothis-Orion, dem Neujahrsstern, verglichene Geliebte kündigt dem sie verehrenden Mann ein neues Leben an. Und auch der folgende sinnliche und bewegende Satz kommt aus Ägypten: »Deine Liebe umfängt mich wie die Arme des Windes das Schilfrohr.«

»Siehe, meine Freundin, du bist schön! siehe, schön bist du! Deine Augen sind wie Taubenaugen zwischen deinen Zöpfen. Dein Haar ist wie eine Herde Ziegen, die gelagert sind am Berge Gilead herab. Deine Zähne sind wie eine Herde Schafe mit beschnittener Wolle, die aus der Schwemme kommen, die allzumal Zwillinge haben. Und es fehlt keines unter ihnen. Deine Lippen sind wie eine scharlachfarbene Schnur. Deine Wangen sind wie der Ritz am Granatapfel zwischen deinen Zöpfen. Dein Hals ist wie der Turm Davids [...]. Deine zwei Brüste sind wie zwei junge Rehzwillinge, die unter den Rosen weiden [...]. Meine Schwester, liebe Braut, du bist ein verschlossener Garten, eine verschlossene Quelle, ein versiegelter Born. Deine Gewächse sind wie ein Lustgarten von Granatäpfeln mit edlen Früchten, Zypernblumen mit Narden, Narde und Safran, Kalmus und Zimt, mit allerlei Bäumen des Weihrauchs, Myrrhen und Aloe mit allen besten Würzen. Ein Gartenbrunnen bist du, ein Born lebendiger Wasser, die von Libanon fließen« (Hohelied Salomos an Sulamith).

»Wer ist, die hervorbricht wie die Morgenröte, schön wie der Mond, auserwählt wie die Sonne, schrecklich wie die Heerscharen« (Hohelied Salomos 6, 10).

»Es scheint, als hätte Gott sie aus Muskat erschaffen, während er für die Menschen Schlamm nahm. Oder als hätte er sie aus reinem Silber geformt und sie mit dem reinsten Gold gekrönt und so eine neue Schönheit geschaffen. Sie soll sich unter dem Gewicht ihrer Perlenketten neigen, die ihren Wert unterstreichen. Ihre Armreifen bringen ihre zarten Hände zum Bluten. Die Sonne selbst hat ihr als Amme hinter ihrem Schleier gedient. Es scheint, als würde sich die Herrlichkeit der Sterne als Schutz und Schmuck auf ihrer Wange abbilden. O du üppiger Garten« (arabisches Gedicht von Ibn Zaydun, 11. Jahrhundert).

Frau und Liebe

Die semitische Dichtung weist zahlreiche gemeinsame Motive und ähnliche Wendungen auf:

– *Die Brautwerbung:* »O mögest du zu deiner Schwester eilen. So wie das Pferd des Königs, das Beste aller Ställe, ausgewählt unter tausend Rössern jeder Art […]. O mögest du zu deiner Schwester eilen! So wie eine Gazelle, die durch die Wüste springt« (ägyptischer Gesang).

»Flieh, mein Freund, und sei gleich einem Reh oder jungen Hirsche auf den Würzbergen« (Hohelied Salomos).

– *Der Kuß:* »Meine Schwester ist gekommen, und mein Herz ist erfüllt von Freude. Meine Arme öffnen sich, um sie zu umarmen. Mein Herz springt auf der Stelle wie ein Goldfisch in seinem Teich […]. Wenn ich sie umarme und sich meine Arme öffnen, wähne ich mich im Lande Punt[114], es scheint, als sei mein Körper mit Parfüms durchtränkt. Wenn ich sie küsse und sich ihre Lippen öffnen, so bin ich berauscht, ohne Gerstensaft getrunken zu haben« (ägyptisches Lied).

»Wie schön ist deine Liebe, meine Schwester, liebe Braut! Deine Liebe ist lieblicher denn Wein, und der Geruch deiner Salben übertrifft alle Würze« (Hohelied Salomos).

Der Liebesrausch erinnert an die Trunkenheit in einem Universum berauschender und sinnlicher Düfte.

– *Liebeskummer:* »Ich werde in meiner Bleibe verharren und so tun, als sei ich krank. Die Nachbarn werden kommen, um nach mir zu sehen, und auch meine Schwester wird mit ihnen kommen. Sie wird die Anwesenheit von Ärzten überflüssig machen, denn sie kennt mein Leid« (ägyptischer Gesang).

»Die Ärzte versammelten sich um das Bett der schönen Prinzessin Amande, doch nichts vermochte sie ihrer Lethargie zu entreißen, nicht einmal Aderlasse oder Beschwörungen. Eines Tages jedoch kam die treueste Zofe zur Prinzessin, um ihr anzukündigen, daß der Prinz Jasmin tausend Schwierigkeiten überwunden hätte, um zu ihr zu gelangen. Da sprang die Tochter des Königs Akbar glücklich und tanzend auf. Ihr Gesicht war von einem inneren Feuer erleuchtet. Keine Spur blieb zurück von ihrem geheimnisvollen Leid, das kein Arzt zu heilen wußte. Daraufhin zog sie sich, behend wie eine Gazelle, in ihre Gemächer zurück« (arabisches Märchen: *Die Geschichte des Prinzen Jasmin und der Prinzessin Amande*).

– *Leidenschaftliche Gebete und eingebildete Lieben:*

»Ah! Wäre ich doch ihre Sklavin
Die ihre Füße kühlt,
So könnte ich ihren ganzen Körper betrachten.
Ah! Wäre ich doch ihr Wäscher,
und sei es nur für einen Monat,
ich würde das duftende Öl auswaschen,
mit dem ihr Schleier durchtränkt ist!
Ah! Wäre ich doch der Ring,
den sie am Finger trägt,
So würde ich ihr Leben verschönern«
(ägyptischer Gesang).

»Meine Augen finden keinen Schlaf mehr, also stelle ich mir das von meinen Seufzern nach dir ins Wanken geratene Schiff auf dem Meer vor. Wäre ich ein Kind und du meine Amme, so würde ich an deinen köstlichen Brüsten saugen und so meinen Durst stillen [...]. Wäre ich ein Speer und du diejenige, die mich in das Herz der Feinde stößt, so würde ich mich an ihrem Blut laben. Wäre ich ein Zelt und du meine Bewohnerin, so könnten wir uns in mir mit

Liebesspielen vergnügen, und wir würden uns in Freude kleiden [...]. Wäre ich ein Sklave und du meine Herrin, so würde ich darum betteln, dir dienen zu dürfen. Niemals würde ich die Freiheit wählen« (hebräisches Gedicht von Israel Najara, 16. Jahrhundert).

Zwar ist die Liebe auch in anderen Literaturen ein zentrales Thema, doch die Art und Weise, wie die Semiten ihre Gefühle auszudrücken vermögen, ist einzigartig. Bestimmte Bilder finden sich auch noch nach Jahrhunderten in verschiedenen Ländern wieder. Sie lassen sich vom 15. Jahrhundert v. Chr. in Ägypten bis ins 16. nachchristliche Jahrhundert (und darüber hinaus) in Palästina und anderen arabischen Ländern nachweisen. Denn diese Bilder speisen sich aus der Tiefe des semitischen Bewußtseins, dessen Sensibilität für Ereignisse in der Natur bemerkenswert ist. Die Natur findet sich in ihrer atemberaubenden Schönheit dargestellt und wird häufig mit den anziehendsten Wesen der göttlichen Schöpfung verglichen.

Die Gattin in der Gesellschaft

Sowohl in bezug auf die rechtliche Stellung der Frau als auch auf die Bräuche sind Verwandtschaften bei den verschiedenen semitischen Völkern nachweisbar. Die semitische Gesellschaft, ob im alten Ägypten (wo die Ehefrau einen eigenen Rechtsstatus besaß, moralisch und finanziell unabhängig war und ihren Kindern die Verwaltung ihrer Güter gemäß ihrem Willen überlassen konnte) oder im Islam Wer der Gattin ebenfalls ein Erbrecht einräumt, das Sorgerecht für die Kinder im Falle der Scheidung sowie die freie Verfügung über ihr Erbe während der Ehe«[115]), erkannte zu allen Zeiten die rechtliche Unabhängigkeit der Frau an. In seinen letzten Ausführungen, die als sein Testament gelten und die er während einer Abschieds-Wallfahrt kurz vor seinem Tod äußerte, sprach Mohammed: »O Männer, ihr habt ein Recht auf eure Frauen, aber sie haben auch ein Recht auf euch. Fürchtet Gott in eurem Verhalten gegenüber den Frauen.«

Sowohl in den Synagogen als auch in den Moscheen ist der Gebetraum, der den Frauen vorbehalten wird, von dem der Männer getrennt. In der Synagoge können sich beide Gruppen auf der gleichen Ebene, durch ein Gitter getrennt, aufhalten. Oder die Frauen müssen eine Ebene über dem heiligen Raum beten. Ähnlich verhält es sich in den Moscheen. Dies bedeutet nicht unbedingt eine Unterordnung der Frauen gegenüber dem Mann, sondern viel eher die Sorge um eine Trennung der Geschlechter, damit während der jeweiligen religiösen Zeremonie keine Kommunikation zwischen ihnen stattfindet. Sie darf durch keine entweihenden Gedanken gestört werden.

Die Vielehe war den alten Königen vorbehalten – Ramses II. hatte fünf »große königliche Gattinnen«, die die Liebe, politische Gründe oder ihre Blutsverwandtschaft an den königlichen Hof geführt hatte. Seine Konkubinen waren unzählig. Sie stammten aus Ägypten und aus allen Ländern seines Reiches. Aus diesen vielen Ehen und Beziehungen gingen mindestens fünfzig Söhne und dreiundfünfzig Töchter hervor. Der große Herrscher Salomo hatte, dem Buch der Könige zufolge, »siebenhundert Weiber zu Frauen und dreihundert Kebsweiber«[116], unter ihnen viele ausländische Frauen. Das entsprach sowohl den politischen als auch den amourösen Gepflogenheiten in den Königshäusern. Aber der König war, wie gesagt, ein außergewöhnliches Wesen. Im bürgerlichen Leben wurde das Haus, ob in Ägypten oder in Israel, prinzipiell nur von einer Frau geführt. Der Islam beschränkt die Anzahl der Ehefrauen auf vier. Vier Frauen gelten jedoch nur dann als statthaft, wenn jede Frau gleich behandelt wird. Jede Frau hat die gleichen körperlichen, moralischen oder finanziellen Ansprüche. Dem Ehemann, der diese Prinzipien nicht einhält, drohen grausame göttliche Sanktionen. Diese Vorbehalte laufen im Grunde auf die Empfehlung hinaus, in Monogamie zu leben. Der Islam wollte damit die Ehe in der Form gesetzlich regeln, wie sie von den alten Arabern praktiziert worden war, nämlich als eine Beziehungskonstellation, die auf Promiskuität hinauslief (und wie es sie in einigen archaischen Zivilisationen auch gab) – bei Respektierung des freien Willens einer jeden Frau (Scheidung, Verfügung über Hab und Gut).[117]

Die Mutter

Im familiären Kreis genießt die Mutter zeit ihres Lebens von allen Frauen am meisten Achtung und Respekt. Sie hat dem Kind das Leben geschenkt, es gestillt, beschützt und seine ersten Jahre begleitet. Die Aufgabe des erwachsenen Sohnes ist es, seine Mutter zu ernähren und zu beschützen. In sehr ähnlichen Formulierungen bringen die Semiten ihre Dankbarkeit gegenüber der Mutter zum Ausdruck. Der Schreiber Anii hat die gebotene Dankbarkeit gegenüber der Mutter in der an seinen Sohn gerichteten Unterweisung in einer von Realismus und Liebe des Kindes zu seiner Mutter geprägten, bewegenden Sprache formuliert: »Verdopple den Unterhalt, den dir deine Mutter hat zukommen lassen. Unterstütze sie, wie sie dich unterstützt hat. Du warst für sie eine schwere Last, aber sie hat dich nie im Stich gelassen. Als du geboren wurdest, warst du monatelang an sie gebunden. Drei Jahre lang ernährten dich ihre Brüste. Als du größer wurdest, waren deine Exkremente abstoßend, aber ihr Herz war nicht angewidert, sondern sie fragte: ›Was kann ich noch tun?‹ Als sie dich in die Schule schickte, damit du schreiben lernst, war sie jeden Tag da, paßte auf dich auf, um dich mit Brot und Gerstensaft aus ihrem Haus zu versorgen [...]. Gründe auch du eine Familie. Achte dann auf deine Kinder, wie deine Mutter auf dich geachtet hat. Sorge dafür, daß sie sich deiner nicht zu schämen braucht und ihre Hände nach Gott ausstrecken muß, denn er würde ihre Hilferufe erhören.«

Bei den Semiten finden sich zahlreiche lebendige Beispiele für die Ergebenheit des Kindes der Mutter gegenüber. So hatten der Hebräer Elimelech und seine Frau Naemi mit ihren beiden Söhnen ihre Heimat, Bethlehem, verlassen, weil sie vor der Hungersnot fliehen mußten. Sie suchten Zuflucht im Land der Moabiter, im Südosten des Toten Meeres. Die Söhne heirateten moabitische Ehefrauen, von der die eine Ruth, die Moabiterin, hieß. Nach einiger Zeit starben Elimelech und seine zwei Söhne. Naemi blieb alleine zurück. Da entschied sie sich, nach Bethlehem zurückzukehren, und bestand darauf, daß ihre zwei Schwiegertöchter in ihrem Heimatland blieben. Ruth jedoch beschloß, sie nicht zu verlassen und bei ihr zu bleiben, um sie zu unterstützen und zu beschützen, So daß sie ihrer Schwiegermutter folgendes entgegnete: »Rede mir nicht ein, daß ich dich verlassen sollte und von dir umkehren. Wo du hingehst, da will ich auch hingehen; wo du bleibst, da bleibe ich auch. Dein Volk ist mein Volk, und dein Gott ist mein Gott. Wo du stirbst, da sterbe ich auch, da will ich auch begraben werden. Der Herr tue mir dies und das, der Tod muß mich und dich scheiden.«[118]

Später sagte der Prophet Mohammed folgenden bewegenden Satz: »Der Schlüssel zum Paradies befindet sich unter den Füßen der Mütter.« Der Philosoph Ahmed el Kalyoubi übermittelt uns eine Anekdote, in der einige Sätze an die ägyptische Weisheit erinnern: »Eines Tages sah ein Scheich einen Mann ankommen, der eine alte Frau auf seinem Rücken trug. Er vollzog die rituellen Rundgänge von Mekka. Der Scheich fragte ihn, wer diese Frau sei. ›Sie ist meine Mutter‹, antwortete der Mann. ›Ich habe sie so von jenem Ort bis hierher getragen. Es hat sieben Jahre gedauert, diese Strecke zurückzulegen. Habe ich ihr deiner Meinung nach, o Scheich, das gegeben, worauf sie einen Anspruch hat?‹ – ›Wenn du tausend Jahre alt wärest‹, antwortete der Scheich, ›und du sie jedes Jahr so getragen und mit ihr rituelle Rundgänge gemacht hättest, so hätte das nicht aufwiegen können, daß sie zu den schönsten Nachtstunden, in denen die Menschen normalerweise schlafen, wachte, um dich mit ihrem großzügigen Saft zu nähren, als du noch ein Säugling warst.‹ Der Mann weinte bitterlich und ging seines Weges.«[119]

Die Dankbarkeit gegenüber der Mutter und der Respekt, der ihr gebührt, sind nahezu universelle Lebensgrundsätze, die von den Semiten jedoch mit einer ganz besonderen Gemütsbewegung zum Ausdruck gebracht werden. Dies geschieht im Einklang mit der auch in täglichen Handlungen festzustellenden Großherzigkeit.

Die Kinder, der älteste Sohn

»Ein guter Sohn ist eine Gabe Gottes« (Ptahhotep, Epilog). Für Salomo »sind Kinder eine Gabe des Herrn, und Leibesfrucht ist ein Geschenk. Wie die Pfeile der Hand eines Starken, also geraten die jungen Knaben. Wohl dem, der seinen Köcher derselben voll hat!«[120] Für die Ägypter ist der Sohn ein »Stock im Alter« (Ptahhotep, Prolog und weitere zahlreiche Beispiele). Der Koran lehrt: »Und dein Herr hat bestimmt, daß ihr ihm allein dienen sollt. Und zu den Eltern sollst du gut sein. Wenn einer von ihnen oder alle beide bei dir im Haus hochbetagt geworden sind (und mit den Schwächen des Greisenalters behaftet sind), dann sag nicht ›Pfui!‹ zu ihnen und fahr sie nicht an, sondern sprich ehrerbietig zu ihnen und benimm dich ihnen gegenüber aus Barmherzigkeit freundlich und gefügig und sag: ›Herr, erbarm dich ihrer, wie sie mich aufgezogen haben, als ich klein und hilflos war!‹«[121]

Eine Glosse des Talmud zeugt von dieser respektvollen Bindung, die zwischen einem Sohn und dem Vater besteht»Eines Tages wurde der Rabbi Eliezer gefragt, bis wohin der Respekt des Kindes gehen müsse. Er antwortete: Seht, was ein Fremder namens Dama ben Netina tat. Eines Tages ging man zu ihm, um Edelsteine für den Ephod [das Gewand des Hohen Priesters] zu holen. Dieses Geschäft sollte ihm einen Gewinn von sechshunderttausend goldenen Dinaren einbringen. Doch der Schlüssel der Truhe, in der die Steine aufbewahrt wurden, befand sich unter dem Kopfkissen seines Vaters. Daher lehnte er das Vorhaben ab, um diesen nicht zu wecken. Im darauffolgenden Jahr belohnte ihn Gott. In seiner Kuhherde wurde ein makelloses rötliches Kalb geboren, was eine sehr seltene Begebenheit war.[122] Die Weisen Israels suchten ihn auf. Er sprach zu ihnen. ›Ich weiß, daß ihr mir alles Geld der Welt geben würdet, wenn ich euch darum bitten würde. Ich möchte jedoch nur die Summe, die mir voriges Jahr aus Respekt vor meinem Vater entgangen ist.‹«[123]

Es kann jedoch zuweilen auch vorkommen, daß der Sohn seinen Verpflichtungen nicht nachkommt. Das Thema des ungehorsamen und verlorenen Sohnes ist, wenngleich in unterschiedlichen Varianten, schon sehr alt.

Ptahhotep, 12. Grundsatz: »Die Saat eines Menschen kann auch einen Feind schaffen. Wenn er abweicht und deinen Rat mißachtet, wenn er deinen Anweisungen nicht folgt, wenn er in deinem Haus schlechte Absichten hegt, wenn er sich gegen dein Wort auflehnt und aus seinem Mund nur böse Worte kommen, so entferne dich von ihm. Sieh zu, daß nichts in seinen Besitz gelangt, verjage ihn [...]. Du wirst aus ihm aufgrund all seiner Worte einen Diener machen, du wirst ihn zu den Schuldigen stellen. Gott hat sein Unglück bestimmt, als er noch im Schoß seiner Mutter war.«

Das hebräische Gesetz ist härter: »Wenn jemand einen eigenwilligen und ungehorsamen Sohn hat, der seines Vaters und seiner Mutter Stimme nicht gehorcht und, wenn sie ihn züchtigen, ihnen nicht gehorchen will, so sollen ihn Vater und Mutter greifen und zu den Ältesten der Stadt führen [...]. So sollen ihn steinigen alle Leute der Stadt, daß er sterbe, und sollst also das Böse von dir tun, daß es ganz Israel höre und sich fürchte.«[124]

In der christlichen Welt kehrt der verlorene Sohn reuemütig zu seinen Eltern zurück und beichtet ihnen demütig seine Sünden, nachdem er das Erbe seines Vaters durch seinen ausschweifenden Lebenswandel verschwendet hat und daraufhin die Schweine eines Bürgers des Landes hüten mußte, um zu überleben. Es wurde ihm verziehen, und man schlachtete zu seinen Ehren ein fettes Kalb, denn »dieser mein Sohn war tot und ist wieder lebendig geworden; er war verloren und ist gefunden worden«.[125]

Auch wenn sich diese Geschichten ähneln, so ist die Strafe bei bestimmten Stämmen der Semiten strenger. Man verzeiht nicht.

Bei den Ägyptern stillt die Mutter ihr Kind drei Jahre, bei den Moslems zwei Jahre lang. Der Vater sorgt dann für seine Erziehung. Eine literarische Gattung, die bei mehreren semitischen Völkern existiert, ist die von den Vätern an ihre Söhne weitergegebene Belehrung.

In der Frühzeit Ägyptens gaben die alten Männer ihren Söhnen gern ihren Erfahrungsschatz weiter, den sie im Laufe ihres Lebens angesammelt hatten. Zum Teil war dieser ihnen schon von ihren eigenen Ahnen weitergegeben worden, zum Teil spiegelten sie eigene Überlegungen wider. Tradition und eigene Erfahrungen vermischen sich. Diese Ratschläge können konkrete Empfehlungen sein, zum Beispiel, wie man sich in der Gesellschaft zu benehmen hat, aber es kann sich auch um intellektuelle und moralische Ratschläge handeln, die von großem geistigen Wert sind und bezeugen, daß seit dieser Zeit an den Ufern des Nil eine hochentwickelte Zivilisation existierte, deren Mitglieder tiefgründige Überlegungen zur menschlichen Natur anstellten. Die (bereits wiederholt zitierten) Schriften des Wesirs Ptahhotep, des Schreibers Anii oder des Schreibers Amenemope zählen zu den am besten erhaltenen Manuskripten aus dieser Zeit, über die wir heute verfügen. Andere Texte zeugen von den Lehren, die ein König an seinen Sohn weitergab (Kheti III., Amenemhat I.). Vor viereinhalb Jahrtausenden sprach Ptahhotep zu seinem Sohn (im Epilog des Textes): »Es nützt einem gehorsamen Sohn, zuzuhören [...]. Zuhören ist schöner als alles andere. Wie schön ist es für einen Sohn, die Worte seines Vaters zu empfangen. Mit dieser Bürde wird auch er ein hohes Alter erreichen. Wer zuhört und gehorcht, wird von Gott geliebt [...]. Wenn der Sohn seinerseits ein hohes Alter erreicht hat, wird er genauso zu seinen Kindern sprechen und ihnen die Lehre seines Vaters vermitteln. Jeder Mensch lehrt gemäß seinen Taten, und er spricht zu seinen Nachkommen, so wie diese anschließend zu ihren Nachkommen reden werden.«

Die ägyptischen Lehrbücher haben die jüdische und später die christliche Moral sehr stark beeinflußt. Wie Ptahhotep sollte später König Salomo seinem Sohn im biblischen Buch der Sprüche seine Ratschläge weitergeben, »zu lernen Weisheit und Zucht, Verstand, Klugheit, Gerechtigkeit, Recht und Schlecht; daß die Unverständigen klug und die Jünglinge vernünftig und vorsichtig werden [...]. Mein Kind, gehorche der Zucht deines Vaters, und verlaß nicht das Gebot deiner Mutter. Denn solches ist ein schöner Schmuck deinem Haupt und eine Kette an deinem Halse«.[126] »Mein Kind, behalte meine Rede und verbirg meine Gebote bei dir. Behüte meine Gebote und mein Gesetz wie deinen Augapfel, so wirst du leben. Binde sie an deine Finger; schreibe sie auf die Tafel deines Herzens.«[127] »Mein Sohn, wenn dein Herz weise ist, so freut sich auch mein Herz; und meine Nieren sind froh, wenn deine Lippen reden, was recht ist«,[128] denn die Lehre des Weisen ist eine Lebensquelle.

Die lange Folge, die Vater und Mutter mit ihrer Nachkommenschaft verbindet, ist eine endlose »Kette«, die Leben spendet, Leben empfängt und Leben weitergibt, in deren Verlauf aber auch gewisse Grundsätze wie ein Schatz bewahrt werden, den der Vater seinem Sohn vermacht.

Die Freunde

Der Familienkreis wäre nicht vollständig, wenn die Freunde nicht dazugezählt würden. Diese gehören bei den Semiten fast zur Hausgemeinschaft. In einem ganz anderen Zusammenhang sollte Aristoteles den Freund als »ein anderes Selbst« bezeichnen. Diese Definition wurde von anderen Philosophen aufgegriffen, unter anderem vom moslemischen Philosophen Mawardi.

Für jede Familie ist der Freund ein wertvoller und notwendiger Faktor. »Wenn der Friede in einem Haushalt nicht wiederhergestellt werden kann, wenn es Unruhe gibt, so zieht man die Freunde hinzu« (Ptahhotep, 22. Grundsatz). »Ein treuer Freund liebt mehr und steht fester bei denn ein Bruder« (Sprüche Salomos 18,24). »Das Herz freut sich an Salbe und Räuchwerk; aber ein Freund ist lieblich um Rats willen der Seele« (Sprüche Salomos 27,9). »Der Mann muß sich einen Gefährten suchen, um mit ihm zu lesen und zu studieren, um mit ihm zu essen und zu trinken, und um mit ihm die Geheimnisse zu teilen [...]. Die Freundschaft und die Familie sind wie ein Bogen aus Stein: Wenn nur ein Stein abgenommen wird, fällt der Bogen zusammen« (Auslegung des Talmud). »Das Leben ist einmalig und kommt nicht wieder. Aber das Leben ohne Freude ist kein Leben« (arabisches Märchen).

Der Freund übernimmt die Rolle des Bruders und Beraters, seine Hilfe wird in schwierigen Situationen gebraucht. Darum muß er mit Sorgfalt und Bedacht ausgesucht werden. »Wenn du den Charakter eines Freundes prüfen willst, so stelle ihm keine Fragen, sondern nähere dich ihm und bleibe eine Weile mit ihm allein [...]. Führe mit ihm nach einer gewissen Zeit eine Unterhaltung und prüfe sein Herz im Laufe dieses Austauschs« (Ptahhotep, 33. Grundsatz). Sowohl die Worte als auch die Taten müssen bei dieser Wahl in Betracht gezogen werden: König Kheti III. (um 2100 v. Chr.) empfiehlt seinem Sohn, dem Prinzen Merikare: »Ziehe den

Sohn eines reichen Mannes nicht dem Sohn eines armen Mannes vor. Nähere dich einem Menschen aufgrund seiner Taten.« Der Mensch muß also bei der Suche nach einem vertrauenswürdigen Freund sorgfältig und vorsichtig vorgehen.

Die Wahl eines Freundes kann aufgrund seiner Eigenschaften getroffen werden. Manchmal führt aber auch die Einsamkeit zu der Notwendigkeit, sich jemandem anzuvertrauen. Mohammed Arkun[129] zufolge muß ein Moslem so vorgehen wie seine Ahnen in Ägypten: Er muß den Charakter des Mannes prüfen, von dem er wünscht, daß er sein Freund wird. Er muß sein Verhalten und sein Benehmen sorgfältig beobachten, bevor er ihn zu seinem Gefährten im Alltag macht. Die geforderten Voraussetzungen sind Aufrichtigkeit, Großzügigkeit und ein Glaube, der ihn zu guten Taten anstiftet: »Die Gläubigen sollen sich nicht die Ungläubigen anstatt der Gläubigen zu Freunden nehmen.«[130]

Ob als Bruder oder als Verbündeter ist der Freund im semitischen Kulturkreis ein unabdingbarer Gefährte und eine Stütze der Familie.

Eine lyrische Beschreibung der Freundschaft findet sich in dem sehr alten akkadischen Märchen von Gilgamesch, dem Helden und Halbgott. Nach vielen gemeinsamen Abenteuern mit seinem Freund Enkidu empfindet er großen Schmerz, als dieser stirbt: »Und da er nach seinem Herzen faßte, schlug es nicht mehr! / Nun, da er dem Freund gleich einer Braut das Gesicht verhüllt hat, / Springt er über ihn umher wie ein Adler, / Wie eine Löwin, die ihrer jungen beraubt ist. / Er wendet sich immer wieder vorwärts und rückwärts, / Rauft sich das gelockte Haar, schüttet es zu Boden, / Reißt seine schönen Kleider ab und wirft sie hin wie etwas Unberührbares. / [...] ›Um Enkidu weine ich, um meinen Freund, / Wie ein Klageweib bitterlich klagend! / Du Axt an meiner Seite, so verläßlich in meiner Hand! / Du Schwert an meinem Gurt, du Schild, der vor mir ist! / Du mein Festgewand, du Gurt für meine Krafthülle! / Ein böser Dämon stand auf und nahm ihn mir weg! / Mein

Freund, du flüchtiger Maulesel, Wildesel des Gebirges, Panther der Steppe!‹

[...] Da schuf der ... ein Bildnis seines Freundes, / Von seinen Gliedmaßen [...] / ›[...] von Lasurstein sei deine Brust, von Gold dein Leib!‹ / ›Ich lasse dich ruhen auf vornehmem Lager, / ja auf einem Ehrenlager dich ruhn, / Auf einem Sitz des Friedens, einem Sitz zur Linken lasse ich dich hinsetzen, / Daß die Herrscher der Erde die Füße dir küssen.‹«[131]

Die Familie wird in diesen südlichen Ländern als eine geschlossene Einheit angesehen, die aus unzertrennbaren und sich ergänzenden Bestandteilen zusammengesetzt ist und über die eine göttliche Autorität wacht. Sie muß die religiösen und moralischen Grundsätze achten, die das Gesetz der Gesellschaft ausmachen.

Religiöse und moralische Grundsätze der semitischen Gesellschaft: Religiöse Pflichten

Die Religion ist unabdingbarer Bestandteil dieser Gesellschaft, ob im alten Ägypten, in Israel oder bei den arabischen Völkern. Jeder Mensch muß aufrichtig an Gott glauben und die vorgeschriebenen religiösen Pflichten gemäß den festgelegten Regeln erfüllen.

Der Glaube

Der Glaube ist sicherlich ein universelles Phänomen, unabhängig davon, welcher Gott verehrt wird. Doch er besitzt bei den verschiedenen Völkern einen unterschiedlichen Stellenwert, er weist unterschiedliche Ausdrucksformen auf und hat unterschiedliche Konsequenzen. Er ist eine Gabe, eine Hingabe des Menschen an Gott in unendlichem Vertrauen zu ihm. Diese Gabe kann genausogut eine einfache und alltägliche Handlung sein wie eine große und überschwengliche Hingabe, die den Gläubigen transzendiert.

Der Hohepriester von Amun, Bakenkhonsu[132] hatte zeit seines Lebens im Tempel von Karnak gedient und konnte sich im hohen Alter nicht mehr von ihm lösen. Sein Glaube war zu tief und Teil seiner Persönlichkeit geworden: »Ich war ein schweigsamer, gerechter und seinem Gott ergebener Mann. Nun bin ich ein Mann, der sich, seine beiden Hände an das Seil gelegt, mit dem das Ruder des Lebens betätigt wird, über sein Lebenswerk beugt. Jeder neue Sonnenaufgang gibt mir zusätzliche Hoffnung. Das ist so, seitdem ich ein kleines Kind bin, und wird so sein bis zu jenem Tag, an dem ich als alter Mann im Tempel von Amun stehe. Und ich folge ihm überallhin, wo meine Augen noch sein heiliges Antlitz erblicken können.«[133] Der Glaube, der jeden Tag aufs neue zum Ausdruck gebracht wird, ist ein Glückspfand.

Der Glaube ist auch eine Begeisterung der Seele und des Körpers für Gott, die den Menschen erschauern läßt, ihm neue Kraft gibt und auf den Weg des Guten leitet: »Wie der Hirsch schreit nach frischem Wasser, so schreit meine Seele, Gott, zu dir. Meine Seele dürstet nach Gott, nach dem lebendigen Gott«, singt der jüdische Psalmendichter.[134] Der erste liturgische Dichter der klassischen Periode in Israel, Yannai (6. Jahrhundert), verkündete: »Unsere Seele kränkelt, unser Geist ist ruhelos. Wir sind dem Feuer unterworfen und dem Gewässer ausgesetzt worden. Trotz alledem singen wir mit Freude, auch in der Not, zu Hause oder im Exil, morgens oder abends: Höre Israel! Adonai, unser Gott, ist der einzige Adonai.«[135]

Dieser Hingabe im Glauben fühlen sich die Menschen beständig verpflichtet. Im zweiten bis vierten Vers der achten Koransure wird diese körperliche und moralische Verpflichtung des gläubigen Menschen sehr einfühlsam ausgedrückt: »Die Gläubigen sind Leute, deren Herz sich ängstigt, wenn Gott erwähnt wird, und sich in ihrem Glauben bestärkt fühlen, wenn ihnen seine Verse verlesen werden. Sie vertrauen auf ihren Herrn, sie verrichten das Gebet und teilen das Hab und Gut, das wir ihnen beschert haben, mit den Armen. Das sind die wahren Gläubigen.«

In der Tat bedingt der aufrichtige Glaube an Gott, daß seine Gesetze uneingeschränkt befolgt werden. Als Saul sich rühmte, Gott reiche und wertvolle Opfergaben dargebracht zu haben, erwiderte Samuel: »Meinst du, daß der Herr Lust habe am Opfer und Brandopfer gleich wie am Gehorsam gegen die Stimme des Herrn? Siehe, Gehorsam ist besser denn Opfer, und Aufmerken besser denn das Fett von Widdem.«[136] Der Prophet Jesaja verkündet dem Volke Israels eines Tages folgende Worte Gottes: »O daß du auf meine Gebote merktest, so würde dein Friede sein wie ein Wasserstrom, und deine Gerechtigkeit wie Meereswellen; und dein Same würde sein wie Sand […].«[137]

Im Rahmen einer Diskussion zwischen arabischen Philosophen, in der es um die Suche nach einer Definition des religiösen Glaubens geht, schlußfolgert Ahmed el Kalyoubi unter anderem folgendes:

»Der Glaube ist sowohl innerlich als auch äußerlich, weil er eine Bestätigung des Geistes durch das gesprochene Wort und eine Folge von Handlungen ist, die dieser Bestätigung entsprechen.«

Auf die Frage, ob der Glaube mit einem Baum vergleichbar sei, wurde geantwortet: »Sein Gipfel ist die Einzigartigkeit Gottes. Sein Stamm ist die Bejahung Gottes, seine Wurzel die tiefe Überzeugung. Seine Äste sind die Aufrichtigkeit, seine Zweige die Gebote und Verbote sowie alles andere.«

Was wird aus dem Glauben im Augenblick des Todes? »Der Glaube folgt weder der Seele noch dem Körper. Der Glaube ist ein Licht, das im tiefsten Innern eines jeden Menschen verborgen ist [...]. Er erlischt mit dem Verschwinden seiner Ursache, der Vernunft.«[138]

Für die Semiten ist der Glaube eine Verschmelzung von Körper und Geist, die sich in einer spontanen Reaktion des Menschen bei der Erwähnung eines göttlichen Namens zeigt und die Vernunft voraussetzt. Er ist eine Gefühlsregung und eine vernünftige Überlegung zugleich. Wie ein Licht im Innern des Menschen erzeugt der Glaube Glück sowohl in der Zeit des irdischen Daseins als auch im Jenseits. Der Glaube verlangt absoluten Gehorsam gegenüber der Gottheit und wirkt als Garant für Wohlstand.

Die Ausübung des religiösen Kultes

In bezug auf die richtige und ordnungsgemäße Ausübung des Kultes sowie die Einhaltung der göttlichen Gebote sind die Semiten sehr streng.

Der ägyptische König Kheti III. rät seinem Sohn. »Errichte Bauwerke zu Ehren Gottes [...]. Wenn du deinen monatlichen Priesterdienst verrichtest, so trage weiße Sandalen, gehe in den Tempel, begebe dich in das Heiligtum und esse von dem Brot des Hauses Gottes. Fülle das Trankopfer auf, erneuere die Eßwaren, bringe täglich noch mehr Opfer [...]. Verteidige das Trankopfer, ehre Gott und sage nicht: Es ist eine große Mühe, wende deine Hände nicht zum Boden.«

Jahwe schreibt den Juden folgenden vernünftigen Tausch vor: »Haltet meine Sabbate ein und fürchtet euch vor meinem Heiligtum. Ich bin der Herr. Werdet ihr in meinen Satzungen wandeln und meine Gebote halten und tun, so will ich euch Regen geben zu seiner Zeit, und das Land soll sein Gewächs geben und die Bäume auf dem Felde ihre Früchte bringen, und die Dreschzeit soll reichen bis zur Weinernte, und die Weinernte soll reichen bis zur Zeit der Saat; und sollt Brots die Fülle haben und sollt sicher in eurem Lande wohnen.«[139]

Mohammed versichert den Gläubigen: »Mein Herr hat befohlen, Gerechtigkeit zu üben, und er hat befohlen, ihr sollt euer Antlitz bei jeder Kultstätte auf ihn richten und zu ihm beten, indem ihr euch in eurem Glauben ganz auf ihn einstellt. So wie er euch bei eurer Erschaffung ein erstes Mal gemacht hat, werdet ihr dereinst bei der Auferstehung durch Gottes Allmacht zum Dasein zurückkehren.«[140] Ein praktizierender, lebendiger Glaube ist auch ein Pfand für das ewige Leben.

Der Gottesdienst im alten Ägypten wurde im tiefsten Innern des Tempels, vor einer die Gottheit repräsentierenden Statue, abgehalten. Dies ist leicht zu verstehen, wenn man berücksichtigt, daß nach Ansicht der Semiten im Niltal jede Skulptur, ob sie für sich stand oder in Fels gemeißelt war, wie durch einen Zauber mit Leben erfüllt werden konnte. Von jeher wurde die Statue eines Gottes als dessen Hülle betrachtet, die man als solche ganz selbstverständlich anbetete. Die Juden und die Moslems teilen diese Philosophie des

Bildes nicht, sondern sie ächten bildliche Darstellungen von Gott. Die Anbetung eines Bildes kommt für sie dem Götzendienst gleich. Jahwe wendet sich folgendermaßen an sein Volk, als dieses aus Ägypten aufbricht: »Ich bin der Herr, dein Gott, der ich dich aus Ägyptenland, aus dem Diensthause, geführt habe. Du sollst keine anderen Götter neben mir haben. Du sollst dir kein Bildnis noch irgendein Gleichnis machen, weder des, das oben im Himmel, noch des, das unten auf Erden, oder des, das im Wasser unter der Erde ist. Bete sie nicht an und diene ihnen nicht. Denn ich, der Herr, dein Gott, bin ein eifriger Gott, der da heimsucht der Väter Missetat an den Kindern bis in das dritte und vierte Glied, die mich hassen; und tue Barmherzigkeit an vielen Tausenden, die mich liebhaben und meine Gebote halten.«[141] Die Moslems halten streng und treu ganz ähnliche Gebote ein. So sehr, daß die darstellende figürliche Bildhauerei und Malerei, ganz gleich ob auf dem Gebiet der Künste oder im Alltag, sich bei ihnen erst jetzt zu entwickeln beginnt.

Das Gebet

Die geläufigste Ausübung des Kultes ist das Gebet, das, wie wir schon bemerkten, den Menschen für eine bestimmte Zeit an seinen Gott bindet.[142] Für die Juden ist das Gebet mit dem Geruch von Weihrauch zu vergleichen, der Gott in die Nase steigt und seine Sinne erfreut.[143] Ebenso verhält es sich für die Essener, für sie »ist diese Opfergabe der Lippen, unter Beachtung des Gesetzes, wie ein angenehmer Duft der Gerechtigkeit. Und die Vollkommenheit des Weges wird wie die freiwillige Gabe eines köstlichen Opfers sein«.[144] Im allgemeinen sind die Hauptzeiten des Gebets von den Sonnenzyklen abhängig. In Ägypten sind dies die Morgen- und die Abenddämmerung, wenn die im Osten aufgehende Sonne die Menschen, Tiere und Pflanzen wieder mit Leben erfüllt. Abends, wenn sie gen Westen weiterzieht, nimmt sie einen Hauch des vergänglichen Lebens für die Toten im Jenseits mit. Die Zeit des Zenits, wenn die Sonne den Höhepunkt ihrer Kraft erreicht hat, ist ebenfalls eine günstige Zeit für das Gebet. Die Essener dachten ähnlich: »Wenn der Tag und die Nacht kommen, dann nehme ich eine Verbindung zu Gott auf.« Der Gläubige muß bei Sonnenaufgang und bei Sonnenuntergang beten. Während er die Sonne betrachtet, die auf- und dann untergeht, erhebt er sich im Geist zum unsichtbaren Licht und erneuert seinen Treueschwur, der ihn als »Sohn des Lichts« dem mit Gott geschlossenen Bund verpflichtet.[145] Der Islam schreibt die Begegnung mit Gott mittels des Gebetes an fünf Tageszeiten zwingend vor: bei Sonnenaufgang, wenn die Sonne im Zenit steht, am Nachmittag (wenn die Sonne langsam untergeht), in der Abenddämmerung und schließlich zu dem Zeitpunkt, wenn es vollständig Nacht wird. Seit der ersten Morgendämmerung in der Genesis strukturiert das Sonnengestirn die alltägliche Existenz und das geistige Leben der Menschen.

Opfer und Gaben

Um der Gottheit zu gefallen, bringt man ihr Gaben und Opfer dar. Diese stellen einen menschlichen Beitrag zum göttlichen Leben dar und bestätigen den Bund zwischen den Menschen und den Göttern, wobei ihnen der gebührende Gehorsam entgegengebracht werden muß. »Bete darum zu deinem Herrn und opfere!« heißt es in Sure 108 (Vers 2) des Koran.

Das Opfern von Tieren ist im semitischen Kulturkreis üblich. Im Islam hatten Tieropfer ursprünglich einen ganz bestimmten Grund: Unter anderem dienten sie dazu, die Not der Armen zu lindern, da diesen das Fleisch des geopferten Tieres überlassen wurde: »Und die Opferkamele haben wir euch zu Kultsymbolen Gottes gemacht. Ihr habt an ihnen etwas Gutes. Sprecht den Namen Gottes über ihnen aus, wenn sie zum Schlachten aufgereiht sind! Die sakramentale Formel lautet: ›Im Namen Gottes! Allah ist sehr groß! Es gibt keinen anderen Gott außer ihm! Gott, ich schlachte mit Deinem Segen und für Dich.‹ Und wenn sie tot umgesunken sind, dann eßt selber davon und gebt auch dem, der darum bittet, und dem, der beschenkt sein will, davon zu essen! So haben wir sie euch dienstbar gemacht. Vielleicht werdet ihr dankbar sein. Weder ihr Fleisch noch ihr Blut gelangt zu Gott, wohl aber die Gottesfurcht, die ihr eurerseits empfindet und an den Tag legt. So hat er sie euch dienstbar gemacht.«[146] Die Tiere wurden auf drei Beinen stehend geschlachtet, das vierte Bein war festgebunden.

Im alten Ägypten verliefen die Opferungen ganz ähnlich: Zwar lag hier das Tier, doch das vierte Bein blieb gefesselt. Die Absicht dieser Kulthandlung war im Reich am Nil jedoch eine andere: Man schlachtete das Tier, damit sich die Gottheit von seinem Fleisch ernähren könne. Die Götter hatten in der Vorstellungswelt der Ägypter die gleichen materiellen Bedürfnisse wie die Menschen, deren Aufgabe darin bestand, die göttliche Existenz zu sichern. Wenn die Götter ihr Mahl beendet hatten, kamen die Reste den Priestern zu, die sich davon ernährten und einen Teil den Ärmsten spendeten. Geistige Unterschiede und materielle Ähnlichkeiten vermischen sich. Bedeutende Brandopfer wurden in Karnak oder in anderen Tempeln des Tals dargebracht. Im Vorhof des Tempels, auf einem Platz, der durch einen Holzzaun begrenzt war, türmte man nach einer Opferung Gemüse und Fleisch zu einer riesigen Pyramide auf, die dann angezündet wurde. Die so entstehenden Gerüche sollten zum Himmel aufsteigen, um die Götter zu erfreuen und ihre Lebenskraft zu erneuern.

Auch in Israel sind ähnliche Rituale nachweisbar, die dem islamischen Denken und dem Wunsch verwandt sind, Gott zu gefallen. Jahwe gesteht den Resten der Opfertiere auch keinen *persönlichen* Wert zu: »Israel, laß mich unter dir zeugen: Ich, Gott, bin dein Gott. Deines Opfers halben strafe ich dich nicht, sind doch deine Brandopfer immer vor mir. Ich will nicht von deinem Hause Karren nehmen noch Böcke aus deinen Ställen. Denn alle Tiere im Walde sind mein und das Vieh auf den Bergen, das sie bei tausend gehen [...]. Wer Dank opfert, der preiset mich; und da ist der Weg, daß ich ihm zeige das Heil Gottes.«[147] Doch wenn man dem biblischen Buch der Chronik glauben darf, so hinderte dies Salomo nicht daran (wie in Karnak, doch mit anderer Absicht) , beträchtliche Brandopfer darzubringen. »Denn der König Salomo opferte zweiundzwanzigtausend Ochsen und hundertzwanzigtausend Schafe [...]. Und da Salomo ausgebet hatte, fiel ein Feuer vom Himmel und verzehrte das Brandopfer und die andern Opfer.«[148] Diese Zahlen bezeugen die große Vorliebe der Semiten für ein wortreiches Ausschmücken des Mitzuteilenden. Sie glauben an die Macht des Wortes, das ihre Rituale bereichert und deren Wirksamkeit unterstützt.

Was gibt es über die Opferung von Menschen zu sagen? Im alten Ägypten gab es sie nicht. Der Zauberer Djed, der in grauer Vorzeit unter König Kheops (2770 v. Chr.) lebte und dessen »Spezialität« es war, abgeschnittene Köpfe durch Zauberei wieder anzusetzen, weigerte sich, diese Kunst auf Menschen anzuwenden, da er sie bislang nur an Tieren ausprobiert hatte: »Nein, in Wahrheit darf man so etwas keinem Menschen antun, man darf so etwas der *heiligen Herde Gottes* nicht antun.«

In den übrigen Teilen des semitischen Nahen Ostens wurden Menschenopfer dagegen häufig und zu verschiedenen Anlässen dargebracht. Die Opferung des erstgeborenen Sohnes läßt sich bei den Hebräern nachweisen. Im zweiten Buch Mose heißt es: »Deinen ersten Sohn sollst du mir geben. So sollst du auch tun mit deinem Ochsen und Schafe.«[149] Diese Vorschrift wird sehr oft umgangen, indem man die Vorhaut des Erstgeborenen bei seiner Beschneidung symbolisch opfert.

Die Geschichte des Opfers Isaaks ist wohlbekannt. Um Abraham auf die Probe zu stellen, befiehlt ihm Gott, den ihm liebsten seiner beiden Söhne den Flammen zu übergeben. Abraham nahm seinen Sohn Isaak, »und als sie kamen an die Stätte, die ihm Gott gesagt hatte, baute Abraham daselbst einen Altar und legte das Holz darauf und band seinen Sohn Isaak, legte ihn auf den Altar oben auf das Holz und reckte seine Hand aus und faßte das Messer, daß er seinen Sohn schlachtete«. Da rief ihn der Engel des Herrn vom Himmel und sprach: »Lege deine Hand nicht an den Knaben und tu ihm nichts; denn nun weiß ich, daß du Gott fürchtest«, und an seiner Statt wurde ein Widder geopfert. Für diese harte Prüfung wurde Abraham der Segen des Herrn zuteil, und das Versprechen, Gott werde seinen Samen vermehren »wie die Sterne am Himmel und wie den Sand am Ufer des Meeres [...], als Belohnung dafür, daß du meiner Stimme gehorcht hast«.[150]

Man findet auch andere Beispiele solcher Opferungen: »Zwanzig Jahre war Ahas alt, da er König ward, und regierte sechzehn Jahre zu Jerusalem; und er tat nicht, was dem Herrn, seinem Gott, wohl gefiel, wie sein Vater David [...]. Dazu ließ er seinen Sohn durchs Feuer gehen.«[151] Ebenso erging es dem König Manasse.[152] In diesen beiden Fällen stellt die Bibel das Brandopfer des Sohnes wie ein Wiederaufleben heidnischer Rituale dar. Jonathan, der Sohn von König Saul, entkam nur knapp dem gleichen Schicksal einer Strafe, als er einem Rückschlag der Philister[153] und dem Widerstand des Heeres gegen ihre Peiniger beiwohnte.

Schließlich kann das Menschenopfer auch die Folge eines Gelöbnisses sein. So stritt Jephthah, der tapfere Krieger von Gilead, der Israel regierte, mit den Ammoniten (ein Volk, das am rechten Ufer des Jordan siedelte und mit den Hebräern verfeindet war). »Und Jephthah gelobte dem Herrn ein Gelübde und sprach: ›Gibst du die Kinder Ammon in meine Hand: was zu meiner Haustür heraus mir entgegengeht, wenn ich mit Frieden wiederkomme von den Kindern Ammon, das soll des Herrn sein, und ich will's zum Brandopfer opfern.‹ Als er siegreich heimkehrte, kam ihm als erstes seine Tochter, sein einziges geliebtes Kind, entgegen. Jephthah tat, wie er gelobt hatte.[154]

Das Menschenopfer kann also auch aus einem Gelöbnis hervorgehen. So war es offensichtlich auch im vorislamischen Arabien. Einigen Überlieferungen zufolge soll der Großvater des Propheten Mohammed geschworen haben, einen seiner Söhne als Brandopfer darzubringen, wenn sie die Zahl von zehn erreicht hätten. Einem göttlichen Befehl gehorchend, wurde die Opferung Abdullahs dann durch das Opfer von hundert Kamelen ersetzt. So wurde für die nachfolgenden Generationen der Blutszoll, die *Diya*, festgelegt.[155]

Bei den Semiten des Nahen Ostens lassen sich also unterschiedliche Haltungen feststellen. Sowohl in Palästina (dort ganz besonders) als auch in Arabien gab es Kämpfe zur Aufrechterhaltung der Macht in den besetzten Ländern. Das hartnäckige Volk setzte die zuvor von den Heiden dieser Region praktizierten Bräuche fort: So verbrannte der König von Moab, Mesa, seinen eigenen Sohn und opferte ihn dem Gott Camos, um Israel zu besiegen.[156] Am Nil, auf geweihter Erde, war das Leben süßer. Die alte, zutiefst humanistisch eingestellte Gesellschaft duldete niemals derartige Menschenopfer. Das geographische Umfeld und der politische Kontext bedingen oft Bräuche, die das Leben der Menschen beeinflussen. Doch die hebräischen und die islamischen Religionen verurteilen sehr schnell diese aus alten Zeiten überlieferten Praktiken.

Ähnliche Berichte von Menschenopfern in der Antike, außerhalb des semitischen Umfelds, gibt es namentlich bei den Griechen. So etwa der Mythos von König Athamas von Böotien und von Phrixos, seinem Sohn. Am bekanntesten ist vermutlich der Opfertod der lphigenie, Tochter des Königs Agamemnon von Aulis, im Vorfeld des Krieges um Troja.

Die Reinigung

Wichtige rituelle Praktiken werden immer mit Reinigungsritualen verbunden, die in den semitischen Religionen vielfältig und wesentlich für den Kultus sind.

Die *Beschneidung* ist das erste Reinigungsritual, das der Mensch in allen semitischen Ländern über sich ergehen lassen muß. Die Entfernung der Vorhaut beim Jungen und – viel seltener – die Beschneidung bei Mädchen waren seit jeher in Ägypten üblich. Basreliefs auf den Wänden der Gräber beschreiben die Operation, bei der der Knabe aufrecht stand – er mußte also einige Jahre alt sein – und für die man sich eines gut geschliffenen Feuersteins als Schneideinstrument bediente.

Bei den Juden wird die Beschneidung an Kindern in sehr jungem Alter vollzogen. Gott sprach zu Abraham: »Das ist aber mein Bund, den ihr halten sollt zwischen mir und euch und deinem Samen nach dir: Alles, was männlich ist unter euch, soll beschnitten werden. Ihr sollt aber die Vorhaut an eurem Fleisch beschneiden. Das soll ein Zeichen sein des Bundes zwischen mir und euch. Ein jegliches Knäblein, wenn's acht Tage alt ist, sollt ihr beschneiden [...].«[157] Für die Moslems (ebenso wie für die Juden) symbolisiert die Beschneidung die Zugehörigkeit zur von Abraham abstammenden geistigen Gemeinschaft. Sie kann auf das Neugeborene ab dem siebten Tag nach seiner Geburt angewendet werden, auf jeden Fall sollte sie vor der Pubertät, also möglichst vor dem zehnten Lebensjahr, vollzogen worden sein. Dies ist eine zwingende Vorschrift, die rein semitischen Ursprungs ist und von den Christen abgelehnt wird. So heißt es im Brief des Paulus an die Galater (5,2): »Wo ihr euch beschneiden lasset, so nützt euch Christus nichts.«

Ein merkwürdiges (anonymes) hebräisches Gedicht aus dem 13. Jahrhundert trägt den Titel *Lied des Neugeborenen am Vortag seiner Beschneidung*: »Höret meine Worte, ich werde den Tag meiner Beschneidung feiern, ich habe die ganze Nacht gewacht. Morgen wird die Wolle scharlachrot eingefärbt. Der Herr steht mir bei, ich fürchte mich nicht.«[158] Die Beschneidung ist ein tief im semitischen Bewußtsein verankerter Glaubensakt.

Die Reinigung des Menschen erfolgt ferner durch die rituellen Waschungen. Die Ägypter mußten während des täglichen Gottesdienstes und der offiziellen Zeremonien zahlreiche Waschungen vornehmen. In der Morgendämmerung reinigten sich die Priester im Heiligen See, bevor sie den Tempel betraten. Dieser See, der sich in der Nähe des heiligen Ortes befindet, soll einen Teil des großen Urozeans enthalten, aus dem Gott Re-Atum das Universum in der Morgendämmerung des ersten Tages[159] erschaffen hat – heiliges Wasser also, das Leben spendet. Die geistlichen wuschen während ihres täglichen Gottesdienstes die göttliche Statue, nachdem sie diese aus ihrem *naos* hervorgeholt hatten, um jede möglicherweise vorgekommene Verunreinigung zu beseitigen. Man zog ihr außerdem neue Kleider an. Zu Beginn der Krönungszeremonie des Pharao wurde sein Körper mit heiligem Wasser aus zwei Karaffen übergossen, die von den Göttern Horus (dem königlichen Gott im eigentlichen Sinne) und Thot (dem Herrn des Rechts und der Aufrichtigkeit) gehalten wurden.

Auch für die Moslems spielen die Waschungen eine wichtige Rolle. Dies geht sogar so weit, daß manche Geistliche wie Abu Hanifa und Abu Jussef angeblich über die Gabe verfügten, die Sünden der Menschen aus dem Wasser ihrer Waschungen zu lesen.[160] Die Hauptwaschung symbolisiert die Schönheit und die Reinheit der Seele, man entledigt sich durch sie seiner Schandflecke, welche ein Hindernis für die religiösen Handlungen darstellen. Das über den ganzen Körper verteilte Wasser hat zwar einen konkreten, doch in erster Linie einen symbolischen Wert. Denn »aus dem Wasser hat Allah alles gemacht, was lebendig ist«.[161]

Und so ist die Reinigung auch eine Wiederbelebung. Diese Vorstellung ist der ägyptischen ähnlich, derzufolge sich die Reinigung im Heiligen See zu vollziehen hat. Die nomadischen Bevölkerungen der wasserarmen Gegenden benutzen zum tayammom Sand, um sich zu reinigen. Andererseits bleibt die kleine Waschung, insbesondere die der Hände und des Gesichts, vor jedem Gebet zwingend, da dieses ansonsten seine Bedeutung verliert. Das Wasser, das bereits vor der Schöpfung des Universums da war, bleibt ein unabdingbares Mittel der Reinigung.

In den verschiedenen semitischen Ländern finden sich viele ähnliche rituelle Vorschriften (oft in Verbindung mit der Reinheit, nach der immer gestrebt wird); hierzu gehört unter anderem die Gepflogenheit, *sich nicht zu rasieren*. Hanna, die Gattin von Elkana vom Gebirge Ephraim, hatte noch keine Kinder, während seine zweite Ehefrau schon mehrere Kinder geboren hatte. Eines Tages legte sie vor dem Herrn ein Gelübde ab und sprach: »[…] und wirst deiner Magd einen Sohn geben, so soll ich ihn dem Herrn geben sein Leben lang und soll kein Schermesser auf sein Haupt kommen.«[162] Man findet dieses Zeichen von Frömmigkeit bei den Moslems – aber nicht in Ägypten, wo sich die Männer mit glatt rasiertem Gesicht zeigten. Ein bärtiges Gesicht galt dort als ein Zeichen des Elends. Der göttliche und zugleich königliche falsche Bart war als rituelles Haarteil ein Zeichen der männlichen Stärke und Macht.

Das *Ausziehen der Schuhe* beim Betreten eines heiligen Ortes, um ihn nicht mit dem Schmutz der Straße zu besuhlen: Priester und Könige betraten im alten Ägypten den Tempel barfuß. Als Allah Mose, der sich auf der Flucht befand, mit dem Licht eines Feuers durch die Wüste führte, sprach er zu ihm: »Mose! Ich bin dein Herr. Zieh deine Sandalen aus! Du befindest dich im heiligen Tal Tuwa.«[163] Diese göttliche Vorschrift wird noch heute beachtet.

Fasten

Das Fasten ist eine religiöse Handlung, eine Suche nach der Nähe zu Gott. In Ägypten wurde es wenig praktiziert (außer aus medizinischen Gründen), bei den Juden und im Islam spielte es jedoch eine überaus wichtige Rolle. Es ist gleichsam eine Unterstützung des innigen Gebetes. Die Fastenzeit der Israeliten kann vierzig Tage dauern. Oft wird sie von der Bitte um Vergebung für begangene Sünden begleitet. So betet Mose, um den Herrn anzurufen und ihn um Vergebung für die Fehler seines Volkes anzuflehen, das das goldene Kalb angebetet hatte: »[…] und fiel nieder vor dem Herrn, wie zuerst, vierzig Tage und vierzig Nächte, und aß kein Brot und trank kein Wasser um all eurer Sünden willen, die ihr getan hattet, da ihr solches Übel tatet vor dem Herrn, ihn zu erzürnen.«[164] Es gibt das individuelle Fasten, aber auch ein solches, das in der Gemeinschaft begangen wird. Das Fasten ist einer der Bestandteile des Jom Kippur-Festes. Dieses jüdische Fest der Buße findet jedes Jahr im September statt, es wird gefastet, gebetet und geopfert.

Für die Moslems spielt das Fasten im Monat Ramadan eine wichtige Rolle im religiösen Leben. Dabei fastet die gesamte Gemeinschaft gleichzeitig. Die Gläubigen fasten aus Dankbarkeit gegenüber Allah, und sie dokumentieren diese Dankbarkeit mittels der Qualen, die sie jeden Tag erdulden, weil sie aus rituellen Gründen weder essen noch trinken. Gleichzeitig erfahren sie etwas, was sonst nur die Notleidenden kennen: Hungrig und durstig, werden die Gläubigen mehr Verständnis für die Armen aufbringen und sie unterstützen. So erklärt der arabische Philosoph Mawardi das Fasten bei den Moslems. Von Sonnenaufgang bis Sonnenuntergang ist vollständige Enthaltsamkeit gefordert. »Der Monat Ramadan ist es, in dem der Koran erstmals als Rechtleitung für die Menschen herabgesandt worden ist, und die einzelnen Koranverse als klare Beweise der Rechtleitung und der Rettung. Wer nun von euch während des Monats anwesend ist, soll in ihm fasten. Und wenn einer krank ist oder sich auf einer Reise befindet und deshalb nicht fasten kann, ist ihm eine entsprechende Anzahl anderer Tage zur Nachholung des Versäumten auferlegt. Gott will es euch leicht machen, nicht schwer.«[165] »Eßt und trinkt« während der Nacht, »bis ihr in der Morgendämmerung einen weißen von einem schwarzen Faden unterscheiden könnt!«[166] Die Berechnung der Ramadanzeit richtet sich nach dem Mond und ist somit an kein festes Datum gebunden, sondern rückt jedes Jahr um zehn Tage vor.

Mit welchem Ziel auch immer gefastet wird, ob zur Buße oder zur Bekundung der Dankbarkeit, die Fastenzeit steht bei mehreren semitischen Völkern im Mittelpunkt des Glaubens. Das Fasten ist Gebet und physische Reinigung von Körper und Seele zugleich. Das Fasten ist auch eine Bestätigung der Zugehörigkeit zu einer der Glaubensgemeinschaften in der semitischen Welt und eine Ausdrucksform der Unterwerfung unter das göttliche Gebot.

Pilgerfahrten

Große Menschenmengen bewegten sich jedes Jahr zu einem festgesetzten Datum in Richtung des heiligen Ortes, an dem die Göttlichkeit verehrt wurde. Die Pilgerfahrt wird aus Treue zum Kult begangen. Bei den Ägyptern war die Stadt Abydos in Oberägypten, zwischen Assiut und Theben gelegen, der bevorzugte

Wallfahrtsort. Es hieß, daß sich dort das Grab des großen Gottes Osiris befände. Dieser Landwirtschaftsgott gebot über das Wachstum der Pflanzen, er war das Symbol für die Unsterblichkeit. Seine im Volk weitverbreitete Legende erzählt von seinen zahlreichen Abenteuern: Seine heilbringende Königsherrschaft auf der Erde, die Eifersucht seines Bruders Seth, das von diesem ausgeheckte Komplott und die Gefangennahme des Osiris, der in eine kleine Truhe eingeschlossen in den Nil geworfen wurde. Die Bitte seiner treuen Gemahlin Isis, die von ihrer Schwester Nephtys unterstützt wurde. Die Rettung der göttlichen Leiche, ihre anschließende Zerlegung in vierzehn Teile, die vom eifersüchtigen Seth über die Erde verstreut wurden. Die Zusammen, fügung dieser zerstreuten Teile und die Schaffung der ersten Mumie. Schließlich lebte Osiris dank der rettenden Magie von Isis und Thoth wieder auf. Das Motiv der Zerstückelung findet sich in vielen Legendensammlungen der Semiten im Nahen Osten (siehe Adonis in Byblos, Baal im gesamten phönizischen Einflußbereich). Osiris, der die Leidenschaft und die Wiederauferstehung erlebt hat, ist für die Menschen ein Beispiel für das ewige Leben. Wer auch immer in der Lage ist, die entsprechenden rituellen Handlungen und Formeln wiederzugeben, dem ist das ewige Leben sicher. Dabei versucht jeder durch sein Auftreten und sein Gebet, die göttliche Aufmerksamkeit zu wecken.

An der heiligen Stätte am Ufer des Nil gab es jedes Jahr große Festtage, zu deren Anlaß man theatralisch die verschiedenen Phasen des göttlichen Abenteuers darstellte. Die Darsteller waren Priester, sie trugen eine Maske, die die jeweilige Gottheit darstellte. Einmal jährlich pilgerten also viele Menschen nach Abydos, um gemeinsam die heilige Besessenheit zu erleben. An den Ufern des Flusses und auf den angrenzenden Hügeln traten sie mit Osiris in Verbindung. Jene, die zu ihren Lebzeiten nicht pilgern konnten, mußten dies nach ihrem Tod nachholen, bevor sie den Weg ins Jenseits antraten. Darum findet man in den Sarkophagen kleine Boote, mit denen die heiligen Orte auf magische Weise zu erreichen waren. So waren Lebende und Tote am Ende eines jeden Oktobers von derselben Hoffnung beseelt, wenn die Erde durch das ab Anfang Juli einsetzende Hochwasser des Nil fruchtbar wurde, so daß aus der Saat neues Leben aufkeimte. Die Lobreden von Abydos waren eine zweifache Anrufung des sich erneuernden Lebens.

In der islamischen Welt versammeln sich (auch heute noch) beachtliche Massen (mehrere Millionen) von Pilgern, die jedes Jahr zu den heiligen Stätten nach Mekka, zum Hadschar (»schwarzer Stein«) in der Kaaba pilgern, die – der Legende zufolge – das Werk Abrahams, des Vaters der Semiten, sein soll. Mit dieser Wallfahrt verfolgen die Moslems kein bestimmtes Ziel, etwa eine bessere Perspektive für das Jenseits, wie es im alten Ägypten der Fall war, sondern sie unternehmen nur aus religiöser Hingabe diese Reise. Für Scheich Bubakr ist die Pilgerfahrt nach Mekka ein »körperliches Gebet«. Sie findet zwei Monate nach dem Fastenmonat Ramadan statt und dauert zehn Tage. Die Wallfahrt beinhaltet vier Rituale: die Segnung des Pilgers, die Umwandlung der Kaaba, den Gang zum Berg Ararat und den Aufenthalt dort sowie die Darbringung eines Opfers (Aid el Kebir), bei der im Andenken an das Opfer Abrahams Schafe geschlachtet werden. Der Koran schreibt vor: »Und ruf unter den Menschen zur Wallfahrt auf, damit sie entweder zu Fuß zu dir kommen, oder auf allerlei hageren Kamelen reitend, die aus jedem tief eingeschnittenen Paßweg daherkommen! Und sie sollen dabei bezeugen, daß sie allerlei Nutzen davon haben, und in einer bestimmten Anzahl von Tagen beim Schlachten den Namen Gottes über jedem Stück Vieh aussprechen, das er ihnen beschert hat. – Eßt selber davon, und gebt auch dem Notleidenden und Armen davon zu essen! Hierauf sollen sie die körperliche Verwahrlosung beendigen, ihre Gelübde erfüllen und den Umgang um das altehrwürdige Haus machen.«[167]

In beiden Fällen sind die Einstellungen der Pilger ähnlich: Die Gläubigen versammeln sich in großer Zahl um den zentralen heiligen Ort des Gottes, den sie verehren wollen. Doch das Ziel, das mit dieser Maßnahme verfolgt wird, ist in beiden Fällen ein anderes. In Ägypten wurde die Wallfahrt von einem theatralischen Spektakel begleitet, das insbesondere eine Möglichkeit bieten sollte, sich mit den ursprünglichen Mechanismen der Wiederauferstehung vertraut zu machen. Ihre (magische) Nachahmung konnte dem Menschen Zugang zum Jenseits verschaffen. Gleichzeitig ist die Anwesenheit des Pilgers am heiligen Ort Ausdruck seiner Dankbarkeit gegenüber der verehrten Gottheit. Die Pilgerfahrt dient also einerseits dem Gedenken, bietet andererseits aber auch die Gelegenheit, ewiges Leben zu erlangen.

Im Islam stellt die Pilgerfahrt eine religiöse Pflicht dar, die den rituellen Vorschriften des Koran zufolge einmal jährlich unternommen werden muß, um die Unterordnung und den Gehorsam gegenüber Gott zu bezeugen: Die Pilgerfahrt ist mithin ein reines Glaubensbekenntnis. Der Philosoph El Kalyoubi berichtet von »einer Äußerung des Propheten Mohammed, derzufolge derjenige, der auch nur ein einziges Mal die Große Pilgerfahrt unternommen hat, seine Pflicht erfüllt. Derjenige, der die Große Pilgerfahrt zweimal unternimmt, dem ist Gott etwas schuldig. Und wer die Große Pilgerfahrt dreimal unternommen hat, dessen Körper und Haare beschützt Gott vor dem Feuer«.[168] Die Pilgerfahrt ist für den *Hadsch*, das heißt für denjenigen, der sich ein oder mehrere Male zu den festgesetzten Zeiten nach Mekka begeben hat, auch eine Wiedergeburt. Die Vereinigung mit Allah wäscht den Gläubigen von den Sünden rein, die er möglicherweise begangen hat. Nach seinem Tod wird sich der *Hadsch*, befreit und »ohne schwere Last«, zu den Gärten Allahs aufmachen.

Es wurde bereits darauf verwiesen, daß die gemeinsamen Ausdrucksformen und Gedanken des semitischen Bewußtseins nach den geographischen Umständen und Lebensumständen der von Abraham abstammenden Völker differieren: Ägypten liegt auf dem afrikanischen Kontinent, der traditionellen Welt der großen Magier, die Zauberei in all ihren Formen praktizierten. Auch der Zeitgeist spiegelt sich in den religiösen Überzeugungen wider: Der Islam, die jüngste der großen monotheistischen Religionen, konzentriert den religiösen Eifer sowie die verschiedenen Ausdrucksformen des Glaubens auf den einzigen Gott.

Von geringerer Bedeutung ist die jüdische Pilgerfahrt, deren Tradition weit zurückreicht: Sukkot, das wichtigste der israelischen Feste, ist von großer Volksfreude gekennzeichnet und wird vier Tage nach Jom Kippur gefeiert. Die Pilger kamen mit ihren Frauen und Kindern aus ganz Israel herbeigeströmt, um Gott ihre Gaben darzubringen. »Die Rituale, die im Tempel gefeiert wurden, waren farbenprächtig und sahen täglich mehrere Opferungen vor. Am ersten Abend drang eine große Menschenmenge in den Vorraum des Tempels, um einem großen Spektakel beizuwohnen. Das Heiligtum wurde von einer Vielzahl von Riesenlampen erleuchtet, in die stündlich Öl nachgegossen wurde. Die ernsthaftesten Priester gaben sich wahren Kraftproben hin und warfen angezündete Fackeln in die Luft, um sie dann wieder aufzufangen. Dennoch vollzog sich alles dank der *leviim*, von denen die Psalmen in Begleitung von Harfen, einer Zimbel und Trompeten vorgetragen wurden, mit einer gewissen Feierlichkeit. Die Versammlung sang einen Psalm nach dem anderen.« Ein Schauspiel also (aber in diesem Fall ohne Gedenken), begleitet von Gesang und Opferungen.[169] Bei Anbruch der Dunkelheit durchquerten zwei Priester den Vorraum bis zum Osttor und sagten: »Wir wenden uns an Gott und unsere Augen sind immer auf ihn gerichtet.« Die jüdische Wallfahrt fing mit einer Belustigung an, sie war jedoch vor allem eine Glaubenshandlung, die inmitten aller Volksfreude vor allem die Treue der Israeliten bestätigen sollte.

Religiöse und moralische Grundsätze der semitischen Gesellschaft: Moralische Pflichten und soziale Regeln

Die Einhaltung der moralischen Pflichten und sozialen Regeln ist für die Sicherheit der Menschen und für den Gang der Staatsgeschäfte unabdingbar. Ihre Vernachlässigung führt zu Anarchie.

Anarchie herrschte in Ägypten um das Jahr 2100 v. Chr.: bedingt durch die Revolution, in deren Verlauf das Königtum abgeschafft, die mehr als tausend Jahre bestehende gesellschaftliche Ordnung erschüttert und großes Elend verursacht wurde.

Dieser Zustand währte etwas länger als ein Jahrhundert, und während dieser Zeit lag das alte Königreich politisch und wirtschaftlich darnieder. Ipu-ur beklagt die Situation mit folgenden Worten:

> »Mit wem würde ich heute reden?
> Die Brüder sind böse, und die Freunde lieben nicht mehr.
> Die Herzen sind habsüchtig,
> und ein jeder bemächtigt sich der Güter seines Nächsten.
> Die Sanftmut ist zugrunde gegangen, die Macht wird von allen ausgeübt.
> Man ergötzt sich am Bösen,
> Das Gute wird allerorts mit Füßen getreten.
> Es gibt keine Gerechten mehr,
> Das Land wird jenen überlassen, die Ungerechtigkeit schaffen.
> Man wird seiner Freunde beraubt,

Man wendet sich einem Unbekannten zu, um ihm sein Leid zu klagen,
Das Böse hat das Land getroffen, es nimmt kein Ende mehr.«[170]

Es sollte ein König die Macht übernehmen (Amenemhat I.), der die Herrschaft der Pharaonen wiederherstellte. Sie ist für das ägyptische Volk unerläßlich, da es Gesetz und Ordnung liebt.

Folgende Klagen stammen vom Propheten Jeremia, der angesichts einer moralischen Krise Israels der Versuchung erliegt, sich von Jahwe abzuwenden, um alte Götter anzubeten: »Daß das Land so voll Ehebrecher ist, daß das Land so jämmerlich steht, daß es so verflucht ist und die Auen in der Wüste verdorren; und ihr Leben ist böse, und ihr Regiment taugt nicht. Denn beide, Propheten und Priester, sind Schälke; und auch in meinem Hause finde ich ihre Bosheit, spricht der Herr. Darum ist ihr Weg wie ein glatter Weg im Finstern, darauf sie gleiten und fallen.«[171] Das Fehlen einer politischen Ordnung und der religiösen Einheit verursacht das gleiche Unglück, denn es zerbricht die von den Göttern gewünschte Harmonie des Universums.

Die Suche nach der Tugend

Im Jahre 20 v. Chr. sagte der Philosoph Philon von Alexandria: »Würde die Tugend des Menschen ständig seine Wünsche beherrschen, so wäre sein ganzes Leben, von der Geburt bis zu seinem Tod, ein einziges langes Fest.«

Jeder Mensch sucht nach seinem Fest, wenn er sich den moralischen Gesetzen beugt. Immer wieder findet man unter den Inschriften auf den Wänden der ägyptischen Gräber Bekenntnisse des innigen Glaubens. So etwa in der Grabkammer von Nefersesehm-Re, einem Priester der Pyramide von König Teti (um 2400 v. Chr.): »Ich habe die Wahrheit gesagt und Gerechtigkeit walten lassen [...]. Ich habe die Gerechtigkeit so gelenkt, daß mich die Menschen achten [...]. Ich habe den Schwachen aus den Händen eines Stärkeren befreit, soweit es in meiner Macht stand. Ich habe dem Hungernden Brot gegeben und dem Durstenden Wasser. Dem Nackten habe ich Kleidung gegeben. Ich habe demjenigen erlaubt anzulegen, der kein Boot mehr hatte. Ich habe dem, der keinen Sohn hatte, eine Grabstätte gegeben. Ich habe in meine Barke genommen, wer kein Schiff hatte. Ich habe meinen Vater gefürchtet und war sanftmütig zu meiner Mutter.«[172]

Bevor der Herr das Unglück über ihn schickte, um ihn auf die Probe zu stellen, sagte der reiche Hiob: »Denn ich errettete den Armen, der da schrie, und den Waisen, der keinen Helfer hatte. Der Segen des, der verderben sollte, kam über mich; und ich erfreute das Herz der Witwe. Gerechtigkeit war mein Kleid, das ich anzog wie einen Rock; und mein Recht war mein fürstlicher Hut. Ich war des Blinden Auge und des Lahmen Fuß. Ich war ein Vater der Armen; und die Sache des, den ich nicht kannte, die erforschte ich. Ich zerbrach die Backenzähne des Ungerechten und riß den Raub aus seinen Zähnen.«[173]

Die moralischen Qualitäten des Gläubigen finden sich nicht nur bei den Semiten. Doch diese drücken sich manchmal in sehr ähnlicher Weise aus und bedienen sich dabei konkreter, oft übereinstimmender Bilder. Einige moralische und soziale Vorschriften sind zwingend. Bei anderen gibt es einen Ermessensspielraum.

Selbstbeherrschung

»Hüte dich davor, jemanden zu beleidigen oder einen scharfen Ton anzuschlagen. Wende dein Gesicht ab, beherrsche dich, die Flamme eines so heißen Temperaments kann einen guten Menschen ›wegfegen‹, der verletzt und dessen Weg zertreten wird« (Ptahhotep, 25. Grundsatz). »Beherrsche dein Herz, zügele deine Zunge, dann wirst du unter den Großen verweilen« (Ebenda: Epilog).

»Ein Ungeduldiger handelt töricht; aber ein Bedächtiger haßt es [...]. Wer geduldig ist, der ist weise; wer aber ungeduldig ist, der offenbart seine Torheit« (Sprüche Salomos 14, 17 und 29). »Ein Geduldiger ist besser denn ein Starker, und der seines Mutes Herr ist, denn der Städte gewinnt« (Sprüche Salomos 16, 32).

Einem arabischen Märchen zufolge zog eines Tages Sultan Saladin seinen Wesir zu Rate und fragte ihn: »Kannst du mir verraten, o Vater der Weisheit, wie du es anstellst, dich in der Weise zu beherrschen?« Der Wesir antwortete: »Ich lasse meine Leidenschaft niemals bis an die Schwelle meines Willens vordringen« (Geschichten aus Tausendundeiner Nacht).

Wer seine Begeisterung und sein Begehren durch eine Anstrengung des Geistes und der Vernunft zu kontrollieren weiß, der wandelt auf dem Pfad der Weisheit.

Die Vernunft

Die Vernunft gilt als eine Art Rechnung. Das ägyptische Wort *ip* bezeichnet auch die mathematische Berechnung. Später verhält es sich genauso in der lateinischen Sprache mit dem Wort *ratio*, das sowohl die »Vernunft« als auch die »Berechnung« bezeichnet. Die Vernunft ist die Berechnung durch die Verstandeskraft in ihrem Vollzug. Sie ist das, was den weisen Menschen antreibt.

Vernunft und Vollkommenheit können sich manchmal vermischen. Der ägyptische König Kheti III. lehrte seinen Sohn Merikare. »Es ist gut, geduldig zu sein. Möge dein Werk andauern dank der Liebe, die dir zuteil wird. Man wird dich für deine Vollkommenheit verehren und man wird für deine Nachkommenschaft beten.«

Im Buch Hiob ist die Vernunft in dem Mechanismus der

Schöpfung enthalten. Die Vernunft ist eine undefinierbare und nicht meßbare Fähigkeit: »Wo will man aber die Weisheit finden und wo ist die Stätte des Verstandes? Niemand weiß, wo sie liegt, und sie wird nicht gefunden im Lande der Lebendigen. Die Tiefe spricht: ›Sie ist in mir nicht‹; und das Meer spricht. ›Sie ist nicht bei mir.‹ Man kann nicht Gold um sie geben noch Silber darwägen, sie zu bezahlen. Es gilt ihr nicht gleich ophirisch Gold aber köstlicher Onyx und Saphir [...]. Gott weiß den Weg dazu und kennt ihre Stätte. Denn er sieht die Enden der Erde und schaut alles, was unter dem Himmel ist. Da er dem Winde sein Gewicht machte und setzte dem Wasser sein gewisses Maß; da er dem Regen ein Ziel machte und dem Blitz und Donner den Weg: da sah er sie und verkündigte sie, bereitete sie und ergründete sie und sprach zum Menschen: Siehe, die Furcht des Herrn, das ist Weisheit; und meiden das Böse, das ist Verstand« (Hiob, 28, 12–28). Die Vernunft ist sowohl eine moralische als auch eine soziale Regel, die von Gott aufgestellt wird. Für Salomo ist »das Wort des Weisen ein wohltuender Balsam«, »es erhellt das Gesicht des geistreichen Menschen«.

Auch der arabische Philosoph Mawardi räumt der menschlichen Vernunft einen privilegierten Platz sowie eine Funktion ein, die mit dem Gesetz konform geht: »Wisse, daß jede Tugend ihre Basis hat und jedes gute Benehmen seinen Ursprung. Die Basis der Tugenden und der Ursprung des guten Benehmens ist die Vernunft. Sie ist es, aus der Gott – der Herr – eine Grundlage für die Religion und einen Pfeiler der Welt geschaffen hat, indem er die legalen Pflichten an seine Vollkommenheit und die Regierung der Erde an seine Entscheidungen gebunden hat.«

Die Vernunft (Grundlage aller Weisheit) ist ein universelles göttliches Gesetz und führt zur Vollkommenheit des Menschen.

Die Bescheidenheit

Der Mensch, der sich selbst beherrscht und vernünftig ist, muß demütig sein und darf nicht dem Hochmut, einer wenig wünschenswerten Leidenschaft, verfallen.

»Dein Herz soll wegen dem, was du weißt, nicht hochmütig sein. Bilde dir nichts darauf ein, daß du wissend bist. Unterhalte dich mit dem Unwissenden genauso, wie du dich mit dem gebildeten Menschen unterhalten würdest. Denn man hat die Grenzen einer Kunst nie erreicht, und keine Kunst ist vollkommen. Ein glückliches und schönes Wort kann besser als ein Smaragd verborgen bleiben, man kann es unter den Dienerinnen finden, die über dem Mühlstein gebeugt sind« (Ptahhotep, 1. Grundsatz) .

»Wer zugrunde gehen soll, der wird zuvor stolz; und Hochmut kommt vor dem Fall. Es ist besser niedrigen Gemüts sein mit den Elenden, denn Raub austeilen mit den Hoffärtigen« (Sprüche Salomos 18, 17–18).

»Der Mensch wurde am sechsten Tag geschaffen, damit er nicht hochmütig werde, da er ja in der Reihenfolge der Schöpfung nach den Mücken kam.« »Dieses Haus wäre unvollständig und käme einer Ruine gleich, würde seine Schwelle fehlen. Ebenso wärest du unvollständig, wenn dir die Bescheidenheit fehlte, auch wenn du sonst alle Qualitäten der Welt besäßest« (Glossen des Taldmud).

»Und schreite nicht ausgelassen und überheblich auf der Erde einher! Du kannst ja weder ein Loch in die Erde machen noch die Berge an Höhe erreichen« (Koran 17, 37).

Eine philosophischere Deutung gibt der Araber Mawardi: »Es gibt drei Fehler, die nicht nur jede moralische oder religiöse Handlung vergebens machen, sondern auch die Entwicklung aller Laster fördern, und das sind die Prahlerei, der Hochmut und die Selbstgefälligkeit. Zu fasten oder übermäßig zu beten, um sich bemerkbar zu machen [...], bedeutet, sich selbst anzulügen, den Schleier der Scham, der das ehrliche Gesicht bedeckt, zurückzuweisen, den

Sinn für wahre Größe zu verlieren und schließlich das Gerüst der Tugend zu brechen, die den Charakter in seinem Kampf unterstützen soll.«

Die Loslösung von den materiellen Gütern

»Wenn du groß bist, nachdem du klein gewesen bist, und wenn du dich bereichert hast, nachdem du früher einmal im Elend gelebt hast, so beklage dich nicht darüber, was dir früher einmal widerfahren ist. Setze auch nicht zu viel Vertrauen in deinen Reichtum. Denn dieser ist dir wie eine Gabe Gottes zugekommen« (Ptahhotep, 30. Grundsatz).

»Was gewinnt ein Mensch daran, Reichtümer zu sammeln? Er gelangt nackt in sein Grab. Dem Lehm wird er nicht entkommen, der Krieger wird nicht entfliehen« (Emmanuel di Rossi, jüdischer Dichter spanischer Abstammung, Ende des 13. Jahrhunderts).

»Reiche und Arme müssen untereinander sein; der Herr hat sie alle gemacht« (Sprüche Salomos 22, 2).

»Mein Sohn, derjenige, welcher sich mit dem Anteil zufriedengibt, den Gott ihm gibt, ist bereits bereichert worden. Wer nach dem Besitz der anderen Menschen trachtet, der ist bereits verarmt. Wer dem ihm von Gott zugewiesenen Anteil nicht zustimmt, der hat das Urteil Gottes bereits in Frage gestellt. Wer den Schleier lüftet, den die Menschen benutzen, um ihr Elend vor den Blicken der Aufdringlichen zu verbergen, der sieht den Vorhang aufgehen, der die Schandtaten derjenigen verbirgt, die in seinem Haus wohnen« (Worte des Scheichs Dja'far, dem sechsten Oberhaupt der schiitischen Moslems).

Der Philosoph Abu Suleyman ist der Ansicht, daß man nicht gleichzeitig weise, vernünftig und reich sein kann. Er zitiert eine Äußerung, die von Platon stammen soll: »Gott gibt ebensoviel Weisheit, wie er Reichtum versagt« – denn dieser führt zu Hochmut und zum ungezügelten Verlangen nach materiellen Gütern.

Ein ägyptisches Gleichnis in Form eines Märchens beschreibt die Vergeblichkeit und die Vergänglichkeit von Reichtum. Der Prinz Setni-Khaemouas (Sohn von Ramses II.) hielt sich zusammen mit seinem Sohn, dem Zauberer Sa-Ousir, in der Bibliothek ihres Hauses auf. Plötzlich hörten sie von draußen Trauerklagen. Sie blickten durch das Fenster und sahen, wie der Sarkophag eines Menschen an ihrem Haus vorbeigetragen wurde, um ihn zur Begräbnisstätte zu bringen. Der Trauerzug wurde von lautem Klagen und Lobreden begleitet, die den Reichtum und die Bedeutung der verstorbenen Person andeuteten. Dann sahen sie, wie die Leiche eines Armen von zwei Männern in die Wüste getragen wurde. Die Leiche war nur in eine einfache Matte eingehüllt und niemand begleitete sie. Da sprach Setni: »Wie viel glücklicher ist doch der Reiche, der mit lauten Klagen begraben wird, als der Arme, den man einfach in die Wüste bringt!« Daraufhin nahm Sa-Ousir seinen Vater an die Hand und führte ihn an einen Ort der Westwüste, den dieser nicht kannte. Sie begaben sich auf den Weg in die Hölle und gelangten in ein Gebäude, das aus sieben großen Hallen bestand. Diese waren mit Menschen gefüllt, deren ewiges Los im Jenseits darin bestand, zu arbeiten oder vielfältige Qualen zu erleiden. Im siebten Saal tagte das Gericht des Gottes Osiris, das beauftragt war, über die Toten zu urteilen.[174] Auf dem Ehrenplatz zur Rechten der Gottheit erkannte Setni den armen Menschen wieder, der an seinem Haus vorbeigetragen worden war. Er hatte sich in einen würdevollen Menschen verwandelt, der in feinstes königliches Leinen gehüllt war. Als man seine guten und seine schlechten Taten gegeneinander aufwog, stellte man fest, daß er viel mehr gute als schlechte Taten begangen hatte. Der Reiche dagegen, den man mit so viel Prunk zu Grabe getragen hatte, wurde – als man gewahrte, daß seine schlechten Taten überwogen – seines Reichtums entledigt. Seine Besitztümer wurden demjenigen vermacht, der zeit seines Lebens arm gewesen war. Der ehedem Reiche liegt nunmehr nackt auf dem Boden, und in seinem rechten Auge ist die Angel der Tür zum Jenseits befestigt.

Reichtum ist lediglich ein vergänglicher Wert des Daseins. Nur die Suche nach Tugend zählt. »Die Armut in der Hand Gottes ist besser als der Reichtum auf dem Speicher« (ägyptische Weisheit des Schreibers Amenemope). Der Stil, in dem die Grundsätze der Weisen an den Ufern des Nil verfaßt sind, ähnelt manchmal in erstaunlicher Weise dem der Sprüche Salomos. Es ist naheliegend, einen Einfluß aus Ägypten zu vermuten.

Großzügigkeit und Barmherzigkeit

»Sei großzügig und sanft zeit deines Lebens. Was aus dem Speicher herauskommt, kommt nicht wieder herein. Die Menschen trachten nur nach ihrem Anteil am Brot« (Ptahhotep, 34. Grundsatz.). »Iß dein Brot nicht, wenn ein anderer neben dir ist, ohne ihm das Brot anzubieten, damit er einen Teil davon abbekommt. Das wird nie vergessen werden, selbst wenn der Mensch nicht mehr sein sollte. Ein Mensch ist reich, ein anderer ist arm, doch die Nahrungsmittel werden dem zukommen, der sie in zwei geteilt hat. Und wer im letzten Jahr noch reich war, kann in diesem Jahr bereits ein Elender sein. Trachte nicht danach, deinen Bauch zu füllen, ohne die Bedürfnisse deines Nächsten zu berücksichtigen« (Weisheit des Schreibers Anii).

»Darum gebiete ich dir und sage, daß du deine Hand auftust deinem Bruder, der bedrängt und arm ist in deinem Lande« (5. Buch Mose 15, 11). »Der dem Hungrigen sein Brot mitteilt und den Nackten kleidet [...], das ist ein frommer Mann, der soll das Leben haben, spricht der Herr« (Hesekiel 18, 7). Dies erinnert an die bereits zitierten ägyptischen Glaubensbekenntnisse. Vielleicht handelt es sich hier um einen direkten Einfluß, vor allem aber belegt diese Verwandtschaft, daß das semitische Bewußtsein generell im Dienste Gottes steht. »Liebe deinen Nächsten wie dich selbst« (3. Buch Mose 19, 18).

»Diejenigen aber, die handeln, wie es recht ist, gleichviel ob männlich oder weiblich, und dabei gläubig sind, werden dereinst in das Paradies eingehen und ihnen wird bei der Abrechnung nicht ein Dattelkerngrübchen Unrecht getan« (Koran 4, 124).

Die Suche nach Wahrheit und das Streben nach Gerechtigkeit

»Demjenigen Menschen ist ein langes Leben beschieden, der die Wahrheit und die Gerechtigkeit zu seiner Lebensgrundlage gemacht hat. Dagegen wird der Ungerechte kein Grab haben« (Ptahhotep, 19. Grundsatz). »Ein Großer wird für seine guten Taten gerühmt werden. Sein Herz und seine Zunge werden gewogen. Auch seine Lippen müssen gerecht sein, wenn er spricht. Seine Augen müssen sehen, seine Ohren müssen hören, was dereinst seinem Sohn zugute kommen könnte, der dem Weg der Wahrheit und Gerechtigkeit folgen und von der Lüge befreit sein muß« (Ptahhotep, Epilog).

Ein Gebot der Thora lautet: »Du sollst das Recht nicht beugen und sollst auch keine Person ansehen noch Geschenke nehmen; denn die Geschenke machen die Weisen blind und verkehren die Sachen der Gerechten. Was recht ist, dem sollst du nachjagen« (5. Buch Mose 16, 19–20). »Eine richtige Antwort ist wie ein lieblicher Kuß« (Sprüche Salomos 24, 26). »Die Welt ruht auf drei Pfeilern: der Gerechtigkeit, der Wahrheit und dem Frieden« (Glossen des Talmud).

»Ihr Gläubigen! Steht als Zeugen, die Gott gegenüber ihre Aussagen machen, für die Gerechtigkeit ein, auch wenn es gegen euch selbst oder gegen die Eltern und nächsten Verwandten gerichtet sein sollte! Wenn der Betreffende reich oder arm ist und ihr deshalb glaubt, zur Rücksichtnahme auf den einen oder anderen verpflichtet zu sein, so steht Gott ihnen beiden näher als ihr. Und folgt nicht der persönlichen Neigung, anstatt daß ihr gerecht seid!« (Koran 4, 135). »Die Ungerechten sind wahrlich Hunde aus dem Höllenfeuer« (Ahmed el Kalyoubi).

Andere wichtige soziale Eigenschaften

Mässigung

»Finde keinen Gefallen daran, im Gasthaus zu trinken, damit dein Gefährte nicht die Worte weiterträgt, die aus deinem Munde gekommen sind, als du dir ihrer nicht bewußt warst. Wenn du stürzt und dich verletzt, so wird dir niemand seine Hand ausstrecken [...]. Man wird dich wie ein kleines Kind auf dem Boden liegend finden« (Schreiber Anii). »Ein wenig Wein erfreut, zu viel Wein schadet« (Glosse des Talmud).

Verschwiegenheit

»Nimm dich davor in acht, die Taue in dir zu lösen [die Taue, die den Menschen auf dem Kurs der Besonnenheit halten, wie das Tauwerk eines Schiffes die Segel hält und den richtigen und guten Kurs des Bootes gewährleistet]. Vermeide es, zu viel zu reden, lerne die Dinge verstehen, höre zu« (Ptahhotep, Epilog).

»Dringe nicht in das Haus eines Fremden ein, bevor er dich nicht dazu aufgefordert und dich willkommen geheißen hat. Wenn du im Haus bist, so schaue nicht zu lange, sondern dein Auge soll beobachten, während du schweigst. Rede im Anschluß mit keinem Menschen darüber« (Schreiber Anii).

»Fluche dem König nicht in deinem Herzen und fluche dem Reichen nicht in deiner Schlafkammer; denn die Vögel des Himmels führen die Stimme fort, und die Fittiche haben, sagen's weiter« (Der Prediger Salomo 10,20). »Wer seinen Mund bewahrt, der bewahrt sein Leben; wer aber mit seinem Maul herausfährt, der kommt in Schrecken« (Sprüche Salomos 13,3).

Die Arbeit

Rekhmire, der Wesir des Königs Thutmosis III., stand wegen der Last vielfältiger offizieller Pflichten schon beim Morgengrauen auf »Er verließ das Haus bei Tagesanbruch, um die täglichen rituellen Zeremonien zu begehen, um sich die Klagen des Volkes anzuhören und die Gesuche aus Ober- und Unterägypten zu behandeln. Er schickte weder den Großen noch den Kleinen fort, tröstete den Unglücklichen, erleichterte den, dessen Last zu schwer war. Das Böse lastete er jenem an, der es begangen hatte. Dann erfüllte er seine zahlreichen und wichtigen Aufgaben« (Grabinschrift von Rekhmire).

»Einem Lässigen gerät sein Handeln nicht; aber ein fleißiger Mensch wird reich« (Sprüche Salomos 12,27).

Die Beredsamkeit (wenn die Zeit gekommen ist)

»Sei wortgewandt, um stark zu sein. Die Zunge eines Menschen ist seine Macht. Seine Worte sind stärker als jedwede Schlacht. Man überrascht keinen Menschen mit geschicktem Herzen« (Ratschlag von König Kheti III. an den Prinzen Merikare). Ein ägyptisches Märchen verdeutlicht die Bedeutung, die einer guten Rede beigemessen wird. Ein armer Bauer, der ungerechterweise von einem unehrlichen Mann seiner wenigen Habseligkeiten beraubt wurde, erlangte Gerechtigkeit durch seine neun Reden, die er vor dem großen Führer Rensi hielt und die von einer unvergleichlichen Begeisterung und einer beachtlichen Beredsamkeit gekennzeichnet waren, die sich durch ihren Humor und ihre wunderbar einfühlsamen Bilder auszeichnete. Auf Anweisung von Rensi wurden die Reden auf Papyrus übertragen. Er belohnte den Bauer, indem er ihm die Güter des unehrlichen Mannes übertrug – mit solch hoher Wertschätzung begegnete man einem hervorragenden Redner in Ägypten.[175]

Ähnliche Sprachbilder finden sich in den Sprüchen Salomos: »Die Worte in eines Mannes Munde sind wie tiefe Wasser, und die Quelle der Weisheit ist ein voller Strom. Tod und Leben steht in der Zunge Gewalt; wer sie liebt, der wird von ihrer Frucht essen« (Sprüche Salomos 18,4 und 21).

Die Haltung gegenüber einer Kränkung, der Talion (?)

Für den Ägypter muß das begangene Übel Verachtung hervorrufen. Der oben zitierte Bauer drückte dies in folgender Weise aus: »Sieh, du mußt mit der Waage eins sein. Wenn sie sich neigt, neigst du dich auch [...]. Nimm nichts, wenn du damit gegen den handelst, der genommen hat. Der Große mit dem gierigen Herzen ist gewiß kein Großer. Deine Zunge soll das Blei der Waage sein, dein Herz ist ihr Gewicht und deine beiden Lippen sind ihre Arme.« Die Gerechtigkeit wirkt gegen die erlittene Kränkung.

Das folgende Gebot im fünften Buch Mose (19,21) ist Teil des alten Gesetzes: »Dein Auge soll sein nicht schonen: Seele um Seele, Auge um Auge, Zahn um Zahn, Hand um Hand, Fuß um Fuß.« Im Laufe der Zeit entwickelt die jüdische Sekte der Essener eine andere Auffassung. Mit folgenden Worten charakterisieren sie den vollkommenen Gläubigen: »Ich gebe niemandem das Böse zurück, das er tut. Ich werde jedem nur Gutes tun, denn Gott allein kann die Lebenden richten. Und er ist es, der jeden einzelnen entlohnen wird« (A. Dupont-Sommer, *Les écrits esséniens découverts près de la mer Morte*).

Auch die Moslems verlassen sich bei der Verurteilung einer Kränkung auf Allah, und sie offenbaren eine große Nachsicht gegenüber dem Kränkenden: »Die gute Tat ist nicht der schlechten gleichzusetzen. Weise die Übeltat mit etwas zurück, was besser ist als sie, und gleich wird derjenige, mit dem du bis dahin verfeindet warst, wie ein warmer Freund zu dir sein. Aber diese Fähigkeit wird nur denen dargeboten, die geduldig sind – nur einem, der großes Glück hat. Und wenn du von seiten des Satans zu Bosheit und Gehässigkeit aufgestachelt wirst, dann such Zuflucht bei Gott! Er ist der, der alles hört und weiß« (Koran 41, 34–36)

V.
Tod, Auferstehung und Paradies

Die Einstellung zum Tod

Jenseits vom Leben gibt es ein Land, in das der Mensch eines Tages hinübergehen muß. Sein Name ist »Land der Stille«, was ein gebräuchlicher Ausdruck in Ägypten war, um das noch unbekannte jenseits zu bezeichnen. Man findet diese Bezeichnung auch in der Bibel wieder: »Wo der Herr mir nicht hülfe, so läge meine Seele schier in der Stille.«[1]

Wenn der Tod auch unabwendbar ist, so wird doch alles unternommen, daß für den Verstorbenen die Zeit danach möglichst angenehm wird. Nichts kann die Menschen vor dem Augenblick des Todes bewahren: »Wo ihr auch seid, wird euch der Tod erreichen, und wäret ihr in hochgebauten Türmen«[2], heißt es im Koran.

Der Tod, Vernichtung oder Wohltat?

Die Semiten des Niltals haben ein System ersonnen, das den Verstorbenen vor den unglücklichen Folgen des Todes bewahren sollte und ihm die Möglichkeit des Weiterlebens bot. Sie sorgten dafür, daß sein Tod nur ein »Übergang« zwischen zwei Lebenszeiten bleibt, und zwar der begrenzten Lebenszeit auf der Erde und der anderen, von der sie glaubten, sie würde ewig währen. Die irdische Existenz wurde von einer ganzen Reihe von Faktoren bestimmt, die bereits[3] beschrieben wurden. Es handelt sich sowohl um physische als auch geistige Faktoren. Es wurde davon ausgegangen, daß das bewußte Tun von zwei Organen gelenkt würde: dem begreifenden Herzen und der Zunge, die durch das Wort Wirklichkeit werden läßt, was das Herz gewollt hat. Der Stimulator, der Motor des Ganzen war *Ka*, eine Energiequelle, eine verborgene Kraft, die der Erhaltung des Lebens dient. Nach dem Tod trennten sich die bis dahin vereinten Elemente, so daß der Lebensprozeß unterbrochen wurde. Um den Verstorbenen wiederzubeleben, war es nötig, die einzelnen Teile wieder zu einem harmonischen und gestärkten Ganzen zu vereinen. Durch die Mumifizierung der Leiche bewahrte man diese zunächst vor der Verwesung. Priester sorgten mit Ritualen und magischen Formeln dafür, daß die Empfindungen der Außenwelt wieder in das Herz gelangten, das zentrale Organ der sinnlichen Wahrnehmung. Nachdem die vitalen Funktionen wiederhergestellt worden waren, konnte sich *Ka* mit Nahrungsmitteln stärken, die täglich in Form von Opferungen dargeboten wurden. Das Leben unter den Binden der Mumie war freilich eingeschränkt. An diesem Punkt wurde ein anderes Element der Persönlichkeit wirksam: *Ba*, ein geflügeltes Wesen, das für den Verstorbenen »reiste«, um ihm den frischen Odem der irdischen Brisen einzuhauchen. Doch die Rolle von *Ba* beschränkte sich genausowenig hierauf wie das fruchtbare ägyptische Denken. Man bildete sich ein, die Möglichkeiten des Überlebens zu verbessern, wenn man Statuen des Verstorbenen anfertigte. Die Basreliefs und die Malereien im Grab stellten den Verstorbenen bei der Verrichtung seiner täglichen Arbeiten dar und waren gleichzeitig »Ersatzkörper«, in die *Ba* eindringen konnte, so daß sie wiederbelebt wurden.

So konnte der Mensch, ob in seinem Körper aus Fleisch oder in dem aus Lehm, wieder zum Leben erweckt werden und »gemäß seiner Lebensweise während seiner irdischen Existenz« in den Kreis seiner Lieben zurückkehren und seine einstmals so geliebten Haltungen, Gesten und Gepflogenheiten wieder aufnehmen.

All diese »magischen« Prozeduren erforderten eine sichere finanzielle Grundlage. Was wurde aus dem mittellosen Landwirt oder Arbeiter? Er konnte eine kleine Statue aus Porzellan oder Holz anfertigen lassen, die seinem Herrn ähnelte, und sie in sein Grab legen. Damit wäre er für die Ewigkeit zur Landwirtschaft oder zum Brechen von Steinen verdammt, doch er wäre wieder am Leben.

Sowohl für den Armen als auch für den Reichen bedurfte es noch eines göttlichen Urteils, in dem bestätigt würde, daß der Verstorbene in ein angenehmes ewiges Leben übertritt, nachdem die Befolgung der moralischen Regeln auf Erden festgestellt worden war.[4] Bei den Ägyptern galt der Tod oft als der erste Moment einer Hoffnung auf zukünftige Wohltaten, auch wenn er im Augenblick seines Eintretens das Leben als zusammengesetztes Ganzes vernichtete.

Es gibt jedoch auch Ausnahmen. In den bereits erwähnten Zeiten der gesellschaftlichen und religiösen Anarchie, die Ägypten um 2000 v. Chr. erschütterte,[5] verfaßte ein verzweifelter und einsamer Mann ein Lied, in dessen wunderschönen Strophen der Tod als eine Befreiung von allen Qualen verstanden wird:

»Der Tod steht heute vor mir
wie die Heilung nach der Krankheit,
wie das Gebet, das nach einem Unfall gesprochen wird.
Der Tod steht heute vor mir
wie der Geruch von Myrrhe,
wie die Maßnahme, sich an einem windigen Tag unter
ein Segel zu setzen [...]
Der Tod steht heute vor mir

wie ein vertrauter Weg,
wie der Weg eines Mannes, der aus dem Krieg heimkehrt.
Der Tod steht heute vor mir
wie der Himmel, der sich entschleiert,
wenn der Mensch erkennt, was er nicht wußte.
Der Tod steht heute vor mir
wie der Wunsch, den man hat,
sein Haus nach vielen Jahren der Gefangenschaft wiederzusehen.«[6]

Heilbringender Tod. Der seinem Wesen nach optimistische und liebenswürdige Ägypter fürchtet den Tod nicht, sondern er bereitet ihn auf alle möglichen Arten vor: Der vermögende Mensch richtet sein Grab bereits zu seinen Lebzeiten ein. Der Arme wartet auf seine Erlösung und betet zu den Göttern, damit sie ihm das Leben wiedergeben.

Andere läßt der zerstörerische Aspekt des Todes erschaudern. Im akkadischen Märchen von Gilgamesch flieht der Held und Halbgott[7], der seinen Freund Enkidu hat sterben sehen, durch die Steppe, um den alles beherrschenden Gedanken des unabwendbaren Todes zu entkommen:

»Möchte da etwa jemand den Tod sehen, jemand des Todes Angesicht,
Jemand des Todes Ruf hören?
Und doch ist es der grimme Tod, der die Menschen abknickt!
Irgendwann errichten wir ein Haus!
Irgendwann siegeln wir ein Testament!
Irgendwann teilen die Brüder!
Irgendwann herrscht Haß im Lande!

Irgendwann führte das Hochwasser des angeschwollenen
Flusses (etwas) davon,
Libellen treiben flußab!
Ein Antlitz, das in die Sonne sehen könnte,
Gibt es seit jeher nicht.
Der Verschleppte und der Tote, wie gleichen sie einander!
Das Bild des Todes zeichnen sie nicht!«[8]

Die gleiche Verzweiflung findet sich in folgendem Gedicht von Samuel Hanaguid, einem hebräischen Dichter, der die jüdische Gemeinde Spaniens im 11. Jahrhundert leitete. Im Grabe »werde ich über diese anmutige Form klagen, die meine Freunde, Frauen wie Männer, der Leichengrube geben. Ich werde über diese ruhmvolle Schönheit klagen, die keinen größeren Ruhm mehr erhoffen kann, als bei geschlossenem Mund und geschlossenen Augen mit Staub bedeckt zu werden. Denn dann wird die Zunge, die früher über meine Taten berichtete, im Sarg unbeweglich sein wie ein Kieselstein in den Tiefen der Meere. Und die Augen, die früher einmal die Herrlichkeiten bewunderten, werden nun in ihren Höhlen verfaulen und im Graben versinken [...]. Doch das Schlimmste von allem ist, daß ich mich von dem verstaubten Grab erheben muß, um zu meinem Urteil zu erscheinen, bei dem all meine Taten auf eine Waage gelegt werden, meine guten Taten auf die eine Schale, meine Sünden auf die andere«. Doch die Hoffnung kehrt zurück, wenn ein Engel einschreitet. »Meine guten Taten überwiegen meine Missetaten. Ich freue mich darauf, am Ruhm Gottes teilzuhaben, wenn ich sterbe. Und ich jauchze, wenn mir Sonne und Mond geraubt werden.«[9]

Gegen jede Angst vor dem Tod gibt es ein Mittel: Der verzweifelte Ägypter wird von *Ba* zur Vernunft gebracht, der wie jedes belebte Wesen wortgewandt ist und nicht verstummt. *Ba* handelt wie der Engel (ein anderes Wesen mit Flügeln) für den Juden in Not. Beide stehen schließlich unter der göttlichen Obhut. Enkidu wird Steppen und Berge durchqueren, um den Weisen Utnapischtim wiederzufinden, der im Besitz der Lebenspflanze ist, einer Pflanze, die ihrem Besitzer ewiges Leben schenkt.

In der dreißigsten Sure des Koran (Verse 17–19) wird beschrieben, wie der Tod von den Moslems empfunden wird: »Gott sei nun gepriesen am Abend und am Morgen – und ihm sei Lob im Himmel und auf der Erde – und auch spät abends und zur Mittagszeit. Er bringt das Lebendige auf die Erde wieder, nachdem sie abgestorben war. So werdet ihr dereinst bei der Auferstehung wieder aus der Erde hervorgebracht werden.« Oft findet sich dieser geheimnisvolle Zyklus von Leben und Tod folgendermaßen ausgedrückt: »Sag: Herr Gott, der du über die Herrschaft verfügst! [...] Du läßt die Nacht übergehen in den Tag, und den Tag in die Nacht. Du bringst in der Natur das Lebendige aus dem Toten hervor, und das Tote aus dem Lebendigen. Und du bescherst, wem du willst, ohne abzurechnen.«[10] Dieser Übergang vom Leben zum Tod und von der Wiedergeburt zum Leben ist ein Teil der allgemeinen Ordnung in der Entwicklung der Schöpfung und seiner Rückkehr zum Schöpfer: »Zu ihm werdet ihr dereinst allesamt zurückkehren. Das ist das Versprechen Gottes und als solches Wahrheit. Er vollzieht die Schöpfung ein erstes Mal. Hierauf wiederholt er sie bei der Auferweckung zur Existenz im Jenseits, um denen, die glauben und tun, was recht ist, in Gerechtigkeit zu vergelten. Diejenigen aber, die ungläubig sind, bekommen in der Hölle heißes Wasser zu trinken und haben zur Vergeltung dafür, daß sie ungläubig waren, eine schmerzhafte Strafe zu erwarten.«[11]

Doch diese große Rückkehr zu Gott, die Befreiung und Hoffnung zugleich ist, kündigt sich auch (wie in den vorhergehenden Fällen) durch Schmerzen an: durch seelischen (augenblickliche Trennung von der Familie) und körperlichen Schmerz (Angst und

Qualen in der Agonie) gleichermaßen. In einem *Hadith* (religiöse Deutung eines Textes oder eines Ereignisses) heißt es: »Wenn der Tod, der einen Menschen überkommt, einen Berg auch nur streifen würde, so zerfiele dieser zu Staub.« In einem anderen *Hadith* heißt es, daß »die Entweidung oder die Häutung eines lebendigen Tieres nur eine vage Vorstellung davon gibt, welche Schmerzen der Tod bereitet«.[12]

Dagegen erscheint der plötzliche Tod dem Gläubigen wie eine Gefälligkeit Gottes.

Die moslemische Familie ist, genau wie die ägyptische und die jüdische, verpflichtet, die Verantwortung für den Verstorbenen zu übernehmen: Waschung, Einwickeln ins Leichentuch, Gebet, Bestattung – all das geschieht gemäß festgelegten Ritualen. Doch das islamische Gesetz verbietet Mumifizierungen, die Einäscherung und das Sezieren der Leiche – alles, was einen Eingriff in die Schöpfung Gottes darstellt. Nur Gott ist dies gestattet, denn der Mensch ist in seiner Hand. Die Vernichtung des lebendigen Ganzen ist nur vorübergehend. Ihr entspricht der Zeitraum zwischen dem Tod und der Auferstehung. Der Tod führt zu den göttlichen Wohltaten und in die phantasievoll ausgemalten Paradiese. Nach dem Schmerz kommen die ewigen Freuden, allerdings nur, wenn das Urteil über den Verstorbenen zu seinen Gunsten ausfällt. »Ich möchte nicht vom Tode befreit sein; denn er ist das Letzte, wofür der Gläubige belohnt wird.«[13] Das Leben und die Art und Weise, wie es wird, sind eine Art moralischer Test für eine zeitlose Zukunft.

Das letzte Gericht

Für die Juden genauso wie für die Moslems und für die Christen wird am letzten Tag auf der Welt Gericht über sie gehalten. Bis zum Tag dieses Urteils verharrt der Bestattete in einem tiefen Schlaf.

In Ägypten wurde der genaue Zeitpunkt des Letzten Gerichts nicht beschrieben; es scheint, als habe es für jeden Menschen nach der Beerdigung stattgefunden. Die Zeremonie war sehr pompös, was die zahlreichen kolorierten Vignetten im Buch der Toten belegen. Das Gericht wird im jenseits, im Großen Saal der Wahrheit und der Gerechtigkeit unter Vorsitz von Gott Osiris gehalten, der unter einem Baldachin mitten im Saal in Begleitung von zweiundvierzig Schöffen thront (die Zahl 42 entspricht der Anzahl der *Nomes*, der ägyptischen Verwaltungsdistrikte). Vor ihm steht das Instrument zur Urteilsfindung: eine Waage, die zuvor geeicht wurde. Anubis, der schwarze Gott der Verstorbenen und großer Meister der Mumifizierung, führt alsdann denjenigen in den Saal, über den gerichtet werden soll. Man legt sein Herz auf die linke Waagschale und eine kleine Figur von Maat, der Göttin der Wahrheit und der Gerechtigkeit, oder die Hieroglyphe ihres Namens, eine Straußenfeder, auf die rechte Waagschale. Das Aufsteigen oder Sinken der Waagschale gibt darüber Aufschluß, ob der Tote ein rechtschaffenes Leben geführt hat. Gott Thoth, Herrscher der Ordnung, des Maßes und des rechten Weges, überwacht diesen Vorgang des Wiegens und hält das Ergebnis auf einer Tafel fest. Diesem konkreten Zeugnis über sein Leben fügt der Verstorbene eine mündliche Erklärung hinzu, ein negatives Bekenntnis, in dem er darlegt, ein sünden- und fehlerfreies Leben geführt zu haben:

»Ich habe keine Niederträchtigkeiten gegen die
Menschen begangen.
Ich habe niemanden mißhandelt ...
Ich habe keine Sünden begangen ...
Ich habe Gott nicht gelästert.
Ich habe den armen Mann nicht noch ärmer
gemacht ...
Ich habe niemandem Schmerz zugefügt.
Ich habe niemanden hungern lassen.
Ich habe niemanden zum Weinen gebracht.
Ich habe weder getötet, noch habe ich den Befehl
gegeben zu töten...
Ich war nicht der Geliebte eines Knaben ...
Ich habe dem Gewicht auf der Waage nichts
hinzugefügt.
Ich habe die Waage nicht manipuliert.
Ich habe den kleinen Kindern die Milch nicht aus
dem Mund genommen ...
Ich habe keine Vögel aus dem Schilf der Götter
mit dem Netz eingefangen.
Ich habe keine Fische aus ihren Teichen geangelt ...
Ich bin rein! Ich bin rein! Ich bin rein!«

Der Verstorbene beteuert dann über eine längere Zeit jedem einzelnen der zweiundvierzig Götter seine Unschuld, um ihnen sodann Rede und Antwort zu stehen. Wenn seine Unschuld bewiesen ist, ruft er aus: »Öffnet meinem *Ba* den Weg, bleibt auf euren Plätzen. Erlaubt, daß ich mich im schönen Osten ausruhe. Es wurde mir ein Platz unter euch zugewiesen. Öffnet eure Wege! Sperrt eure Türen auf!«

Doch wenn das Urteil für den Verstorbenen ungünstig ausfällt, so wird er an Baba übergeben, ein Alptraumwesen (mit dem Körper eines Löwen, dem Kopf eines Krokodils, die beide besonders gefährliche und aggressive Wesen darstellen), das ihn auffrißt. Baba sitzt am Fuße der Waage und wartet das Ergebnis des Wiegens ab. Sie ist nur eine der Qualen, die denjenigen, der gegen die moralischen Gesetze verstoßen hat, erwartet.

Diese Vorstellung, daß der Tote an der Schwelle zum Jenseits einem Urteil mittels einer Waage unterzogen wird, ist sehr tief im semitischen Bewußtsein verankert. Sie entstand offensichtlich nach dem dritten Jahrtausend v. Chr. in Ägypten.

Diese Vorstellung findet sich auch in der jüdischen Religion wieder. Auch die Taten des Dichters Hanaguid sollten nach seinem Tod auf der Waage geprüft werden. Auf die eine Waagschale sollten seine Verdienste gelegt werden, auf die andere seine Sünden. Das so gefällte Urteil würde unanfechtbar sein.

Der Prophet Hesekiel übermittelte den Israeliten folgende Worte Gottes: »Darum will ich euch richten, ihr vom Hause Israel, einen jeglichen nach seinem Wesen, spricht der Herr. Darum so bekehret euch von aller eurer Übertretung, auf daß ihr nicht fallen müsset um der Missetat willen. Werfet von euch alle eure Übertretung, damit ihr übertreten habt, und machet euch ein neues Herz und einen neuen Geist. Denn warum willst du sterben, du Haus Israel?«[14] Und König David singt: »Und du, Herr, bist gnädig und bezahlst einem jeglichen, wie er's verdient.«[15]

Auch wenn das Instrument der Gerechtigkeit und die Rolle, die die Göttlichkeit innehat, übereinstimmen, so gibt es doch einen Unterschied. Dieses Urteil, das für die Zukunft des Verstorbenen endgültig ist, wird am letzten Tag der von Gott geschaffenen Erde gefällt, wenn die Trompete des jüngsten Gerichts ertönt.

Dieser Sachverhalt kommt im Islam noch deutlicher zum Ausdruck. Das Urteil wird im Durcheinander der Welt gefällt: »Und am Tag, da zur Gerichtsversammlung die Trompete geblasen wird! Dann haben alle Angst, die im Himmel und auf der Erde sind, soweit es Gott nicht anders will. Und alle kommen demütig zu ihm. Und du siehst dann die Berge, von denen du meinst, daß sie unbeweglich seien, sich von der Stelle bewegen, wie Wolken das tun [...].«[16] »Wenn dereinst die Sonne von Dunkelheit eingehüllt wird, die Sterne ihren Glanz verlieren und die Berge sich von der Stelle bewegen; wenn die Kamelstuten, die bereits im zehnten Monat trächtig sind, vernachlässigt, die wilden Tiere alle an einen Ort versammelt, die Meere bis zum Überlaufen gefüllt und die Seelen wieder mit ihren Leibern gepaart werden [...]. Wenn der Höllenbrand in Erwartung der Sünder angefacht und das Paradies an die Gottesfürchtigen nahe herangebracht wird, bekommt einer zu wissen, was er an Taten zur Abrechnung beigebracht hat.«[17]

Dann werden die Seelen aufgewogen. Ein *Hadith* beschreibt die Vorbereitung der Begegnung mit Gott an diesem letzten Tag: »Unser Leben auf der Erde muß ständig von dem Gedanken an diese Begegnung beherrscht sein. Zwei Engel (Nakir und Munkar) folgen uns überall hin und nehmen unsere guten wie schlechten Taten auf, für die wir dann vor Allah Rechenschaft geben müssen und von denen unser Seelenheil abhängt.«[18] »Das Gewicht, mit dem an jenem Tag gewogen wird, ist die Wahrheit. Denen, die dann schwere Waagschalen haben, wird es wohl ergehen. Diejenigen aber, die leichte Waagschalen haben, sind dann ihrer selbst verlustig gegangen. Dies zur Strafe dafür, daß sie an unseren Zeichen gefrevelt haben.«[19]

Die Sünden sind zahlreich. Theologen wie Ibn Abbas, der im siebten Jahrhundert lebte, zählen siebenhundert hiervon auf, wobei die Hauptsünden unter anderem sind: Mord (»Und tötet niemand, den zu töten Gott verboten hat«[20]), insbesondere der Mord an Kindern, auch wenn er aus Angst vor der Not begangen wird; Götzendienst; Wucher; Abtrünnigkeit …

Der Verstorbene fällt in seinem Grab zunächst in einen leichten und zeitlosen Schlaf, der bis zu dem Tag dauert, an dem das Horn ertönt, um das Ende der Schöpfung zu verkünden. Dann wird sich der Körper eines jeden Menschen, mit seiner Seele vereint, aus seinem Grab erheben. Seine Taten werden gewogen und bestimmen das Urteil Gottes. Dem Verstorbenen wird dann seine ewige Zukunft zugewiesen: die Hölle oder das Paradies, je nach Frömmigkeit und irdischen Taten. Die arabischen Erzähler haben mit sehr viel Feingefühl eine gute Tat als »Wohlgeruch verströmende Handlung«[21] umschrieben.

Auferstehung und Paradies

In der Gedankenwelt der Semiten am Nil unterscheidet sich die Vorstellung über das Leben nach dem irdischen Tod je nachdem, ob der Tote ein König oder ein einfacher Mensch war. Der in seiner Substanz göttliche Monarch schließt sich im Himmel seinen göttlichen Brüdern an und verschmilzt mit dem Kosmos. Die antiken Grabinschriften der königlichen Pyramiden (um 2600 v. Chr.) berichten von den himmlischen Abenteuem des Herrschers, der mit Hilfe der Sonnenstrahlen zum Himmel aufsteigt: »Wir sehen etwas Neues, sagen die ersten Götter und der Götterrat der Neun, in den Sonnenstrahlen ist ein Horus.[22] Die göttlichen Herrscher der Formen bedienen ihn dann, und beide Götterräte der Neun versammeln sich um ihn. Er setzt sich auf den Thron des Allmächtigen.«[23] Die Auferstehung (ähnlich der von Osiris) ist triumphal: »Der König herrscht über die Götter, er lenkt die göttliche Barke. Er bemächtigt sich des Himmels, seiner Pfeiler und seiner Sterne. Ob seines Ruhms kommen die Götter in gebeugter Haltung zu ihm, und die Sterne bilden sein Gefolge [...]. Der König ist der göttliche Schreiber, der darüber nachsinnt, was bereits existiert, und der erschafft, was noch nicht ist.«[24] Nunmehr ist »die Zeit des königlichen Lebens von unendlicher Dauer, seine Grenze ist die Ewigkeit«, mag er nun auf seinem Herrscherthron sitzen oder die Sonne auf ihrem täglichen Weg um die Erde begleiten. Wenn nach Sonnenuntergang im Westen die Nacht anbricht, wird er die zwölf Tore der Nacht in das unterirdische Jenseits durchschreiten. »Er wird die Dunkelheit erhellen, indem er die Flamme auf der Erde der Verdammten entfacht« (die zum endgültigen Tod verurteilt wurden).

Der einfache Mensch dagegen wird in seinem Grab weiterleben. Das Leben am Ufer des großen Flusses ist süß und angenehm. Es gibt keine Suche nach einem vorgestellten Paradies, aber – wenn er es will – die Fortsetzung seines irdischen Lebens im Kreise seiner Familie. Es wurde bereits erwähnt, wie der Verstorbene die in Stein gehauenen oder bildlich dargestellten Körper beseelen und die von ihm während seiner irdischen Existenz so geliebten Gewohnheiten weiter pflegen kann.[25] Seine Kenntnisse der magischen Formeln (die auf die Innenwände des Sarkophags eingraviert oder im Papyrus des *Totenbuches* eingetragen sind, das auf seinem Herzen liegt) werden ihm erlauben, alle eintretenden Schwierigkeiten zu meistern. Diese Formeln sind manchmal eine wahre Erpressung mittels Magie, insbesondere dann, wenn der Verstorbene bei seiner Familie zu bleiben wünscht: »Wenn man N. seinen Vater zurückgibt, wenn man für ihn seine Mutter ihrer Pflichten entbindet, wenn man seine Familie um N. versammelt, seine Väter und Mütter, seine Männer und Frauen, wenn man seine Kinder um ihn versammelt, seine Nächsten, seine Freunde und Verbündeten«, so wird die tägliche Ordnung der Welt nicht beeinträchtigt. Doch wenn diese Vereinigung nicht stattfindet, dann wird N. kraft der Formeln »Re das Zepter wieder entwenden, die Altare der Götter werden nicht mehr gepflegt, die Taue werden nicht mehr verbunden, man wird die Barken auf dem Fluß nicht mehr erreichen können«.[26] Die Macht des Wortes und die Wirksamkeit der Magie werden die Rückkehr zum Familienleben für die Ewigkeit ermöglichen, worauf jeder Ägypter hofft.

Es gibt aber noch andere Möglichkeiten des Weiterlebens: Der Mensch kann, wenn er es wünscht, dem Beispiel der Auferstehung von Osiris folgen und diesen in der unterirdischen Welt betrachten. Er kann auch, wenn er es wünscht, Re auf seiner täglichen Bootsfahrt begleiten: »Du wirst zum Steuerbord des Himmels aufsteigen und zum Backbord der Erde hinabsteigen.« Ein Leben, in dem die Gefühlsbindungen bestehenbleiben und für das die Bewegungsfreiheit innerhalb des Universums ganz wesentlich ist.[27] Diese Vorstellung von der Ewigkeit ist eine Mischung aus täglicher Realität und dem Glauben an die Magie.

Die Auferstehung bringt eine ungeheure Freiheit des Daseins mit sich. Der gerade auferstandene, von seiner irdischen und sterblichen Existenz befreite Mensch ist Herr über sich selbst und seine Bewegungen: »Ich habe die Herrschaft über mein Herz, über meine Brust, über meine Arme, über meine Beine, über meinen Mund, über meinen Körper [...]. Ich gehe großen Schrittes und frohen Herzens, ich laufe, wie es mir paßt.« Er kann nach Belieben jede gewünschte Form annehmen und als Mensch, als Tier oder als Pflanze erscheinen, wenn er die entsprechende Formel kennt. Während er diese ausspricht, zeichnet sich eine neue Erscheinung ab und bringt ein neues Bild seines Wesens hervor. »Hier erscheine ich wie ein großer goldener Falke, der aus seinem Ei schlüpft. Ich nehme meinen Anflug, dann setze ich mich wie ein Falke, dessen Rücken vier Ellen [zwei Meter] mißt, meine Flügel sind aus Smaragden.« Oder: »Ich bin der reine Lotus, der der fruchtbaren Erde entsprießt.« Die Papyrusseiten des *Totenbuches* stellen einen regelrechten »Formenkatalog« dar. Durch Zauberei und magische Verwandlung steht der auferstandene Mensch mit der Schöpfung in Verbindung. Die Auferstehung ist für den Ägypter ein »Paradies« der Bewegungsfreiheit und der Freiheit des Seins, das durch eine lebhafte Vorstellungskraft geschaffen ist.

Dagegen bleiben diejenigen, die vor dem Gericht von Osiris keine Gnade finden, in der unterirdischen Welt, deren Finsternis dem Schlaf eines Toten gleicht. Wenn Re durch die zwölf Tore der Nacht schreitet und mit seinem königlichen Gefährten in ihre Barken steigt, so wird sie ein flüchtiger Schein streifen – vorausgesetzt, sie wurden nicht von dem großen Fresser Baba vertilgt oder Opfer anderer Qualen, von denen in dem bereits zitierten Märchen von Satni-Khaemouaset[28] die Rede war.

Im jüdischen wie im islamischen Glauben ist das Paradies vor allem ein wunderschöner Garten, in dem der Mensch Erfrischung,

Düfte und Ruhe findet. In allen orientalischen Zivilisationen gilt der Garten als ein Ort der Wonne, wo immer frisches und wohltuendes Wasser fließt, wo Bäume und Blumen üppig gedeihen.

Die geographische Umgebung beeinflußt oft die Vorstellung vom Paradies. Wenn die Magie zum Leben der Semiten aus Ägypten gehört, so erklärt sich dies möglicherweise aus dem Umstand, daß diese auf dem afrikanischen Kontinent leben, wo Zauberer schon immer eine große Rolle gespielt haben. Die Bewohner der Wüstengebiete des Vorderen Orients dagegen fesselt der Traum vom Garten.

Für die Israeliten hat Gott einen Garten im Osten von Eden angelegt (dort, von wo Adam und Eva wegen ihres Ungehorsams verjagt wurden), einen zauberhaften Garten mit Bäumen, deren Früchte wie flammende Edelsteine sind. Unter diesen Bäumen befindet sich auch der Lebensbaum. Er ist golden und purpurrot und übertrifft in seiner Schönheit alle anderen Schöpfungen. Sein Blattwerk bedeckt den gesamten Garten, und vier Flüsse (von Milch, Honig, Wein und Öl) quellen aus seinen Wurzeln hervor.[29] Dreihundert Engel unterhalten dieses Paradies, das sich bestimmten Geistlichen zufolge nicht auf der Erde befindet, sondern im dritten Himmel. Der Garten ist ständig von einem wunderbaren Duft erfüllt. Zwanzig Generationen lang drang er in die Kleider auf Adams Haut ein, die er von Gott erhalten hatte und die an seine männlichen Nachkommen weitergegeben wurden. Nach Adam betraten zu Lebzeiten nur noch Henoch (biblischer Patriarch, Vater von Methusalah), Isaak und Mose den Garten.

Am Tage des jüngsten Gerichts, wenn die Trompeten das Urteil verkünden, werden jene Israeliten den Garten betreten, die ein rechtschaffenes Leben führten. Das Paradies hat sieben Tore in einer Reihe, wobei jedes davon zu einem weiteren Tor führt und Zugang zu sieben Häusern verschafft. Das erste Haus, das dem Eingang gegenüberliegt, beherbergt die Bekehrten, die aus freiem Willen zu Gott gefunden haben. Seine Wände sind aus Kristall, seine Balken aus Zedernholz. Dem Haus steht Abdias, der gerechte Prophet, vor. Im zweiten Haus, das ähnlich gebaut ist, wohnen die Israeliten, die bereit sind, Buße zu tun. Das dritte Haus ist aus Silber und Gold. Dort wächst auch der Lebensbaum, in dessen Schatten Abraham, Isaak und Jakob sowie die Patriarchen der zwölf Stämme sitzen, dazu alle Israeliten, die aus Ägypten geflohen sind, und die gesamte Generation der Wüste, außerdem König David, sein Sohn Salomo und die Könige von Juda (außer Manasse, der in der Hölle ist). Aose und Aaron bewachen dieses Haus, in dem wertvolle Gegenstände aufbewahrt werden, die für die noch auf der Erde weilenden Gerechten Israels bestimmt sind. Das vierte Haus ist aus Gold. Seine Balken sind aus Olivenholz, und es beherbergt die Gerechten, deren Leben so bitter wie unreife Oliven war. Das fünfte Haus ist aus Silber, aus purem Gold, aus Kristall und aus Glas, seine Balken sind aus Gold und Silber und der Duft des Libanon erfüllt all seine Räume. Es ist ausgestattet mit wertvollen Diwanen, mit scharlachroten Stoffen und mit solchen aus Ziegenhaar, gewebt von Eva bzw. von den Engeln. Hier residiert der Messias, der sich darauf vorbereitet, am dafür vorgesehenen Tag auf die Erde hinabzusteigen, wo er hofft, Gläubige zu finden. Das sechste Haus beherbergt jene, die bei der Erfüllung der ihnen von Gott auferlegten Pflichten gestorben sind. Im siebten Haus schließlich sind jene, die aus Kummer an den Sünden Israels gestorben sind.[30]

Der Garten ist gewiß prächtig, aber auch strukturiert. Die Gerechten Israels sind sorgfältig in luxuriösen und aneinandergrenzenden Häusern untergebracht.

Für die Juden kommt es nicht in Betracht, magische Formeln zu benutzen, um die Grenzen der den Menschen zugebilligten Freiheit zu überschreiten. In der Thora wird geraten, »daß nicht jemand unter dir gefunden werde, der seinen Sohn oder seine Tochter durchs Feuer gehen lasse, oder ein Weissager oder ein Tagewähler oder der auf Vogelgeschrei achte oder ein Zauberer oder Beschwörer oder Wahrsager oder Zeichendeuter oder der die Toten frage. Denn wer solches tut, der ist dem Herrn ein Greuel, und um solcher Greuel willen vertreibt sie der Herr, dein Gott, vor dir her. Du aber sollst rechtschaffen sein mit dem Herrn, deinem Gott«.[31] Nur Propheten oder von Gott gelenkte Wesen können wunderbare Dinge vollbringen. So wurde Josua nach dem Tode von Mose zum Oberhaupt der Hebräer. Als er den Herrn bat, ihm in Vorbereitung auf die Eroberung des Landes Kanaan dabei behilflich zu sein, die von zwölf ausgesuchten Priestern der zwölf Stämme Israels getragene Lade des Bundes über den Jordan zu bringen, erhielt er zur Antwort. »Wenn dann die Fußsohlen der Priester, die des Herrn Lade, des Herrschers über alle Welt, tragen, in des Jordans Wasser sich lassen, so wird sich das Wasser, das von oben herabfließt im Jordan, abreißen, daß es auf einem Haufen stehenbleibe.«[32] Auch der Prophet Elia wollte, kurz bevor er von einem Feuerball in den Himmel getragen wurde, mit dem Propheten Elischa den Jordan überqueren. »Die beiden standen am Jordan. Da nahm Elia seinen Mantel und wickelte ihn zusammen und schlug ins Wasser; das teilte sich auf beide Seiten, daß die beiden trocken hindurchgingen.«[33] Dieser alte semitische Mythos ist bei den Zauberern an den Ufern des Nil wohlbekannt: So wußte etwa Djadjaemankh, ein berühmter Zauberer, der zu Zeiten von König Snefru (um 2700 v. Chr.) lebte, wie man mit Zauberformeln das Wasser eines Sees in zwei Hälften teilen konnte, um auf dessen Boden nach wertvollen Schätzen zu suchen, die möglicherweise hineingefallen waren: »Er versetzte die Hälfte des Teichwassers auf die andere Seite, durchquerte den Teich trockenen Fußes und entdeckte so mit Leichtigkeit das gesuchte Ding, das auf einem Fels lag [...]. Dann stellte er den ursprünglichen Zustand des Teiches wieder her.«[34] Wir werden sehen, daß dieses (auf Zauberei beruhende) Verfahren in arabischen Märchen sehr geläufig ist.

Dagegen wurden die von der göttlichen Gerichtsversammlung verdammten Israeliten in die Gehenna, die jüdische Hölle, geworfen. Der Name dieses Ortes leitet sich vom semitischen *Gue-Hinnom* ab, was soviel bedeutet wie »Tal von Hinnom« (südlich von Jerusalem gelegen), wo Kinderopferungen für den Gott Moloch durchgeführt und Götzendienste gefeiert wurden, bevor die Juden in diesem Gebiet siedelten. Diesen verdammten Ort verband man mit der Hölle. In der Gehenna werden ständig große Feuer entfacht, während ein Flammenstrom das Land durchquert, das von Eis bedeckt und sehr kalt ist, damit die Bösen leiden.

Die Vorstellung der Moslems von Paradies und Hölle hängt mit den vorausgegangenen Beschreibungen zusammen. Die Ähnlichkeit mit den jüdischen Vorstellungen ist manchmal bemerkenswert – doch der jedem Volk eigene Geist zeugt trotz allem von der Unabhängigkeit der Vorstellungen. Ein Textvergleich belegt dies.

Der zeitlose Schlaf im Grab ist überall derselbe: »Am Tag, da er euch zum Gericht rufen wird! Da werdet ihr ihm antworten, indem ihr sein Lob anstimmt, und dabei der Meinung sein, ihr hättet nur kurze Zeit im Grab verweilt.«[35]

Daraufhin bläst der Engel Israfil zweimal das Horn: Beim ersten Mal »fallen alle, die im Himmel und auf der Erde sind, wie vom Blitzschlag getroffen zu Boden, soweit es Gott nicht anders will«. Beim zweiten Mal »stehen sie wieder da und können wieder sehen. Und die Erde erstrahlt im Lichte ihres Herrn«.[36] Der Klang dieses aus vier Hörnern bestehenden Signalhorns erfüllt das ganze Universum. Der Klang des ersten Homs ist im gesamten Morgenland zu hören, der Klang aus dem zweiten Horn erfüllt das Abendland. Die Laute aus dem dritten Horn erreichen die siebte Ebene unter der Erde, die aus dem vierten die siebte Ebene des Himmels.

Alles ist bereitet für das Urteil über die Toten. »Und die Erde erstrahlt im Licht ihres Herrn. Und die Schrift, in der die Taten verzeichnet sind, wird aufgelegt. Und die Propheten und sonstige

Zeugen werden herbeigebracht, und zwischen ihnen wird nach der Wahrheit entschieden, ohne daß ihnen dabei Unrecht getan würde. Und jedem wird voll heimgezahlt, was er im Erdenleben getan hat. Gott weiß sehr wohl, was sie tun. Diejenigen, die ungläubig waren, werden dann in Scharen der Hölle zugeführt. Wenn sie schließlich dort angelangt sind, werden ihre Tore geöffnet und ihre Wärter sagen zu ihnen: […] ›Heil sei über euch! Ihr seid glücklich zu preisen. Tretet nun in das Paradies ein, um ewig darin zu weilen!‹«[37]

Die Auferstehung des Menschen wird oft mit der Vegetation verglichen: »Und wir haben vom Himmel gesegnetes Wasser herabkommen und Gärten damit wachsen lassen, und Korn, das abgeerntet wird, und Palmen, hochragend, mit dicht besetzten Fruchtscheiden, den Menschen zum Unterhalt. Und wir haben damit ausgedorrtes Land wieder belebt. So vollzieht sich die Auferstehung von den Toten.«[38] Diese Verbindung des ewigen Lebens mit dem Lebenszyklus der Vegetation rührt von einer alten semitischen Überzeugung her, die in Ägypten (der Mythos um Osiris zeugt davon), in Phönizien und auch in Babylonien nachweisbar ist.

Das ewige Leben im Paradies ist die »unendliche Wonne«, die »unermeßliche Gunst«. Das Paradies ist ein großer Garten, »so groß wie der Himmel und die Erde«. »Das Paradies, das den Gottesfürchtigen versprochen ist, ist so beschaffen: In ihm sind Bäche mit Wasser, das nicht faul ist, andere mit Milch, die noch unverändert frisch schmeckt, andere mit Wein, den zu trinken ein Genuß ist, und wieder andere mit geläutertem Honig. Sie haben darin allerlei Früchte und Barmherzigkeit von ihrem Herrn zu erwarten.«[39] Die Beschreibung des Gartens von Allah erinnert manchmal an den Garten Eden der Juden, durch den vier Flüsse fließen: einer aus Milch, einer aus Honig, einer aus Wein und einer aus Öl, die aus den Wurzeln des Lebensbaumes hervorquellen.[40]

»Da bot ihnen Gott Glückseligkeit und Freude dar. Und er vergalt ihnen dafür, daß sie geduldig waren, mit einem Garten und Kleidern aus Seide. Sie liegen nun darin behaglich auf Ruhebetten und erleben darin weder Sonnenhitze noch schneidende Kälte. Die Schatten des Gartens reichen tief auf sie herab, und seine Früchte sind ganz leicht zu greifen. Man macht unter ihnen die Runde mit Gefäßen aus Silber und mit Humpen, die Gläser aus Silber, die man genau bemessen hat. Sie bekommen im Paradies einen Becher zu trinken, dessen Mischwasser mit Ingwer gewürzt ist, von einer darin befindlichen Quelle, die Salsabil genannt wird. Ewig junge Knaben machen unter ihnen die Runde. Wenn du sie siehst, meinst du, sie seien ausgestreute Perlen. Und wenn du dich dort umsiehst, siehst du nichts als Wonne und große Herrlichkeit. Die Seligen haben grüne Gewänder [...] übergezogen und sind mit Armbändern aus Silber geschmückt. Und ihr Herr gibt ihnen reines Getränk zu trinken. Und zu ihnen wird gesagt: ›Dies kommt euch als Lohn zu. Ihr findet jetzt für euren Eifer Dank und Anerkennung.‹«[41]

In diesen paradiesischen Gärten werden die Seligen auch ihre Familien wiedersehen (wie in der anderen Welt Ägyptens, jedoch ohne Vorbedingung[42]). Dem Koranausleger Abu Mohammed el Harawi (1010 gestorben) zufolge finden diese Besuche im Laufe der Woche, an den religiösen Feiertagen statt: Samstags besuchen die Söhne ihre Väter, sonntags besuchen die Väter ihre Söhne, montags besuchen die Schüler ihre Meister, dienstags besuchen die Meister ihre Schüler, mittwochs besuchen die Nationen ihre Propheten, donnerstags besuchen die Propheten ihre Nationen und freitags besuchen alle Schöpfungen des Paradieses ihren Herrn.

Der Garten ist das mythische Symbol der Fruchtbarkeit in einem ewigen Frühling. Dieser Mythos sollte von den Griechen mit der Vorstellung des Gartens der Hesperiden aufgegriffen werden, wo die Vermählung von Zeus mit Hera stattgefunden hat. Dieser Garten ist vor allem bei den Wüstenvölkern von Bedeutung: Er stellt wie die Oase den erhofften Hort der Ruhe und der Frische dar. Er ist ein imaginärer Ort, dessen Gestaltung sich aus den äußeren Lebensumständen ableitet.

Dagegen ist das Feuer (ein Symbol für die große Hitze am Tag in den Wüsten) ewiges Schicksal der Gottlosen, die nicht so leicht ins Reich Gottes gelangen wie ein Kamel durch ein Nadelöhr. »An jenem Tag siehst du die Sünder in Fesseln aneinandergebunden, mit Hemden aus Teer, das Gesicht von Höllenfeuer bedeckt. Gott wird eben einem jeden vergelten, was er in seinem Erdenleben begangen hat.«[43] »Sooft dann ihre Haut gar ist, tauschen wir ihnen eine andere dagegen ein, damit sie die Strafe richtig zu spüren bekommen.«[44] Andere »bekommen heißes Wasser zu trinken, das ihnen die Eingeweide zerreißt«.[45] In der Hölle gibt es auch Schnee, der eine schreckliche Kälte hervorruft und der die Verdammten vielleicht sogar noch mehr quält als die Verbrennungen durch die Flammen.

In dieser jenseitigen Welt wird keine Zauberei angewendet. Die Magie wird als eine der schlimmsten Sünden des *Vermittlers der Zunge* betrachtet. Sie gilt als genauso verwerflich wie ein falsches Zeugnis oder vorsätzlicher Meineid. Sicher spielt die Magie in den arabischen Märchen eine große Rolle, man denke nur an Aladins Abenteuer. Doch man darf die heilige Schrift nicht mit den *Erzählungen aus den Tausendundein Nächten* vergleichen, in denen der Glaube des gemeinen Volkes wiedergegeben wird. Diese Märchensammlung ist zudem nützlich, um die Anschauungen der Menschen und ihr tiefstes Inneres besser zu begreifen.

Wieder kam der Geist der großen semitischen Gemeinschaft zum Vorschein, dessen Einflüsse auch auf das Christentum unübersehbar ist.

Im gesamten altertümlichen Nahen Osten entstehen große Mythen bereits bei den Hochzeiten der bekannten entwickelten Zivilisationen. Der Austausch findet von Volk zu Volk statt, und manchmal werden die Mythen dem jeweiligen Denken angepaßt. Ihre Verbreitung beschränkt sich nicht auf den Nahen Osten, sondern setzt sich bis nach Griechenland fort.

VI.
Die Mythen und die grossen semitischen Themen in den Märchen und Legenden

Der Schiffbruch und die Entdeckung der verzauberten Insel

Das Motiv der verzauberten Insel, auf der man nach einem Schiffbruch wie durch ein Wunder strandet, um wunderbare Abenteuer zu erleben, wird in ägyptischen, akkadischen und arabischen Märchen aufgegriffen.

Der vollständige Originaltext dieses Märchens ist auf einem ägyptischen Papyrus aus den Jahren um 2000 v. Chr. erhalten. Ein ägyptisches Schiff treibt auf dem Roten Meer, als es in einen gewaltigen Sturm gerät und mit Mann und Maus untergeht. Nur einem Besatzungsmitglied gelingt es, an ein Stück Holz geklammert *(vielleicht ein Teil des Mastes)*, sich auf eine Insel mit *üppiger Vegetation*, der Insel des *Ka*, zu retten: »Es gab keine Frucht, die nicht auf ihr gedieh.« *Drei Tage und drei Nächte lang* sinkt der Schiffbrüchige im Schatten eines Baumes erschöpft in einen tiefen Schlaf. Nachdem er aufgewacht ist und seinen Hunger gestillt hat, bringt er den Göttern ein Brandopfer dar. Plötzlich hört er ein »*Krachen, das einem Donner gleicht*, und mit einem Mal bewegen sich die Bäume und die Erde erbebt«. Erschrocken bemerkt er, daß sich ihm eine *riesige Schlange* nähert. Sie ist etwa sechzehn Meter lang, ihr Bart (der ihre göttliche Abstammung verrät) mißt mehr als zwei Meter. »Ihr Körper ist vergoldet und ihre Augenbrauen sind aus echten Lasursteinen.« Das göttliche Tier nimmt den Mann in seine Höhle mit, und dieser erzählt ihm von seiner Irrfahrt. Die Schlange beruhigt ihn und prophezeit ihm, daß ihn in vier Monaten ein Schiff holen werde. Dann erzählt die Schlange dem Geretteten ihre eigene Geschichte: Ihre Familie (fünfundsiebzig Schlangen) wurde von einem Stern verbrannt, der vom Himmel herabfiel. Sie selbst ist die einzige Überlebende dieses Massakers. Als der Mann verspricht, ihr wertvolle Opfergaben darzubringen, lacht sie ihn aus, da sie selbst *über die Pflanze des ewigen Lebens verfügt*. Sie kündigt ihm auch an, daß nach seinem Weggehen *die Insel für immer in den Fluten verschwinden wird*.[1]

Der königliche Held aus Akkadien, Gilgamesch, war, wie bereits erwähnt,[2] nach dem Tod seines Freundes Enkidu verzweifelt auf der Suche nach der *Lebenspflanze*, die sich im Besitz des Weisen Utnapischtim befand. Dieser lebte als Überlebender der Sintflut mit seiner Frau auf einer fernen Insel. Er ist ein von den Göttern bevorzugtes Wesen, ein *Überlebender einer durch das Wasser verursachten vollkommenen Zerstörung*. Die Schlange der Insel des *Ka* ist die einzige Überlebende einer Feuerkatastrophe. Nach der Abreise von Gilgamesch wird die Insel, die scheinbar eine vorübergehende göttliche Heimstatt ist, *ebenfalls in den Fluten verschwinden*. Auf seinem Rückweg will der akkadische Held eines Tages seinen müden Körper entspannen, indem er in einem Wasserloch ein Bad nimmt. Er läßt die Lebenspflanze bei seinen Kleidern zurück. Daraufhin kommt eine Schlange, vom Geruch der Pflanze angelockt, und entwendet diese, so daß sie *wieder ihrem*

Besitzer zufällt. Als die Schlange umkehrt, zum Zeichen dafür, daß mit dem Verzehr des Jugendkrauts ein neues Leben beginnt, wirft sie eine Haut ab.

Auch dem reichen Seefahrer Sindbad, der in Bagdad zu Zeiten des Kalifen Harûn-ar-Raschîd lebte, widerfuhren ganz ähnliche Abenteuer. Als Seefahrer auf den Meeren und Ozeanen war er zu sieben Reisen in entfernte Länder aufgebrochen. Auf dem Höhepunkt der meisten dieser Reisen erlitt er Schiffbruch. Sindbad, der dem Tod entkommen war, indem er sich *an eines der Hölzer des Steuerruders festklammerte*, das er ergreifen konnte, berichtet auch, wie er auf einer paradiesischen Insel mit einer *üppigen Vegetation* strandete, auf der er sich erst einmal *drei Tage und drei Nächte lang* ausruhte, um dann seinen Hunger und seinen Durst zu stillen. Das Grauen packte ihn, als er ein Geräusch vernahm, *das einem Donner glich*, die Erde bebte, und er spürte, daß sich ihm ein riesiges Wesen näherte, das vielleicht eine Schlange oder ein amorphes Monster war (je nach Reise). In der Gestalt einer Schlange sollte der Inselbewohner den hierher verschlagenen Mann trösten.

Eine ähnliche Geschichte erlebt im klassischen Griechenland Odysseus auf seinen Reisen. Dieser muß auf Befehl von Zeus Kalypsos Insel (bei Kreta oder im Westen bei Italien lokalisiert) verlassen und wieder in See stechen. Doch der Meeresgott Poseidon, der auf Rache sinnt, verursacht einen Schiffbruch. Odysseus überlebt, indem er *einen Mast wie ein Turnierpferd besteigt* und so bis zur Insel von Scheria (wahrscheinlich Korfu) gelangt. Erschöpft schläft er dort erst einmal *drei Tage und drei Nächte lang*, bis ihn das Gelächter von Nausikaa und ihren Begleiterinnen weckt. Doch später, nach dem Aufbruch von Odysseus zu weiteren Abenteuern, *sollte die Insel ebenfalls verschwinden*, genauso wie die Insel des *Ka* nach dem Fortgang des Ägypters.

Sowohl die variablen als auch die konstanten Elemente dieses Mythos zeugen von der Verbreitung und dem hohen symbolischen Wert der Schlange.

DIE UNSTERBLICHE SCHLANGE UND DIE LEBENSPFLANZE

Die Symbolik der Schlange ist genauso reichhaltig, wie deren Verhalten und Taten vielfältig sind. Die offensive, gar aggressive Schlange ist – wie wir bereits gezeigt haben – zur »Prinzessin der Ungehorsamen«,[3] zu einer gerissenen und gefährlichen Nacheiferin Satans geworden, die den Aufstand gegen die Gottheit probt.

Für die Alten ist die Schlange jedoch auch ein Symbol des ewigen Lebens und der Unsterblichkeit. Sie meinten, die Schlange würde nach jeder Häutung ein weiteres Leben beginnen. Unter der Erde ernähre sie sich vom Saft der Pflanzen, die in jedem Frühling zu neuem Leben erwachen, und sie sei ein Teil von ihnen. Unsterblich, verfüge die Schlange über die Pflanze der Jugend. Ebenso verhält es sich mit der Schlange auf der Insel des *Ka*. Auch hier entwendet eine Schlange dem Helden Gilgamesch die Pflanze, die er von Utnapischtim erhalten hat: ein sehr anschauliches Beispiel für die Unsterblichkeit der Schlange, die nach dem Verzehr des Krautes ihre alte Haut verliert und zu neuem Leben erwacht.

Die ophitischen Häretiker des 1. Jahrhunderts unserer Zeitrechnung glaubten, die Welt sei von einer Schlange erschaffen worden. Die eherne Schlange, die Mose gemäß der hebräischen Tradition und auf Befehl Gottes[4] machte, wurde im Heiligtum des Tempels verehrt (man opferte ihr Weihrauch), bis der König und Reformator Hiskija[5] sie zerstört. Diese Legende erinnert daran, daß zu jener Zeit auch Jahwe, der höchste Gott, der Herr über das Leben, mit einem Schlangengott[6] in Zusammenhang gebracht wurde.

Auch bei den Griechen findet sich die Vorstellung, daß die Schlange Bewahrerin der Lebenskraft ist. Diese Vorstellung besteht bis in unsere Tage fort. Dem Asklepios – Äskulap bei den Römern –, Held und Gott der Medizin, Sohn von Apoll, waren gewöhnlich Schlangen zugeordnet, die sich um einen Stock winden. Dieses Bild des Schlangenstabes sieht man heute an der Windschutzscheibe der Schüler von Äskulap (der Ärzte). Der Mythos ist alt, er existiert seit mehr als viertausend Jahren und entstammt dem semitischen Denken Ägyptens.

Auch Demeter, die mütterliche Göttin der Erde, wurde oft sitzend und in Begleitung einer Schlange dargestellt.[7]

Im Römischen Reich wurden Schlangen beispielsweise auf den Hausaltaren von Pompeii (genauso wie auf denen von Delos in Griechenland) dargestellt. Sie symbolisierten insbesondere den Genius der Familie (der dem ägyptischen *Ka* verwandt ist).

Der alte Mythos der unsterblichen Schlange sprengt bei weitem den semitischen Rahmen: In Afrika und in Madagaskar können die verstorbenen Ahnen, die von Schlangen verkörpert werden, eine Zeitlang das Leben wiedererlangen.

In den ägyptischen Erzählungen hatte die Schlange auch die Gabe der Prophetie. Diese Gabe war den privilegierten Wesen vorbehalten, die in enger Verbindung zum ewigen Leben standen. In Griechenland glaubte man, daß Schlangen diese Gabe dem Menschen durch eine reinigende Berührung übertragen könnten. So weissagte Kassandra, die Tochter des Priamos und der Hekabe, als Erwachsene auf den Ruinen von Troja, weil in ihrer Kindheit Schlangen ihre Sinnesorgane mit ihrer Zunge berührt hatten.

In vielen Mythen (die oft semitischen Ursprungs sind) ist die Schlange ein Ausnahmewesen, das auf allerlei Arten in Einklang mit der Natur lebt und Bewahrerin der Geheimnisse des Lebens ist.

Phönix

Der Phönix ist ein sagenhafter Vogel, dessen Legende eng mit dem Kult der Sonne verbunden ist. Der Mythos stammt von den Semiten am Nil und ist sehr alt. Als das Tal überflutet wurde, bemerkten die Ägypter der Urzeiten die Gegenwart eines wunderbaren Vogels, der manchmal knapp über der Wasseroberfläche segelte, manchmal auf einer Anhöhe saß. Er war ein Graureiher, mit einem langen spitzen und geraden Schnabel und mit einem Kopf, der von einem Federbusch geschmückt wurde. Sobald die ersten Sonnenstrahlen den Tag erhellten, schien er dem Wasser wie die Sonne am ersten Morgen der Welt zu entsteigen. In der Stadt Heliopolis wurde er genauso verehrt wie die Sonne selbst. Als Bild der Sonne erschien Phönix bei Sonnenaufgang wie ein Strahlenkranz. Genau wie die Sonne schien er dem Urmeer zu entsteigen. Wie sie wurde er anläßlich der Feste des erneuerten Lebens gefeiert.[8] Die Ägypter nannten ihn *Benu*, ein Name, der viel später erst mit dem Wort »Phönix« übersetzt wurde.

Der Vogel Phönix spielt auch im jüdischen Glauben eine Rolle. Er war eines der Tiere in Noahs Arche. Als Noah die täglichen Nahrungsrationen austeilte, verlangte jedes Tier unterschiedliche Nahrungsmittel. Noah fragte Phönix, der stumm in einer Ecke zusammengekauert saß: »Warum hast du nichts verlangt?« »Deine Leute sind beschäftigt genug. Ich wollte ihnen nicht noch mehr Arbeit machen«, antwortete der Vogel. Daraufhin segnete Noah den Phönix und sagte: »Gott wacht darüber, daß du niemals stirbst!«[9]

Der Phönix wurde auch davor schon im paradiesischen Garten Eden dargestellt. Rabbi Berechit, ein Kommentator des Talmud, überliefert folgendes. Eva hatte gerade von der verbotenen Frucht gekostet. Erschrocken über den Gedanken, daß sie nun sterben und von einer anderen Frau an Adams Seite ersetzt würde, lief sie zu ihm und überredete ihn, ebenfalls von der Frucht zu essen. Die Vögel und Tiere äßen auch davon, mit Ausnahme eines einzigen: Phönix.

Er ist ein fabelhafter Vogel, der niemals wirklich stirbt. Alle tausend Jahre geht sein Nest in Flammen auf, die ihn bis zur Größe eines Eis verkleinern. In diesem Moment erlischt das Feuer, und der verkleinerte Vogel fängt von neuem an zu wachsen, um eine neue Existenz zu beginnen, die wiederum tausend Jahre währt.[10]

Diese verschiedenen mythischen Elemente dienten den Griechen zur Erschaffung des Mythos vom Vogel Phönix. Das bis dahin bekannte Erscheinungsbild des Phönix wandelte sich in das eines Adlers, dessen Gefieder feuerrot, hellblau, purpur und golden war. Er war einzigartig und konnte sich nicht wie die anderen Tiere vermehren. Wenn der Phönix spürte, daß sein Ende nahte, nach einem Zeitraum, den die Überlieferungen auf fünfhundert bzw. tausend Jahre (es ist auch schon einmal von tausendvierhunderteinundsechzig [Siriusperiode] oder sogar zwölftausendneunhundertvierundfünfzig Jahren die Rede) beziffern, sammelt er aromatische Pflanzen (Weihrauch oder Aroma), um eine Art Nest zu bauen. Er entzündet es, und aus diesem duftenden Büschel wird ein neuer Phönix geboren.

Dieser Phönix-Mythos, der verschiedene Elemente vereint, ist vor allem ein Mythos der Wiedergeburt und des niemals erlöschenden Lebens. Sein Ursprung ist unverwechselbar semitisch.

Schlange und Phönix verbindet ihre Unsterblichkeit. Die Suche nach dem ewigen Leben ist im Denken der Söhne des Sein tief verwurzelt.

DIE VERFEINDETEN BRÜDER

Das Thema der Feindschaft zwischen zwei Brüdern, die bis zur Ermordung des einen durch den anderen führen kann, findet sich seit altersher in den semitischen Texten. Der abendländischen Welt, insbesondere den Griechen, dienten mehrere dieser Legenden als Vorbild.

Die Gründe für diese Feindschaft können vielfältig sein. Es sind hauptsächlich schwerwiegende Streitigkeiten, in deren Zentrum oft das Erstgeburtsrecht steht, und der Auslöser in vielen Fällen ist der Stolz oder Neid eines der beiden Brüder. Die Feindschaft kann aber auch der Eifersucht einer durchtriebenen und heuchlerischen Frau respektive einer verstoßenen Frau entspringen, die nun Rache zu nehmen versucht.

Die Abenteuer der ägyptischen Götter Osiris und Seth sind ja bereits dargestellt worden:[11] Zwischen ihnen herrscht eine Rivalität, die Seth dazu veranlaßte, seinen Bruder zweimal zu töten. Dieser erwachte jedoch, dank der magischen Hilfe seiner Gattin Isis, wieder zum Leben, und sein Sohn Horus konnte sein Erbe antreten.

Bekannt ist auch die Geschichte von Kain und Abel, den Söhnen Adams. Eine Auslegung des Talmud stellt die beiden Brüder einander gegenüber. Kain war verärgert, weil der Herr seine Opfergabe (ein wenig Flachs) abgelehnt, die Opfergabe von Abel (ein neugeborenes Lämmchen) jedoch angenommen hatte. Er empfand eine ungeheure Eifersucht und überlegte, auf welche Weise er sich rächen könnte. War er nicht der ältere, der erstgeborene Sohn Adams? Eines Tages sagte Kain zu Abel: »Wir wollen die Welt unter uns aufteilen: Du nimmst das Vieh und ich die Erde.« Abel, der ein gerechter und sanfter Mann war, ging auf den Vorschlag seines Bruders ein, nahm das Vieh und ließ es auf den Feldern grasen. Daraufhin ermahnte ihn Kain, daß er ihre Abmachung verletzen würde, da er sein Vieh auf dem Land weiden ließ, das nun ihm gehörte. Abel erwiderte, daß er sich von der Wolle seiner Schafe kleide. Der Streit eskalierte, und Kain verfolgte Abel von den Bergen bis ins Tal und vom Tal in die Berge, bis er ihn endlich erreicht hatte. Sie nahmen den Kampf gegeneinander auf und Abel gewann die Oberhand. Sein besiegter Bruder Kain flehte ihn um Gnade an, er erbarmte sich und ließ ihn frei. Kain stand auf und tötete seinen Bruder hinterlistig.[12] Es gibt noch andere Auslegungen dieses Bruderzwists und seiner Ursachen. Kain wurde von Gott und der göttlichen Strafe überallhin verfolgt, und schließlich wußte er nicht mehr, wohin er gehen sollte. Da, wo er war, bebte die Erde, und als er versuchte, sein Verbrechen zu verbergen, indem er Abel begrub, spuckte ihn die Erde wieder aus. Er floh, während die Engel die Leiche auf einen Fels in Hebron legten, zu der sich bald auch die Leiche Adams, seines Vaters, gesellte. Kains rastloses Leben ging weiter. Bedauern und Schmerz bestimmten jeden seiner Augenblicke. Das ist die Strafe, die ihm der Herr auflegte.

Auch im Koran findet sich eine etwas kürzere Version der Geschichte.[13] Kain ist erzürnt, weil Allah seine Opfergabe ablehnt, doch Abel weigert sich, ihn zu töten, denn »ich fürchte Allah, den Herrscher der Welten«, so spricht er. Kain, der zum Mörder geworden ist, ist nunmehr unter den »Insassen des Höllenfeuers«, das der »Lohn der Frevler« ist.

Bekannt sind auch die Streitigkeiten zwischen Esau und Jakob, den Zwillingssöhnen von Isaak und Rebecca. Schon im Schoße ihrer Mutter stritten sie sich. Rebecca wandte sich an Gott und fragte ihn ratlos, was dies zu bedeuten habe. »Und der Herr sprach zu ihr: Zwei Völker sind in deinem Leibe, und zweierlei Leute werden sich scheiden aus deinem Leibe; und ein Volk wird dem andern überlegen sein, und der Ältere wird dem jüngeren dienen.«[14] Bereits im Leib ihrer Mutter hatten sie das Universum aufgeteilt: Dem Erstgeborenen Esau kam die materielle Welt zu, der jüngere, Jakob, erhielt die geistige Welt. Eines Tages tauschte Esau, der rothaarige und brutale Mann, der sich den materiellen Freuden hingab, sein Erstgeburtsrecht gegen einen Teller Linsen ein, da er seinen Heißhunger nicht länger bezähmen konnte. Die Geschichte von Thamar, der Schwiegertochter von Jakob, ist ein weiteres biblisches Beispiel für einen solchen Kampf von Zwillingen im Mutterleib.[15]

Auch in Palästina wurde eine sehr alte Legende in ihrer griechischen Übersetzung durch Philon von Alexandria erhalten, die mit den Mythen von Kain und Abel oder von Esau und Jakob vergleichbar ist. Zwei Brüder lagen ständig im Streit: Usoos (griechische Übertragung des palästinensischen Namens), der ältere von beiden, war ein großer Jäger, er war rücksichtslos und liebte die materiellen Vergnügungen. Er entdeckte, wie man aus Tierhäuten Kleidung herstellen konnte: Er ähnelt Kain und Esau sehr. Hipsurianos, der jüngere von beiden, erfand das Zelt aus Schilfrohren, womit er dem Schafhirten Abel sowie Jakob, dem Mann, der in Zelten lebt, gleicht.

Dieses Motiv der verfeindeten Brüder ist ein altes semitisches Thema, das aus dem westlichen Nahen Osten stammt. In den verschiedenen hier dargestellten Fällen ist Eifersucht des jüngeren gegenüber dem älteren Bruder die treibende Kraft dieser Feindschaft.

Die weiblichen Fallen

Ein anderer Anlaß kann die Wut zweier Brüder aufeinander verursachen: die Gegenwart einer Frau, die mit einem der beiden Brüder verheiratet ist und den anderen zu verführen trachtet.

Eine alte ägyptische Erzählung überliefert uns die folgende Geschichte: Zwei Brüder lebten glücklich und einträchtig miteinander und bestellten gemeinsam ihre Felder. Anup, der ältere von beiden, war verheiratet. Doch seine Frau war von einer heftigen Leidenschaft für seinen jüngeren Bruder beseelt und versuchte ihn zu verführen, als ihr Gatte nicht zu Hause war und ihr die Gelegenheit günstig erschien. Bata wies sie jedoch ab. Als ihr Gatte am Abend wieder nach Hause kam, wollte sich seine Frau für die Zurückweisung rächen. Sie simulierte Erschöpfung und deutete ihrem Gatten an, daß man sich ihr ungebührlich genähert habe, wobei sie den angeblich treulosen Charakter seines jüngeren Bruders ins Spiel brachte. Der Ältere geriet außer sich vor Wut und wollte seinen Bruder töten. Mit Hilfe der Kühe in der Herde, die Anups Absicht des Brudermordes durchschaut hatten, konnte Bata sich retten – in den ägyptischen Erzählungen sind die Tiere der Sprache mächtig. Bata konnte schließlich erklären, was wirklich vorgefallen war. Anup tötete seine Frau und warf sie den Hunden zum Fraß vor.

Ähnliche Berichte, die die Hintertriebenheit verletzter Frauen zum Thema haben, sind im semitischen Umfeld sehr geläufig. Als Joseph, der erstgeborene Sohn von Jakob und Rachel, nach Ägypten an den Eunuchen Putiphar verkauft wurde, versuchte dessen Frau Suleika, ihn zu verführen. Und als Josef sie zurückwies (der Versuchung zu erliegen, käme einem Diebstahl und einer Sünde vor

Gott gleich), setzte die Frau ihre Annäherungsversuche fort. Sie entblößte sich teilweise vor ihm und gab ihm einen Liebestrank (doch Gott warnte Joseph immer bezüglich der Kelche oder Teller, die er besser meiden sollte), bis zu jenem Tag, an dem sie ihr Gewand zerriß und Joseph beschuldigte, sich an ihr vergangen zu haben. Doch der Richter des Prozesses fand die Wahrheit heraus (der Riß befand sich vorne und nicht hinten, was bewies, daß Suleika sich das Gewand selbst vom Leib gerissen hatte).

Dieses Motiv findet sich auch in den Überlieferungen der Griechen. Bellerophon, der Sohn des Gottes Poseidon, mußte Korinth verlassen, nachdem er seinen Bruder Deliades getötet hatte. Er flüchtete nach Tiryns zum König Proitos. Er erlebte eine ganz ähnliche Geschichte wie die oben beschriebene, als die Königin sich in ihn verliebte und versuchte, ihn zu verführen, um ihn dann bei ihrem Gatten hinterhältig zu verraten. Doch Bellerophon, der ein Sohn der Götter war, konnte allen Fallen entkommen, die ihm gestellt wurden.

Bekannt ist auch die Geschichte von Phaidra und deren Stiefsohn Hippolytos, dem Sohn des Theseus. Aus Rache sorgt Aphrodite dafür, daß Phaidra sich in ihren Stiefsohn verliebt; da dieser aber ihre Anträge abweist, tötet sie sich, nachdem sie Hippolytos bei Theseus beschuldigt hat, er würde ihr nachstellen.

Verfeindete Brüder und auf Rache sinnende, zurückgewiesene Frauen. Die aus semitischen Ländern stammenden Erzählungen erfreuten sich einer großen Verbreitung und trugen zur Entstehung neuer Legenden bei.

Der Mythos des Geistes, der über die Kraft obsiegte

Bekannt ist die Geschichte von David und Goliath, dem brutalen und engstirnigen Riesen. Die Geschichte ereignet sich, als die Philister dem Heer Israels gegenübertreten, das unter dem Befehl von Saul steht. Aus den Reihen der Philister trat plötzlich ein Mann hervor, der sechs Ellen und eine Handbreit hoch (mehr als drei Meter) maß. Er hatte einen ehernen Helm auf dem Haupt und war mit einem Schuppenpanzer gekleidet, und das Gewicht seines Panzers betrug fünftausend Lot Erz (dreißig Kilo). Er trug Waffen, die sein Gewicht noch einmal verdoppelten (Lanze, Speer und Schild). Um einen Kampf der Heere gegeneinander zu vermeiden, schlug er einen Einzelkampf vor. Dabei würde er für die Philister gegen jeden Israeliten kämpfen, der von seinen Brüdern ernannt würde. Der Philister trat vierzig Tage lang jeweils frühmorgens und abends vor das Heer in der Erwartung, daß sich ein Gegner zeige. Eines Morgens jedoch hörte der Hirte David, Sohn von Isai von Bethlehem-Juda, der seinen Brüdern im Heer einige Lebensmittel gebracht hatte, die Rede von Goliath und begab sich zu Saul. Er schlug ihm vor, gegen den Riesen anzutreten, da er bereits Löwen und Bären getötet habe, um seine Schafe zu schützen. »So soll nun dieser Philister, der Unbeschnittene, sein gleich wie deren einer; denn er hat geschändet das Heer des lebendigen Gottes« (1. Samuel 17,36). Da er nicht wußte, wie man ein Schwert führt, nahm er seinen Stab und fünf glatte Steine aus dem Bach. Da sich nun der Philister aufmachte und sich gegen David nahte, nahm David seine Schleuder. Mit einem einzigen Steinwurf traf er den Philister an seiner Stirn, daß der bis zu den Zähnen bewaffnete Riese zur Erde fiel auf sein Angesicht. David ging zu dem am Boden liegenden Mann, nahm ihm sein Schwert und hieb ihm den Kopf damit ab. Die Kinder Israels waren außer sich vor Freude.[16] Bald darauf sollte er ihr König werden.

Die Erzählung dieser Geschichte im Koran ist ähnlich, allerdings viel kürzer gefaßt: Der Kampf ist hier kein Zweikampf Davids gegen Goliath, vielmehr stoßen zwei Heere aufeinander. Nach der Schlacht »gab ihm Gott die Königsherrschaft und die Weisheit und lehrte ihn mancherlei, was er ihn eben lehren wollte«.[17]

Diese Legende aus der Heiligen Schrift ist in Wirklichkeit schon sehr alt. Es finden sich Überlieferungen der Semiten vom Nil, die tausend Jahre älter sind als die Bibel. Dabei geht es um die Abenteuer von Sinuhe, einem adligen Ägypter, der am Hofe von Sesostris I. (um 2000 v. Chr.) lebte. Sinuhe lebte bei einem Wüstenscheich und hatte im Land von Retenu (syrisch-palästinensisches Hinterland) seinen eigenen Stamm gegründet. Er war zu diesen Zeiten ein sehr angesehener Mann, der dem Scheich (dieser hatte ihm seine Tochter zur Frau gegeben) durch eine tiefe Freundschaft verbunden war. Doch die Gunst des Scheichs brachte ihm auch Feinde. Eines Tages trat der stärkste Mann von Retenu, der größte Kämpfer, in sein Zelt, um ihn zum Zweikampf herauszufordern. Er bedrohte Sinuhe, und dieser nahm die Herausforderung an. Die ganze Nacht übte er sich darin, seinen Bogen zu spannen und Pfeile zu schießen, wobei er seine Waffen auf Hochglanz polierte. »Als der Tag anbrach, näherte sich der Gegner aus Retenu. Er hatte all seine Stämme um sich versammelt [...]. Alle Herzen fieberten mit mir«, berichtet Sinuhe, »Frauen und Männer klagten, alle waren verängstigt.« Der große Kämpfer trat auf Sinuhe zu, der nicht weit von ihm stand. Mit aller Gewalt schleuderte er seine Waffen und schoß Pfeile auf den geistreichen und gewandten Ägypter ab, der diesen geschickt auswich. Der Mann, der nun keine Waffen mehr zur Hand hatte, wollte seinen Gegner erschlagen. Doch Sinuhe schoß in diesem Augenblick einen einzigen Pfeil ab, der den Hals des Kämpfers kurzerhand durchbohrte. Dieser stieß einen Schrei aus und fiel nach vorn auf sein Gesicht. Der Ägypter erschlug ihn dann mit seinem eigenen Beil und hieb ihm den Kopf ab. Alle, die zu seinem Stamm gehörten, waren außer sich vor Freude.[18]

Mythen und Themen vermischen sich seit den Anfängen der semitischen Zivilisation und bilden gleichzeitig einen Nährboden für Erzählungen und Legenden im Abendland.

SCHLUSSBETRACHTUNG

Mit Hilfe der heiligen Texte lassen sich die Eigenheiten des semitischen Bewußtseins sicherlich am besten begreifen.

Allerdings haben die Semiten auch eine Vielzahl profaner Texte hervorgebracht, was in erster Linie auf den Umstand zurückzuführen ist, daß dem Wort (genau wie dem Bild) eine schöpferische Kraft zugestanden wurde. Eine andere Ursache ist die Vorliebe dieser Völker des Nahen Ostens für schöne Geschichten. Sie waren die beliebteste Form der Unterhaltung in diesen frühen Zeiten. Dank dieser Geschichten lassen sich die vielfältigen Aspekte dieses Bewußtseins erfassen.

In den Erzählungen wird die Weisheit der Ahnen überliefert: »Ruhm gebührt dem, der den jungen die Berichte der Alten überliefert, damit die geistreichen Menschen die Weisheit erlernen.«[1]

Die Erzählungen und Wörter verdrängen die Langeweile und den Tod. Ein in semitischen Ländern sehr verbreitetes Motiv ist das des traurigen Königs, der sich von den Geschichten unterhalten läßt, die ihm erzählt werden. So läßt sich etwa 2720 v. Chr. König Snefru von seinen Söhnen Geschichten erzählen, weil er in seinem Palast von Memphis auf der Suche nach Unterhaltung nichts findet, das »sein Herz erheitert«. Er hatte neun Söhne, doch keine ihrer Erzählungen ist uns erhalten. In den uns erhaltenen Erzählungen handelt es sich meist um solche von Zauberern. So wird es sich später auch mit Scheherezade verhalten, die den König Schahriyâr mit tausendundein Geschichten davon abhielt, seine ursprünglichen Absichten umzusetzen und sie zu töten.

Die Erzählung verfügt über die Macht zu bezaubern. »Sie macht das Leben köstlich und die Zeit angenehm.« Geschichtenerzähler waren gefragte Leute, so wie die »umherirrende Negerin der Wüste, die von Stamm zu Stamm zog, um Geschichten unter dem Zelt- und unter dem Sternendach zu erzählen«.[2] Auch heute noch sind die Geschichtenerzähler geachtete Leute, ob in den Straßen von Kairo oder von Bagdad, an der Schwelle der Häuser oder auf dem Platz Djemaa-el-Fna in Marrakesch. Abgesehen von den bevorzugten großen Themen der Nachkommen Seins offenbart sich uns mit Hilfe dieser Geschichten das besondere Empfindungsvermögen dieser Völker, das auch schon die sakralen Texte eindrucksvoll veranschaulichten und das vor allem dann besonders eindrucksvoll zutage tritt, wenn es darum geht, dieses Empfinden mittels schöner und vielsagender Bilder, die sich aus der Realität und der Transzendenz gleichermaßen nähren, darzustellen. An dieser Stelle seien kurz einige Beispiele hierfür aus den *Erzählungen aus den Tausendundein Nächten* genannt:

- Der Barbier als der Vater der geschickten Hände.
- Die Nacht, die ihr weites Kleid und ihr langes Haar über unseren Köpfen ausbreitet.
- Der Garten als ein Ort der Wonne, der von fließenden Gewässern getränkt wird und den eine Brise durchweht, deren betörende Frische sie ihrem Aufenthalt in den blühenden Zitrusbäumen verdankt.
- Die Musik, die die leblosen Gegenstände, die uns umgeben, zum Tanzen bringt.

Für die Ägypter ist der Frieden alles, »was das Herz glättet wie ein Brett«, oder »was das Herz reinigt«. Die Angst ist das, »was einen erzittern läßt wie die Federn des Vogels im Wind«.

Diese offensichtliche Empfindsamkeit und die Suche nach einer Harmonie mit dem Universum schließen realistische Bilder nicht aus. Das belegt folgende Beschreibung der Ankunft des Prinzen Diamant in einer von ihm gerade eroberten Festung, wo er von einer Heranwachsenden empfangen wird, die ein unangenehmes Äußeres hat: Wenn »sie nicht weiter dem Prinzen Diamant entgegenkam, dann ist der Grund dafür in Wirklichkeit die Schwere ihrer Hüften, die sich an ihre schwächliche Taille anschlossen, und sie genauso daran hinderten wie ihr unvorstellbar ausladendes, auffälliges und gesegnetes Hinterteil, das sie nicht nach Belieben zu bewegen vermochte, da es schon von selbst zitterte wie Sauermilch im Teller des Beduinen oder wie ein Häuflein Quittengelee inmitten eines Tabletts, das mit Benzoe parfümiert wurde«.[3] Die Beschreibung erinnert an das Bild der Ägypter von der Königin von Punt.

Erzählungen waren damals die wichtigsten Vermittler des Denkens. Von Mesopotamien bis zum Mittelmeer, von Vorderasien bis zur arabischen Halbinsel brachten Reisende, Händler, Kameltreiber, Soldaten und Seeleute die Bilder der Menschen und ihrer Vorstellungen in Umlauf, wenn sie abends in einer großen Karawanserei rasteten und sich in ihren Zelten versammelten. So schufen sie ein neues – diesmal geistiges – Universum, das sie einte.

Die Semiten zeichnet ihr poetisches Wesen aus. Für sie ist »die Dichtung eine Sprache, die den Träumen entspringt«. Träume, in denen die Bestandteile der Welt vereint sind und so ein harmonisches Universum bilden. Charakteristisch für dieses Verfahren ist der Text des hebräischen Dichters Samuel Hanaguid (11. Jahrhundert), der den Titel *Himmel und Erde* trägt: »Richte deinen Blick nach oben und betrachte den Himmel – der wie ein Zelt ist, dessen Stützen durch Stricke miteinander verbunden sind. Betrachte den Mond und seine Sterne, die von ihm bewacht werden wie die Schafe vom Hirten. Siehe den Mond inmitten der schnell vorbeiziehenden Wolken, der aussieht wie ein Schiff in Flammen. Betrachte die Wolke, die wie ein junges Mädchen im Garten umherwandelt und die Myrte begießt. Siehe die Regenwolke, die einer Jungfrau gleich ihr feuchtes Haar ausschüttelt und sich an der Sonne erfreut.«[4]

Ein Gedicht von Salomon Ibn Gabriol (11. Jahrhundert) trägt den Titel *Die Stickerei der Erde*: »Mit der Tinte seines Regens und seiner Niederschläge, mit der Feder seines Blitzes, mit der Hand seiner Wolken schrieb der Winter über den Garten einen Brief in purpurrot und blau. Noch nie hatte ein Künstler Derartiges ersonnen. Drum wurde die Erde eifersüchtig auf den Himmel und stickte Sterne in die Furchen der Blumenbeete.«[5]

Diese außergewöhnliche Empfindsamkeit erzeugt zuweilen eine wahre Poesie der Einbildung, in deren Rahmen sich Geschichtenerzähler und Dichter tummeln. Abdallah der Landbewohner begab sich eines Tages ins Wasser, »und als er dann die Augen öffnete, tat ihm das Wasser keinen Schaden, und er konnte nach rechts und nach links gehen. [...] und er sah, wie das Meereswasser gleich einem Zeltdach über ihn gespannt war und ihm keinen Schaden tat. Nun fragte Abdallah der Meermann ihn: ›Was siehst du, mein Bruder?‹ Und er gab ihm zur Antwort: ›Ich sehe nur Gutes, mein Bruder!‹ [...] und die beiden schritten immer weiter von Ort zu Ort, während der Mann vom Lande vor sich zu seiner Rechten und seiner Linken Wasserberge sah und seine Augenweide an ihnen hatte sowie an den Arten von Fischen, die im Meere spielten, die einen groß und die anderen klein. Unter ihnen waren einige, die wie Büffel aussahen, andere, die Rindern glichen, wieder andere sahen aus wie Hunde und noch andere wie menschliche Wesen [...].«[6]

Die schriftliche Darstellung des semitischen Gedankengutes findet sich auch in einer dem gesamten Nahen Osten – den Ägyptern,

Israeliten und Arabern – gemeinsamen Gattung wieder: der Parabel, bei der eine tiefgründige Lehre hinter allen beschriebenen äußeren Handlungen steht. Wir haben mehrere solcher Beispiele angeführt.

Desgleichen sahen wir, daß Lehren und Weisheiten sowie philosophische Schriften zu einem besseren Verständnis des semitischen Denkens beitragen.

In diesem ist der Humanismus tief verwurzelt, und es verbindet Weisheit und Humor mit einer außergewöhnlichen Empfindsamkeit für die Natur und die Menschen. Auf diese Weise bringt es eine Vorstellungswelt mit vielen Facetten hervor, wobei es dem Glauben treu ist und der Göttlichkeit den Gehorsam nicht verweigert. Das semitische Denken zeugt von einer großen geistigen Gemeinschaft im Nahen Osten.

Anmerkungen und Zitate

Kapitel 1

1 Die Chamiten waren gemäß der Legende Nachfahren von Cham (dem zweiten Sohn Noahs); allerdings liegt diese Zeit der ägyptischen Geschichte mehrere zehntausend Jahre vor unserer Zeitrechnung und entzieht sich der wissenschaftlichen Erfassung. Von diesem sehr weit zurückliegenden Zeitalter finden sich nur ganz wenige Spuren: Insbesondere in der ägyptischen Sprache gibt es noch einige Wörter afrikanischen Ursprungs.

2 Im wesentlichen handelt es sich hierbei um folgende Sprachen: ägyptisch (der älteste Zweig, dessen Schriftform die Hieroglyphen waren); akkadisch, assyrisch, phönizisch (Keilschriftzeichen), die Sprache der in der Stadt Ugarit (im Norden Phönikiens, dem heutigen Ras Schamra) gefundenen Texte, die mit dem Phönizischen und dem Kanaanäischen verwandt ist und später von den Israeliten übernommen wird; hebräisch, arabisch.

3 Die Zitate sind den beiden großen ägyptischen Totenritualen entnommen: Paul Barguet, *Les textes des sarcophages égyptiens du Moyen Empire*, Paris 1986, 80 BIC, 741 B3L, 78 BIC; *Das Totenbuch der Ägypter*, Spruch 153 B

4 Die erhaltenen Tontafeln stammen aus dem 10. Jahrhundert vor unserer Zeitrechnung; allerdings ist der Inhalt des Gedichts von Glaubenslehren der Semiten beeinflußt, die vor dem Jahr 2000 v. Chr. in Babylon lebten und später von indogermanischen kassitischen Volksstämmen unterworfen wurden. Dennoch blieben zahlreiche Elemente des semitischen Denkens lebendig.

5 1 Mose 1, 1–3.

6 Psalm 90, 1–2.

7 Koran 21, 30 (verwendete Ausgabe: Der Koran. Übersetzung von Rudi Paret, Stuttgart / Berlin / Köln 1979)

8 Ahmed El Kalyoubi, *Le fantastique et le quotidien*, Paris 1981, S. 165.

9 Koran 16,40.

10 Man hat eine Granitstele entdeckt, in die König Schabaka um 710 v. Chr. einen Text einmeißeln ließ, der – so steht im Text selbst zu lesen – die Kopie eines sehr alten Manuskripts war, das in den Archiven des Tempels von Memphis aufbewahrt wurde; der Inhalt des bereits seinerzeit sehr stark beschädigten und von Würmern zerfressenen Manuskripts konnte auf diese Weise gerettet werden. Sowohl die in dem Text verwendete Sprache als auch dessen Form verraten sein großes Alter. Der gesamte Text ist zitiert in: Claire Lalouette, *Textes sacrés et textes profanes dans l'ancienne Égypte*, 2 Bde., Paris 1984 und 1987, hier: Bd. 2, S. 24–30.

11 Die Weltschöpfer der beiden Städte Heliopolis und Memphis werden sich zu einer einzigen schöpferischen Gottheit vereinen.

12 5. Mose 8, 3.

13 Jesaja 48, 3.

14 Hierbei handelt es sich um eine Episode aus den *Erzählungen aus den Tausendundein Nächten*; dieses wichtige Werk der arabischen Literatur des 9. und 10. Jahrhunderts ist zum Teil von einem persischen Vorbild inspiriert. – Claire Lalouette zitiert die *Erzählungen aus den Tausendundein Nächten* aus einer französischen Übersetzung, die auf der ägyptischen Ausgabe in zwei Bänden (1835), ergänzt um einige andere Ausgaben, basiert. Die deutsche Ausgabe hingegen basiert auf der Calcuttaer Ausgabe von 1830–1842. Beide Fassungen weichen zum Teil erheblich voneinander ab, so daß die hier angegebenen Zitate mal eine Rückübersetzung der französischen Ausgabe sind (falls die Abweichungen zu groß und die Textbezüge damit unklar würden), mal sind die Zitate der deutschen Ausgabe entnommen. Vgl. Anm. 2 zu Kap. II.

15 *Le Livre des Mille et une Nuits*. Traduits par le Dr. J. C. Mardrus, Paris 1899–1904 (Nachdruck 1980), Bd. 2, S. 607.

16 1. Mose 17, 4–5.

17 1. Mose 32, 26–29.

18 Näheres zur Mythologie der Schlange siehe S. 234.

19 Papyrus Bremner–Rhind (British Museum, Nr. 10188).

20 Der vollständige Text ist abgedruckt bei Claire Lalouette, *Textes sacrés*, S. 60–69.

21 Anspielung auf die Schlacht von Kadesch, dem Schauplatz der zwischen Ägyptern und Hethitern. Näheres zu großen Schlacht zwischen den zitierten Texten bei Claire Lalouette, *L'Empire des Ramses*, Paris

1985, S. 388.
22 Colette Estin, *Contes et fêtes juives*, Paris 1897, S. 168.
23 Atum sieht sich selbst also als Teil der ersten kleinen Göttergemeinschaft. Näheres zu Schu und Tefnut siehe S. 28 ff.
24 S. Mercer, *The Pyramid Texts in Translation and Commentary*, 4 Bde., New York/London/Toronto 1952, § 1248. Näheres zu dem göttlichen Zwillingspaar Schu und Tefnut siehe S. 28 ff.
25 Koran 16, 4.
26 Koran 23, 12–14.
27 In Esna war bereits in der 18. Dynastie (um 1480 v. Chr.) ein Khnum gewidmeter Tempel errichtet worden; unter der Regentschaft von Ptolemäus VI. wurde er vollständig wiederaufgebaut; die römischen Kaiser Claudius und Vespasian ließen ein wunderschönes Hypostylon Mit 24 Säulen erbauen; die in die Wände und Säulen eingemeißelten Texte schildern den großen Schöpfungsakt des Gottes Khnum. Die beschriebenen Gedanken sind sehr alt, denn sie sind bereits seit der Zeit der Königspyramiden überliefert (um 2500 v. Chr.) und gehen sehr wahrscheinlich auf eine noch viel frühere Zeit zurück.
28 Der vollständige Text ist abgedruckt bei Serge Sauneron, *Esna*, Kairo, 7 Bde., Bd. 5.
29 Jesaja 64, 7.
30 Siehe André Dupont-Sommer, *Les écrits esséniens découverts près de la mer Morte*, Paris 1959, S. 247–248.
31 Vgl. S. 13 ff.
32 Zu diesem Text vgl. Anmerkung 11.
33 Hierbei handelte es sich um einen Verwaltungsbezirk.
34 Vgl. S. 9 ff.
35 Zitiert bei Paul Barguet, *Les textes des sarcophages égyptiens du Moyen Empire*, Paris 1986, BIC 80.
36 Alle folgenden Bibelzitate: 1. Mose 1, 1–30.
37 Siehe Robert Graves/Raphaël Patai, *Les mythes hébreux*, Paris 1986, S. 44.
38 Vgl. I. Mose 2, 2–22.
39 Siehe S. 66.
40 Koran 7, 54.
41 Koran 10, 5.
42 Jeremia 51, 15.
43 Koran 21, 16.
44 Koran 16, 77.

45 Koran 65, 12.

46 Siehe Graves / Patai, *Les mythes hébreux*, S. 55. Dieser Text entstand nach der Bibel; es handelt sich dabei um eine Mischung aus alten Legenden und rabbinischen Kommentaren.

47 El Kalyoubi, *Le fantastique*, S. 173–174.

48 El Kalyoubi lebte im 16. Jahrhundert.

49 Psalm 104, 5–6.

50 1. Samuel 2, 8.

51 Koran 31, 10.

52 Nach Graves / Patai, *Les mythes hébreux*, S. 55, wurde Eliezer ben Hyrcanos im Jahre 90 geboren. Die Midraschim sind nach der Bibel entstandene Texte, die Überlegungen und Kommentare alttestamentarischer Bücher jüdischer Schriftgelehrter enthalten.

53 Vgl. S. 11 ff. Graves / Patai, *Les mythes hébreux*, S. 58.

55 Vgl. Anm. 46.

56 Mercer, *The Pyramid Texts*, § 2066–2067.

57 El Kalyoubi, *Le fantastique*, S. 52.

58 *Poésie hébraïque du IVe au XVIIIe siècle*. Adapté de l'anglais et presenté par Frans de Haes, Paris 1981, S. 24.

59 *Le Livre des Mille et une Nuits*, Bd. I, S. 682.

60 El Kalyoubi, *Le fantastique*, S. 144

61 Der gesamte Text ist abgedruckt bei Claire Lalouette, *Textes sacrés*, Bd. 1, S. 50–59.

62 Nicht zu verwechseln mit der häufig zitierten Hymne an Amenhotep IV., die zum großen Teil ältere Texte verarbeitet.

63 Über die ägyptische Vorstellung von der göttlichen Einmaligkeit vor Amenhotep IV. siehe S. 78.

64 Der vollständige Text der Hymne ist abgedruckt bei Claire Lalouette, Textes sacrés, Bd. I, S. 120–125.

65 1. Mose 1, 27.

66 Psalm 147, 7–18.

67 Koran 6, 96–99.

68 Koran 16, 78–81.

69 *Le Livre des Mille et une Nuits*, Bd. 2, S. 778.

70 Ovadiah Camhy, Paroles du Talmud, Paris 1980, S. 128.

71 El Kalyoubi, Le fantastique, S. 94.

72 Der vollständige Text der Hymne ist abgedruckt bei Claire Lalouette, *Textes sacrés*, Bd. 2, S. 126–129.

73 Koran 30, 22.

74 1. Mose 11, 1–9.
75 Le *Livre des Mille et une Nuits*, Bd. 2, S. 749.
76 Der vollständige Text der Inschrift ist abgedruckt bei Sauneron, *Esna*, hier: Bd. 5.

Kapitel 2

1 Jeremia 19,15.
2 *Die Erzählungen aus den Tausendundein Nächten.* Vollständige deutsche Ausgabe in sechs Bänden zum ersten Mal nach dem arabischen Urtext der Calcuttaer Ausgabe aus dem Jahre 1838, übertragen von Enno Littmann, Wiesbaden 1953, Bd. 3, S. 683.
3 Diese Legende ist dank mehrerer Inschriften in den Gräbern von Tutanchamun bis Ramses III. (1310–466 v. Chr.) im Tal der Könige bis heute bekannt. Der Grundgedanke der Legende muß noch sehr viel älter sein. Der vollständige Text ist abgedruckt bei Claire Lalouette, *Textes sacrés*, Bd. 1, S. 46–52.
4 André Caquot, *Textes Ougarites*, 2 Bde., Bd. 1: *Les mythes*; Bd. 2: *Textes religieux et rituels*, Paris 1989.
5 Koran 13, 2.
6 Koran 21, 33.
7 Das heutige Tell el Fara, 70 Kilometer südöstlich von Babylon gelegen.
8 Sonnengott.
9 Der Gott der Wetterphänomene, insbesondere des Regens und der Gewitter.
10 Heute heißt dieser Berg Pir Omar Gudrun, liegt 80 Kilometer westlich der Stadt Kerkuk und ist die höchste Erhebung des Landes (3000 m).
11 *Das Gilgamesch–Epos.* Übersetzt und mit Anmerkungen versehen von Albert Schott, Stuttgart 1988, 11. Tafel, S. 93–101
12 Eine Elle mißt ungefähr 52 cm.
13 Siehe S. 35.
14 1. Mose 6, 7–8.
15 Koran 7, 59–70.
16 Koran 11, 36–37
17 El Kalyoubi, *Le fantastique*, S. 148–149.
18 Hierbei handelt es sich um einen noch aus vorislamischer Zeit stammenden heiligen Stein, der sich in dem ansonsten leeren Heiligtum der Kaaba in Mekka befindet und von den Moslems geküßt wird.

19 El Kalyoubi, *Le fantastique*, S. 149–150.
20 Der unter dem Namen Ararat bekannte Gipfel des armenischen Vulkanmassivs. Der Ararat ist 5157 m hoch, wodurch die ungeheure Höhe der Wasserflut veranschaulicht wird.
21 Koran 11, 42–44.
22 Pierre Grimal, *Dictionnaire de la mythologie grecque et romaine*, Paris 1963, S. 123
23 Griechische Übertragung des ägyptischen Namens Aapep. Siehe S. 62.
24 Siehe S. 28.
25 Texte aus dem Papyrus Bremner–Rhind, bereits erwähnt (S. 20).
26 Midrasch (Kapitel 14), das der Rabbi Eliezer ben Hyrcanos im Laufe des 8. oder 9. Jahrhunderts in Palästina geschrieben hat.
27 Koran 38, 71–78. Siehe auch: 7, 10–13; 15, 28–35; 17, 63–65.
28 Koran 7, 21–22.
29 El Kalyoubi, *Le fantastique*, S. 187.
30 Ebenda, S.157.
31 Nach dem Midrasch von Rabbi Eliezer ben Hyrcanos, Kapitel 27 (8./10. Jahrhundert).

Kapitel 3

1 5. Mose 4, 39.
2 Koran 38, 65–66.
3 *Poésie hébraique du IVe au XVIIIe siècle*, Adapté de l'anglais er présenté par Frans de Haes, Paris 1981, S. 116.
4 Colette Estin, *Contes fêtes juives*, Paris 1987, S. 143.
5 Koran 112, 1–4.
6 Koran 22, 73–74.
7 Koran 5, 73.
8 Siehe S. 214 ff.
9 Siehe S. 43.
10 Vollständiger Text dieser Hymne in. C. Lalouette, *Textes sacrés*, Bd. 2, S. 129–137.
11 Säuleninschrift von Imau–nedjeh (Reich von Tuthmosis III., um 1580 v. Chr.).
12 Säuleninschrift von Ptahmose (Reich von Amenhotep III., um 1405 v. Chr.).
13 Von Sethi I. und seinen Nachfolgern in die Mauern der zwei Nach-

barkapellen des Djebel Silsileh in Oberägypten sowie in unabhängige Säulen eingemeißelte Hymne. Sie ist ein Klassiker aus der Epoche von Ramses (um 1310 v. Chr.).

14 In den Tempel von Esna eingemeißelte Hymne (Tempel aus der 18. Dynastie, der durch Ptolemäus VI. wieder aufgebaut wurde).

15 Psalm 135, 5.

16 Psalm 136, 2.

17 Daniel 5, 23.

18 1. Könige 14, 11

19 Das Buch der Richter 3, 7.

20 S. Mercer, *The Pyramid Texts in Translation and Commentary*, 4 Bde., New York / London / Toronto, § 1143–1146.

21 1. Chronik 29, 11–12.

22 Psalm 114, 8.

23 Hiob 12, 22–24.

24 De Haes, *Poésie hébraique du IVe au XVIIIe siècle*, S. 35.

25 Koran 3, 26–27.

26 Koran 22, 18.

27 Koran 24, 43–45.

28 *Le Livre des Mille et une Nuits*, Bd.2, S. 543.

29 André Dupont-Sommer, *Les écrits esséniens découverts près de la mer Morte*, Paris 1959, S. 258, Hymne Y.

30 De Haes, *Poésie hébraique du IVe au XVIIIe siècle*, S. 57.

31 Koran 5, 64.

32 Das Bild ist sehr alt und erscheint bereits in den Texten der Königspyramiden. Es wird oft auch lange vor Amenhotep IV. beschworen, im Gegensatz zu dem, was viel zu oft behauptet wird.

33 Text einer Hymne aus der Regierungszeit von Amenhotep II., die bereits erwähnt wurde.

34 Psalm 94, 10.

35 Dupont-Sommer, *Les écrits esséniens*, S. 258 Hymne Y.

36 Koran 6, 59.

37 Koran 41, 47.

38 Koran 22, 70.

39 Psalm 33, 13–15.

40 Koran 42, 11.

41 *Die Erzählungen aus den Tausendundein Nächten*, Bd. 2, S. 791.

42 Lehre von Sehetepibre; vollständiger Text in: Lalouette, *Textes sacrés*, Bd. 1, S. 75.

43 Jeremia 11, 20.
44 Koran 35, 38.
45 Psalm 90, 4.
46 Dupont-Sommer, *Les écrits esséniens*, S.239, Hymne M.
47 Hymne aus der Zeit von Ramses II.
48 Eintragung aus Karnak. Kenneth A. Kitchen, *Ramesside Inscriptions*, Oxford 1969 ff., Bd.5, S. 222.
49 Gebiete in Somalien und im sudanesischen Hinterland.
50 André Caquot, *Textes ougarithiques*, 2 Bde., Bd. 1: *Les mythes*, Bd. 2: *Textes religieux et rituels*, Paris 1989, Bd. 2, S. 158–165.
51 Psalm 104, 1–2.
52 2. Mose 34, 29–30.
53 Camhy, *Paroles du Talmud*, S. 65.
54 Siehe S. 79.
55 De Haes, *Poésie hébraique du IVe au XVIIIe siècle*, S. 22.
56 Hymne aus der Zeit von Amenhotep II.
57 Jesaja 60, 1–2 und 19–20.
58 Siehe S. 17.
59 *Dupont-Sommer, Les écrits esséniens*, S. 238, Hymne L.
60 Koran 24, 35 und 40.
61 El Kalyoubi, *Le fantastique*, S. 182.
62 Ebenda, S. 194.
63 Siehe S. 49.
64 Psalm 68, 6–7.
65 Koran 16, 3–18.
66 Maximes de Ptahhotep, 5. Grundsatz.
67 Siehe S. 214.
68 Psalm 111, 7–8.
69 Psalm 11, 5–7 und 12, 6–8.
70 Dupont-Sommer, *Les écrits esséniens*, S. 234–235, Hymne J.
71 Koran 21, 47.
72 Koran 11, 45.
73 Koran 42, 51.
74 Hiob 36, 5.
75 Jesaja 18, 4.
76 Aus einer Hymne der Zeit von Amenhotep II.
77 Hiob 22, 24–25.
78 Siehe S. 43.
79 Psalm 95, 7.

80 Psalm 103, 13–14.
81 Aus einer Hymne der Zeit von Ramses II.
82 Vollständiger Text der Hymne in: Lalouette, *Textes sacrés*, Bd. 1, S. 126–129.
83 Serge Sauneron, *Esna*, Kairo, Institut français d'archéologie orientale, 7 Bde., hier: Bd. 5.
84 Dupont-Sommer, *Les écrits esséniens*, S. 116.
85 Koran 22, 5.
86 Psalm 91, 2–15.
87 Dupont-Sommer, *Les écrits esséniens*, S. 116.
88 Colette Estin, *Contes et fêtes juives*, S. 91.
89 Camhy, *Paroles du Talmud*, S. 97.
90 El Kalyoubi, *Les fantastique*, S. 100.
91 Jeremia 43, 15.
92 Psalm 95, 3–5.
93 Koran 9, 116.
94 Vollständige Fassung des Gedichts in: Claire Lalouette, *Empire des Ramses*, Paris 1985, S. 118–121.
95 Kitchen, *Ramesside Inscriptions*, Bd. 5, S. 59. Montut ist ein Gott des Krieges, der in Armont bei Karnak verehrt wurde. Anat und Astarte sind Gottheiten aus dem Vorderen Orient und haben ihren Ursprung in Asien. Ägypten, das tolerant und immer auf der Suche nach einem absoluten Gott war, empfing die fremden Gottheiten in seiner Göttergemeinschaft, im Geiste einer vollkommenen Ökumene.
96 Koran 3, 121–126.
97 Koran 8, 17.
98 Jesaja 42, 13.
99 Jeremia 25, 33.
100 5. Mose 9, 1–4.
101 Josua 6, 20–21.
102 De Haes, *Poésie hébraïque*, S. 55 f.
103 Siehe S. 13 ff.
104 3. Mose 24, 16.
105 Koran 7, 180; 20.
106 Siehe S. 35.
107 Der komplette Text dieser Legende ist abgedruckt bei: Lalouette, *Textes sacrés*, S. 70–73.
108 2. Mose 3, 13–14.
109 Camhy, *Paroles du Talmud*, S. 59 ff.

110 Ebenda, S. 40–41.
111 Koran 44, 3–6.
112 Hosea 6, 3.
113 Hesekiel 1, 27–28.
114 Siehe S. 43.
115 2. Chronik 5, 13–14.
116 2. Mose 19, 16–18.
117 Koran 13, 12–13.
118 1. Könige 19, 13–16.
119 Vollständiger Text: Lalouette, *Textes sacrés*, Bd. 1, S. 37–39.
120 Großneffe des sudanesischen Königs Piankhi, der um 751 v. Chr. Ägypten eroberte und die 25. Dynastie gründete, die von den Griechen als »äthiopische« Dynastie bezeichnet wurde. Nach Piankhi kamen sein Sohn und seine zwei Neffen an die Macht (einer von ihnen war Shabatuka). Als Ägypten die brutale assyrische Besatzung erlebte, durch die viele ägyptische Reichtümer zerstört wurden, waren die Sudanesen in den Süden des Landes geflohen. Als die Assyrer verschwunden waren, kamen wieder die eingeborenen Prinzen an die Macht. Der Sohn von Shabataka Tanuthamon erwog in diesen unruhigen Zeiten, nach Ägypten zurückzukehren und die Einheit des Landes zu sichern, das von Königen sudanesischen Ursprungs regiert werden sollte.
121 Daniel 2, 26.
122 Daniel 2, 30–45.
123 Jesaja 61, 1–3.
124 Koran 42, 48.
125 Koran 3, 144.

Kapitel 4

1 Paul Barguet, *Le Livre des morts des anciens Égyptiens*, Paris 1967, Spruch 30 B.
2 Koran 13, 11.
3 Hymne auf Amenemhat III. (1850 v. Chr.).
4 S. Mercer, *The Pyramid Texts in Translation and Commentary*, 4 Bde., New York / London / Toronto 1952, § 992 (2500 v. Chr.) .
5 Barguet, *Textes des sarcophage*, 648 GIT.
6 Vollständiger Text in: Lalouette, *Textes sacrés*, S. 130.

7 *Die Erzählungen aus den Tausendundein Nächten*, Bd. 1 S. 666.
8 *Die Erzählungen aus den Tausendundein Nächten*, Bd. 4, S. 181 .
9 Sprüche Salomos 20, 27.
10 Koran 34, 42.
11 Piankhy in Ägypten. Lalouette, *Textes sacrés*, S. 130.
12 Koran 7, 179.
13 Koran 33, 5.
14 *Die Erzählungen aus den Tausendundein Nächten*, Bd. 3, S. 634.
15 Siehe S. 16 ff.
16 5. Mose 29, 19–20.
17 3. Mose 17, 14–15.
18 Koran 16, 115.
19 Camhy, *Paroles du Talmud*, S. 130.
20 Vollständiger Text der Erzählung in: Lalouette, T*extes sacrés*, S. 181–185.
21 Prediger 6, 10.
22 Psalm 139, 15–16.
23 Dupont-Sommer, *Les écrits esséniens*, S. 218–219.
24 Koran 17, 13.
25 *Les Mille et une Nuits*, Bd. 2, S. 169.
26 Koran 76, 30.
27 *Les Mille et une Nuits*, Bd. 2, S. 671.
28 Ebenda, S.192.
29 Sprüche Salomos 16, 9.
30 Scheich Si Hamza Boubakeur, *Traité moderne de théologie islamique*, Paris 1993, S. 233–235.
31 Prediger 7, 13.
32 Prediger 1, 15.
33 *Les Mille et une Nuits*, Bd. 2, S. 609.
34 Lalouette, *Textes sacrés*, S. 181.
35 Ebenda, S. 259.
36 *Les Mille et une Nuits*, Bd. 2, S. 554.
37 Prediger 7, 13.
38 Prediger 7, 9–14.
39 Psalm 144, 4.
40 Camhy, *Paroles du Talmud*, S. 130.
41 *Poésie hébraique du IVe au XVIIIe siècle*, Adapté de l'anglais et présenté par Frans de Haes, Paris 1981, S. 64.
42 Fest im Monat von Adar (Frühling) .
43 Colette Estin, *Contes et fêtes juives*, Paris 1987, S. 177–179.

44 Koran 57, 20.
45 *Les Mille et une Nuits*, Bd. 2, S. 910.
46 Atum wird auch die Sonne von Ponant genannt.
47 Lalouette, *Textes sacrés*, S. 228–229.
48 Prediger 9, 7–9.
49 Sprüche Salomos 27, 1
50 *Les Mille et une Nuits*, Bd. 1, S. 529.
51 Vollständiger Text in: Lalouette, *Textes sacrés*, S. 193–197.
52 *Les Mille et une Nuits*, Bd. 2, S. 751–752.
53 Sprüche Salomos 15, 19.
54 Sprüche Salomos 6, 9–11.
55 Psalm 128, 2–3.
56 Mohammed Arkoun, *Essais sur la pensée islamique*, Paris 1984, S. 264.
57 Samuel 8, 5 und 19–20.
58 Die Legende findet sich auf dem Papyrus Westcar. Siehe Lalouette, *Textes sacrés*, S. 27–30.
59 Sprüche Salomos 21, 1.
60 Samuel 10, 20–26.
61 Samuel 10, 1 und 9–11.
62 Psalm 21, 2–9.
63 Koran 2, 246–251 .
64 Buch der Chronik 29, 1.
65 Prophezeiung von Neferty. Siehe Lalouette, *Textes sacrés*, S. 74.
66 Vollständiger Text der Unterweisung in: Lalouette, *Textes sacrés*, S. 57–59.
67 Siehe oben, passim.
68 2. Samuel 5, 1 .
69 Lalouette, Textes sacrés, S. 78–79.
70 Kitchen, *Ramesside Inscriptions*, Oxford 1969, Bd. 2, S. 238 (Zeile 14) und 239 (Zeile 1).
71 Sprüche 25, 3.
72 Mohammed Arkoun, *Essai sur la pensée islamique*, Paris 1984, S.143.
73 Siehe S. 43.
74 1. Buch der Chronik 19, 18.
75 *Les Mille et une Nuits*, Bd. 1, S. 393–394.
76 Kirchen, *Ramesside Inscriptions*, Bd. 5, S. 26 (Zeilen 4–8).
77 Ebenda, S. 60 (Zeilen 3–5).
78 Jeremia 4, 23.
79 4. Mose 23, 24; 24, 8–9.

80 Jeremia 4, 13.
81 *Les Mille et une Nuits*, Bd. 2, S. 80.
82 Ebenda, Bd. 1, S. 223.
83 4. Mose 24, 5–6.
84 Lalouette, *Textes sacrés*, Bd. 1, S. 51–55.
85 Psalm 99, 4.
86 Sprüche Salomos 16, 12–16.
87 Sprüche Salomos 20, 28.
88 1. Könige 3, 9–12.
89 Buch der Chronik 9, 23.
90 Hoher Rat der Juden in Jerusalem.
91 Camhy, *Paroles du Talmud*, S. 86.
92 Ebenda, S. 83–84.
93 El Kalyoubi, *Le fantastique*, S. 136.
94 Lalouette, *Textes sacrés*, Bd. 1, S. 228.
95 Ebenda, S.251.
96 Sprüche Salomos 31, 10–18.
97 Sprüche Salomos 19, 14.
98 Sprüche Salomos 11, 22.
99 Sprüche Salomos 12, 4.
100 Koran 42, 11.
101 Koran 30, 21.
102 Sprüche Salomos 27, 15 und 21, 9
103 El Kalyoubi, *Le fantastique*, S. 74.
104 Karneol, der wegen seiner roten Farbe mit Unglück und Wahnsinn assoziiert wird.
105 Grundsatz 18.
106 Sprüche Salomos 23, 27–28.
107 Lalouette, *Textes sacrés*, Bd. 2, S. 256.
108 Sprüche Salomos 5, 3–4.
109 Prediger 7, 26.
110 Nehemia 13, 26.
111 Lalouette, *Textes sacrés*, Bd. 2, S. 249–250.
112 *Poésie hébraique du IVe au XVIIIe siècle*. Adapté de l'anglais et présenté par Frans de Haes, S. 121–122.
113 *Les Mille et une Nuits*, Bd. 1, S. 853.
114 Land, das etwa dem heutigen Somalien und dem sudanesischen Hinterland entspricht, wohin die Ägypter große Expeditionen schickten, um die Weihrauchbäume auszubeuten.

115 Scheich Si Hamza Boubakeur, S. 334.
116 1. Könige 11, 3
117 Scheich Si Hamza Boubakeur, S. 233–235, S. 335, und Koran S. 163; Koran 2, 229; 4, 3, 129.
118 Ruth 1, 16–17.
119 El Kalyoubi, *Le fantastique*, S. 18.
120 Psalm 127, 3–5.
121 Koran 17, 23–24.
122 Ähnlich dem Kalb, das der Herr Mose und Aaron zugesprochen hatte, um dem Priester Eleasar vorgeführt zu werden, um gemäß des von Gott vorgeschriebenen Rituals geschlachtet zu werden (4. Mose 19).
123 Camhy, *Paroles du Talmud,* S. 153–154.
124 5. Mose 21, 18–21.
125 Evangelium des Lukas 15, 24.
126 Sprüche Salomos 1, 2–10.
127 Sprüche Salomos 7, 1–3
128 Sprüche Salomos 23, 15–16.
129 Arkoun, *Essais*, S. 276.
130 Koran 3, 28.
131 *Das Gilgamesch–Epos*, a. a. O., 8. Tafel, S. 72–74.
132 Seine Laufbahn begann mit Beginn der Herrschaft von Seti I. und setzte sich unter Ramses II. fort, der ihn im 39. Jahr seiner Herrschaft zum Hohen Priester ernannte, nachdem er seit seinem zwanzigsten Lebensjahr alle Stufen der priesterlichen Hierarchie durchlaufen hatte.
133 Lalouette, *Textes sacrés*, S. 186.
134 Psalm 42, 2–3.
135 De Haes, *Poésie hébraique*, S. 33–34.
136 1. Samuel 15, 22.
137 Jesaja 48, 18–19.
138 El Kalyoubi, *Le fantastique*, S. 34–36.
139 3. Mose 26, 2–6.
140 Koran 7, 29.
141 2. Mose 20, 2–6.
142 Siehe S. 108.
143 Psalm 141, 2.
144 Dupont-Sommer, *Les écrits esséniens*, S. 108.
145 Ebenda, S. 113 und Anmerkung 7.
146 Koran 22, 36–37.
147 Psalm 50, 7–11 und 23.

148 2. Chronik 7, 1 und 5.
149 2. Mose 22, 28–29.
150 1. Mose 22, 9–19.
151 2. Könige 16, 2–3.
152 2. Könige 21, 6.
153 1. Samuel 14, 43–46.
154 Richter 11, 30–40.
155 Joseph Ghelhod, *Les structures du sacré chez les Arabes*, Paris 1986, S. 141.
156 2. Könige 3, 27.
157 1. Mose 17,10–13
158 *Poésie hébraique du IVe au XVIIIe siécle*. Adapté de l'anglais et présenté par Frans de Haes, S. 157.
159 Siehe S. 11 ff.
160 Ghelhod, *Structures du sacré*, S. 54.
161 Koran 21, 30.
162 1. Samuel 1, 11.
163 Koran 20, 12.
164 5. Mose 9, 18.
165 Koran 2, 185.
166 Koran 2, 187.
167 Koran 12, 27–29.
168 Kalyoubi, *La fantastique*, S. 172.
169 Estin, *Contes et fêtes*, S. 99.
170 Lalouette, *Textes sacrés*, Bd. 1, S. 224–225.
171 Jeremia 23,10–12.
172 Lalouette, *Textes sacrés*, Bd. 1, S. 163.
173 Hiob 29, 12–17.
174 Siehe S. 214.
175 Vollständiger Text der Reden des Bauern: Lalouette, *Textes sacrés*, Bd. 1, S. 197–211.

Kapitel 5

1 Psalm 94, 17.
2 Koran 4, 78.
3 Siehe Kapitel IV.
4 Siehe S. 214.

5 Siehe z. B. S. 45.
6 Lalouette, *Textes sacrés*, S. 225–226.
7 Siehe oben.
8 *Das Gilgamesch-Epos*, a. a. O., 10. Tafel, S. 90–91.
9 De Haes, *Poésie hébraique du IVe au XVIIIe siècle*, S. 65–66.
10 Koran 3, 26–27.
11 Koran 10, 4.
12 Scheich Si Hamza Boubakeur, S. 212.
13 *Die Erzählungen aus den Tausendundein Nächten*, Bd. 1; S. 616 (66. Nacht).
14 Hesekiel 18, 30–31.
15 Psalm 62, 13.
16 Koran 27, 87–88.
17 Koran 81, 1–14
18 Scheich Si Hamza Boubaker, S. 218.
19 Koran 7, 8–9,
20 Koran 18, 33. Vgl. die Worte von Djedi dem Ägypter.
21 *Les Milles et une Nuits,* Bd. 1, S. 346.
22 Horus ist der erste Name des Königs.
23 Mercer, *The Pyramide Texts*, § 304–305.
24 Ebenda, § 1143–1146.
25 Siehe S. 116 ff.
26 Paul Barguet, *Les textes des sarcophages égyptiens du Moyen Empire*, Paris 1986, Rede 146.
27 Ebenda, Rede 18.
28 Siehe oben, passim.
29 Siehe S. 226.
30 Graves / Patai, *Les mythes hébreux*, S. 88–89.
31 5. Mose 18, 10–13
32 Josua 3, 13.
33 2. Könige 2, 7.
34 Vollständiger Text der Erzählung: Lalouette, *Textes sacré*, Bd. 2, S. 175–177
35 Koran 17, 52.
36 Koran 39, 68–69.
37 Koran 39, 69–73.
38 Koran 50, 9–11.
39 Koran 47, 15.
40 Siehe S. 222.

41 Koran 76, 12–22.
42 Siehe S. 226.
43 Koran 14, 49–51.
44 Koran 4, 56.
45 Koran 47, 15.

Kapitel 6

1 Vollständiger Text der Erzählung: Lalouette, *Textes sacrés*, S. 152–158.
2 Siehe S. 210.
3 Siehe S. 68.
4 4. Mose 21, 8–9.
5 2. Könige 18, 4.
6 Graves / Patai, *Les mythes hébreux*, S. 52.
7 Vgl. hierzu Pierre Grimal, *Dictionnaire de la mythologie grecque et romaine*, Paris [2]1963.
8 Serge Sauneron, *Dictionnaire de la civilisation égyptienne*, Paris 1970, S. 222.
9 Graves / Patai, *Les mythes hébreux*, S. 124.
10 Camhy, *Paroles du Talmud*, S. 38.
11 Siehe oben, passim.
12 Camhy, *Paroles du Talmud*, S. 38–40.
13 Koran 5, 27–32.
14 1. Mose 25, 23.
15 1. Mose 38, 2–29.
16 Samuel 17.
17 Koran 2, 250–251.
18 Vollständiger Text der Erzählung: Lalouette, *Textes sacrés*, Bd. 2, S. 226–240.

Schlußbetrachtung

1 *Les Mille et une Nuits*, Bd. 2, S. 812.
2 Ebenda, Bd. 1, S. 478.
3 Ebenda, Bd. 2, S. 793.
4 De Haes, *Poésie hébraique du IVe au XVIIIe siècle*, S. 50.

5 Ebenda, S. 69.
6 *Die Erzählungen aus den Tausendundein Nächten*, Bd. 6. S. 205 f.

Weitere Titel aus dem Königsfurt Verlag

Paul Letter: **Paracelsus. Leben und Werk.**
ISBN 3-933939-24-0. *Neue Quellen. Spannende Recherche.*

Carl Gustav Jung: **Paracelsus, Alchemie und die Psychologie des Unbewußten.**
ISBN 3-933939-84-4. *Die berühmten Aufsätze in einem Band.*

H. Obleser: **Parzival. Ein Initiationsweg und seine Bedeutung.**
ISBN 3-933939-26-7. *Die Gralslegende psychologisch gedeutet.*

Ulrich Magin: **Ausflüge in die Anderswelt.**
ISBN 3-933939-25-9. *Bedeutungen rätselhafter Phänomene.*

Andrea Kaufmann: **Ritt auf dem Hexenbesen.**
ISBN 3-933939-30-5. *Geschichte eines Transportmittels.*

Pierre Niccart: **Der Zauberladen. Du bist was du vergißt.**
ISBN 3-933939-23-2, farbig. *Das Erlebnisbuch.*

Klausbernd Vollmar: **Handbuch der Traum-Symbole.**
ISBN 3-927808-65-2. *Standardwerk, preiswerte Sonderausgabe.*

Klausbernd Vollmar: **Ratgeber Traum.**
ISBN 3-927808-76-8. *Traum-Symbole im Zusammenhang* .

H. Dieckmann: **Zauber aus 1001 Nacht. Märchen & Symbole.**
ISBN 3-933939-09-7. *Ein Klassiker der Märchenforschung.*

Marion Guekos-Hollenstein: **Quellen des Tarot.**
ISBN 3-933939-06-2. *Urbilder und heutige Anwendung.*

Frederik Hetmann: **Madru oder Der große Wald.**
Roman & Spiel. **Buch:** ISBN 3-933939-08-9.
Set (Buch & Karten): ISBN 3-933939-29-1.

Erhältlich im Buchhandel.

James

***Kajo Nelles:* James – Leben, Werk & Visionen des Tänzers James Saunders.**

208 S., zahlr. Fotos. ISBN 3-933939-10-0. *Königsfurt LebensBilder.*

James Saunders tanzte in berühmten internationalen Compagnien, war Solist an den städtischen Bühnen in Köln und Frankfurt/Main. Er begründete und leitete die »Tanzprojekte«, in denen Tausende von Menschen ihr schöpferisches Potential entdeckten. Diese Projekte, auch als »Kreativität durch Bewegung« bekannt, waren außerordentlich erfindungsreich und zeigten eine enorme Wirkung.

Dieses Buch erzählt die Geschichte, eine ebenso einfache wie vielschichtige Geschichte. Da ist zunächst die Geschichte eines jungen Mannes, der eines Tages – eigentlich ist er schon viel zu alt – entdeckt, daß er ein Tänzer ist, und sich dann ganz dem Tanz verschreibt; der, als er den Gipfel erreicht hat, seine Tanzkarriere plötzlich aufgibt, um noch einmal ganz von vorne anzufangen, bei sich selbst, bei dem, was ihn im Innersten bewegt und was er bewegen möchte; und der schließlich, auf dem Höhepunkt einer zweiten Karriere, die ihn anstatt auf die Höhen des Ruhmes in die Herzen von Zehntausenden, in die Tiefen der menschlichen Seelen und des Bewegtseins geführt hat, auf unbegreifbare Weise zu Tode stürzt – beim Tanz! (...)

Vor allem aber ist es die Geschichte einer tiefen Liebe und kongenialen Freundschaft zweier Männer, die sich voneinander berühren und bewegen ließen und diesem Sich-Bewegen-Lassen treu blieben, sogar über den Tod hinaus. Hier ist (...) die Rede (...) von der äußerst feinen und reinen Lebenshaltung, die auf Anstöße achtet, die aus dem Unbekannten auf uns zukommen, und ihnen folgt; die uns der Erstarrung entgehen läßt, indem wir dem Fluß folgen, der einen zu immer neuen Ufern trägt. In dieser tiefen Bewegung, die die des Lebens selbst ist, ist dann plötzlich auch der Tod nicht mehr Endpunkt und Stillstand, sondern Teil und Motor der Bewegung. Hier verschmelzen Kunst – als die Suche nach dem und Ausdruck des Wahren, Guten und Schönen – und ein Leben, das nicht zwischen Bühne und Alltag unterscheidet, sondern sich durchgängig berühren und bewegen läßt, ineinander ... *(Wilfried Nelles).*